한국어 학습 총서 06

Korean Vocabulary Practice for Foreigners

日本語版

上級

고급

외국인을 위한

한국어 어휘 연습

外国人のための韓国語語彙練習

연세대학교 한국어학당 편

연세대학교 대학출판문화원

まえがき

延世大学韓国語学堂は今年で創立53周年を迎えました。延世大学韓国語学堂ではこの間、会話や言語機能、活用練習用など数多くの教材を執筆、出版して参りました。しかし韓国語を学ぶ学習者が増えるにつれ、学習者の要求も多様化してきました。特に韓国語の語彙学習に対する学習者の要求が高まり、語彙学習用の教材が必要となりました。

『外国人のための韓国語語彙練習』は初級、中級、上級の3巻で構成されています。この本は韓国語を勉強する学習者の語彙力を向上させ、韓国語の上達度を高めるために出版されることになりました。特に『外国人のための韓国語語彙練習』は現在施行されている多様な韓国語能力評価試験に対応するように構成しました。韓国語教材と韓国語能力評価試験で扱われている語彙をレベルに合わせて選定し、各語彙の意味を説明して例文を提示しました。また多様な練習問題を通して、学習した語彙を活用できるように構成しました。

『外国人のための韓国語語彙練習』は韓国語教育機関で語彙学習のための副教材として活用することができ、一人で勉強する学習者は自習用として活用することができます。この教材が韓国語学習者の語彙学習においてより効率的な実力向上に役立つことを期待します。

延世大学 語学研究教育院 韓国語学堂 教材編纂委員会

머리말

연세대학교 한국어학당은 올해로 창립 53주년을 맞이했습니다. 연세대학교 한국어학당은 그동안 회화 교재, 언어기능별 교재, 활용연습용 교재 등 많은 교재를 집필, 출간하였습니다. 그러나 한국어를 배우는 학습자들이 늘면서 그들의 요구도 다양해졌습니다. 특히 한국어 어휘 학습에 대한 학습자들의 요구가 높아져 어휘 학습용 교재가 필요하게 되었습니다.

'외국인을 위한 한국어 어휘 연습'은 초급, 중급, 고급의 3권으로 구성되었습니다. 이 책은 한국어를 공부하는 학습자들의 어휘력을 향상시켜 한국어 숙달도를 높이기 위해서 출간하게 되었습니다. 특히 '외국인을 위한 한국어 어휘 연습'은 현재 시행되고 있는 다양한 한국어능력 평가 시험에 대비하도록 구성되었습니다. 한국어 교재와 한국어능력 평가 시험에서 다루어지고 있는 어휘를 등급에 맞게 선정하여 각 어휘의 의미를 설명하고 예문을 제시하였습니다. 또한 다양한 문제를 통해 학습한 어휘를 활용할 수 있도록 구성하였습니다.

'외국인을 위한 한국어 어휘 연습'은 한국어교육기관에서 어휘 학습을 위한 부교재로 활용할 수 있으며 혼자서 공부하는 학습자는 자습용으로 활용할 수 있습니다. '외국인을 위한 한국어 어휘 연습'이 한국어 학습자들이 효율적으로 어휘를 학습하여 한국어능력을 향상할 수 있도록 하는 데 기여할 수 있기를 바랍니다.

연세대학교 언어연구교육원 한국어학당 교재편찬위원회

本書の構成

01 『外国人のための韓国語語彙練習(上級)』は韓国語を学ぶ外国人のための語彙集として、上級段階で必ず知っておかなければならない語彙を紹介した。

02 この本は品詞と表現の性格によって、動詞、名詞、形容詞、副詞、擬声語・擬態語、接頭辞・接尾辞、ことわざ、慣用句、四字熟語の全17課から成る。

03 この本は各課ごと約30~50個程度の語彙を見出し語として提示して説明した。総語彙数は、見出し語、類義語、反意語、関連語などを含めて約1000個余りになる。この語彙は既存の韓国語教育機関の教材と、国立国語研究院統計の基礎学習語彙、韓国語能力試験(TOPIK)の既出語彙を土台として、使用頻度と難易に従って選定された。

04 各課は大きく、語彙説明と練習問題の２つのパートで構成されている。まず語彙説明の部分では、意味説明と例文を通して、学習者が語彙に対して十分に理解できるようにし、語彙練習問題の部分では先に学んだ語彙を正確に理解しているのか確認できるようにした。

05 語彙提示順は各課別で、カナダラ順に従う。

06 各語彙項目には発音、翻訳、意味説明、活用構文、活用表現、類義語、反意語、関連語、例文などが含まれている。

07 活用構文では 名詞は '名(名詞)'と, 動詞は '動(動詞)'と, 形容詞は '形(形容詞・形容動詞)'と 表示した。
→ 活用構文では 名詞は '名(名詞)'と, 動詞は '動(動詞)'と, 形容詞は '形(形容詞・形容動詞)'と 表示した。

08 例文は上級段階の学習者のレベルに合った語彙と文法表現を使用して提示した。

09 語彙練習問題は様々なタイプの問題で構成した。特に韓国語能力試験(TOPIK)を受験する予定の学習者を考慮し、韓国語能力試験での試験問題タイプと同じ、または類似の問題を収録した。

10 上級レベルの学習者の場合、韓国文化に対する理解を助けると同時に、より流暢で自然な韓国語を使いこなせるように、ことわざや慣用語、四字熟語、慣用句なども意味説明と練習問題の２つのパートに分けて収録した。この部分は延世大学言語研究教育院韓国語学堂の教材である『活用練習』の内容を借用したことを明らかにして置く。

11 単語索引には各課で主に扱った見出し語は勿論、見出し語の類義語、反意語、関連語も全て含まれており、カナダラ順で提示した。単語索引には単語が提示されたページを提示して、ことわざ、格言、四字熟語、慣用語も別途、カナダラ順で提示した。

12 語彙項目の意味説明と例文などは斗山東亜の『延世韓国語辞典』、国立国語院の『標準国語大辞典』を参照して提示した。

일러두기

01 '외국인을 위한 한국어 어휘 연습 (고급)'은 한국어를 배우는 외국인을 위한 어휘집으로 고급 단계에서 필수적으로 알아야 할 어휘를 소개하였다.

02 이 책은 품사와 표현의 성격에 따라 동사, 명사, 형용사, 부사, 의성어 · 의태어, 접두사 · 접미사, 속담, 관용어, 한자성어의 총 17개의 과로 되어 있다.

03 이 책은 각 과마다 약 30~50개 정도의 어휘를 표제어로 제시하여 설명하였다. 총 어휘 개수는 표제어, 유의어, 반의어, 관련어 등을 포함하여 약 1000여개에 이른다. 이 어휘들은 기존 한국어교육기관의 교재와 국립국어연구원 통계의 기초 학습 어휘와 한국어능력시험(TOPIK)의 기출 어휘를 토대로 사용 빈도와 난이도에 따라 선정되었다.

04 각 과는 크게 어휘설명과 연습문제 두 부분으로 구성되어 있다. 먼저 어휘 설명 부분에서는 의미 설명과 예문을 통해 학습자들이 어휘에 대해 충분히 이해할 수 있도록 했고, 어휘 연습 문제 부분에서는 앞서 배운 어휘를 정확하게 이해했는지 확인할 수 있도록 했다.

05 어휘 제시 순서는 각 과 별로 가나다순에 따른다.

06 각 어휘 항목에는 발음, 번역, 의미 설명, 활용 구문, 활용 표현, 유의어, 반의어, 관련어, 예문 등이 포함되어 있다.

07 활용 구문에서는 명사는 '名(名詞)'으로, 동사는 '動(動詞)'으로, 형용사는 '形(形容詞 · 形容動詞)'로 표시했다.
→ 활용 구문에서는 명사는 '名(名詞)'으로, 동사는 '動(動詞)'으로, 형용사는 '形(形容詞 · 形容動詞)'로 표시했다.

08 예문은 고급 단계의 학습자의 수준에 적절한 어휘와 문법 표현을 사용하여 제시하였다.

09 어휘 연습 문제는 다양한 유형으로 구성하였다. 특히, 한국어능력시험(TOPIK)을 준비하는 학습자들을 고려하여 한국어능력시험과 문제유형이 같거나 유사한 문제들을 수록하였다.

10 고급 수준의 학습자의 경우 한국 문화에 대한 이해를 도움과 동시에 보다 유창하고 자연스러운 한국어를 구사할 수 있도록 하기 위해 속담과 관용어, 한자성어 등도 의미 설명과 연습문제 두 부분으로 나누어 수록했으며 이 부분은 연세대학교 언어연구교육원 한국어학당의 교재 「활용연습」을 차용하였음을 밝혀둔다.

11 단어 색인에는 각 과에서 주요하게 다룬 표제어는 물론 표제어의 유의어, 반의어, 관련어도 모두 포함하여 가나다순으로 제시하였다. 단어 색인에는 단어가 제시된 페이지를 제시하였으며 속담, 격언, 한자성어, 관용어도 따로 가나다순으로 제시하였다.

12 어휘 항목의 의미 설명과 예문 등은 두산동아의 『연세한국어사전』, 국립국어원의 『표준국어대사전』을 참조하여 제시하였다.

内容の構成

課	主見出し	語彙数
1	動詞 I	33
2	動詞 II	39
3	動詞 III	38
4	名詞 I	45
5	名詞 II	45
6	名詞 III	47
7	形容詞 I	44
8	形容詞 II	44
9	形容詞 III	43
10	副詞 I	31
11	副詞 II	38
12	副詞 III	23
13	擬声語・擬態語	40
14	接頭辞・接尾辞	20
15	ことわざ	40
16	慣用句	60
17	四字熟語	40

내용구성

과	주제	어휘개수
1	동사 Ⅰ	33
2	동사 Ⅱ	39
3	동사 Ⅲ	38
4	명사 Ⅰ	45
5	명사 Ⅱ	45
6	명사 Ⅲ	47
7	형용사 Ⅰ	44
8	형용사 Ⅱ	44
9	형용사 Ⅲ	43
10	부사 Ⅰ	31
11	부사 Ⅱ	38
12	부사 Ⅲ	23
13	의성어 · 의태어	40
14	접두사 · 접미사	20
15	속담	40
16	관용어	60
17	한자성어	40

차례 目次

동사 I

01

動詞 I

01 동사 I

001
가라앉다 [가라안따] 沈む

水などに浮かんでいるものが底の方に下がっていったり、風や水の動きが静かになる。

【活用構文】 名에 가라앉다

名으로/로 가라앉다

【活用表現】 배가 가라앉다 船が沈む

열이 가라앉다 熱が治まる

흥분이 가라앉다 興奮が冷める

【例文】 배는 큰 바위에 부딪힌 후 물 밑으로 가라앉았다.

船は大きな岩に当たった後、水の下に沈んだ。

경기 내내 계속되는 응원 열기 속에서 관중들의 흥분은 가라앉을 줄 몰랐다.

競技中ずっと続いた応援の熱気の中で、観衆達の興奮は冷めることを知らなかった。

002
가르다 [가르다] 1. 分ける 2. 切り裂く 3. きる

1. それぞれに分ける。

【活用構文】 名을/를 名으로/로 가르다

【例文】 아이들이 편을 셋으로 갈라서 놀이를 했다.

子供たちは３チームに分かれて遊んだ。

2. 鋭い刃物で切る。

【活用構文】 名을/를 名으로/로 가르다

【例文】 생선의 배를 가르고 내장을 뺐다.

魚の腹を開いて、内臓を取り出した。

3. 両側から広げて開ける。

【活用構文】 名을/를 가르다

【例文】 화살이 과녁을 향하여 바람을 가르고 날아갔다.

矢が的に向かい、風を切って飛んで行った。

003
가리다[1] [가리다] 覆う

見えなかったり、通さずに、ふさぐ。

【活用構文】 名을/를 가리다

【活用表現】 나는 너무 무서워서 손으로 두 눈을 가려 버렸다.

私はすごく恐くて、手で両目を覆ってしまった。

그는 모자로 얼굴을 가리고 나무 그늘에서 낮잠을 자고 있었다.
彼は帽子で顔をかくして､木の陰で昼寝をしていた。

004
가리다²

[가리다] 1. 選ぶ　2. 選り好む　3. 人見知りする　4. わきまえる

1. いくつかの中から選んだり区別して選ぶ。

[活用構文] 名을/를 가리다

[例文] 수많은 출품작 중에서 입상작을 10점만 가리는 것은 여간 어려운 일이 아니었다.
多くの出品作の中から入賞作を１０点だけを選ぶのは､この上なく難しいことだった。

2. 気に入ったことだけを好いて､他のことを嫌う。

[活用構文] 名을/를 가리다

[例文] 음식을 가리지 말고 골고루 먹어라.
食べ物は好き嫌いしないで､何でも食べなさい。

3. 親しくない人と関わるのを嫌う。

[活用構文] 名을/를 가리다

[例文] 아이가 낯을 가려 엄마한테만 안긴다.
赤ちゃんが人見知りして､お母さんだけに抱かれる。

4. 小さい子が､おしっこやうんちを自らするようになる。

[活用構文] 名을/를 가리다

[例文] 우리 조카는 두 살밖에 안 됐는데 대소변을 다 가린다.
私のおいっ子はまだ２才なのに､大小便をすべて自分でする。

005
감다

[감따] 1. 巻く　2. まわす　3. 巻く

1. 糸や紐を何かに巻いたり、巻きつける。

[活用構文] 名을/를 名에 감다
名을/를 名으로/로 감다

[反意語] 풀다　解く

[例文] 그는 다친 발목에 붕대를 칭칭 감고 있었다.
彼は怪我した足首に包帯をぐるぐる巻いていた。

2. 腕や足を他の人の体に巻きつける。

[活用構文] 名을/를 名에 감다
名을/를 名으로/로 감다

[類義語] 두르다　巻きつける

[反意語] 풀다　解く

[例文] 두 사람은 서로의 허리에 팔을 감고 걸었다.
2人はお互いの腰に手をまわして歩いた。

3. ぜんまいやテープなどをまく。

[活用構文] 名을/를 감다

[反意語] 풀다 解く

[例文] 비디오는 다 보시면 처음으로 감아서 반납해 주세요.
ビデオは全部見終わったら、最初に巻き戻して返却してください。

006
감수하다 [감수하다] 甘受する

咎めや苦しみなどを、甘んじて受け入れる。

[活用構文] 名을/를 감수하다

[活用表現] 고통을 감수하다 苦痛を甘受する
책임을 감수하다 責任を甘受する
비난을 감수하다 非難を甘受する
불이익을 감수하다 不利益を甘んじて受ける

[例文] 많은 고통을 감수한 결과 오늘의 성공을 이루었다.
たくさんの苦痛を甘受してきた結果、今日の成功を果たした。

내가 잘못을 저지른 이상 어떠한 비난이라도 감수하겠다.
私が間違いを犯した以上、どんな非難でも甘受するつもりだ。

007
강구하다 [강구하다] 講ずる

問題の解決に相応しい方法を探そうと努力する。

[活用構文] 名을/를 강구하다

[活用表現] 방법을 강구하다 方法を講ずる
대책을 강구하다 対策を講ずる

[例文] 문제의 심각성을 인식하고 해결 방법을 강구하고 있다.
問題の深刻さを認識して、解決方法を講じている。

당국은 다시는 이 같은 대형 화재가 일어나지 않도록 대책을 강구해야 할 것이다.
当局は、二度とこのような大型火災が起きないように、対策を講じなければならない。

008
갚다 [갑따] 1.(ものを)返す 2. 返す

1.他人に借りていたものを、返す。

[活用構文] 名에/에게 名을/를 갚다

[類義語] 돌려주다 返す

[反意語] 빌리다 借りる

[例文] 그는 기일 내에 은행 빚을 갚을 수가 없었다.
彼は期日内に銀行からの貸し出し金を返すことができなかった。

2. 他人に負った恩恵や恨みを返す。

[活用構文] 名에/에게 名을/를 갚다

[類義語] 보답하다 報う

[例文] 고마운 선생님의 은혜를 어떻게 갚을 수 있을까?
先生に受けたありがたい恩恵をどうやったら返せるだろうか？

009
개다[1]

[개다] 畳む
洋服や布団などを畳んで綺麗に重ねる。

[活用構文] 名을/를 개다

[反意語] 펴다 広げる

[例文] 아침마다 이부자리를 개어 이불장에 넣는 것은 귀찮은 일이다.
毎朝ふとんを畳んで、押入れに入れるのは、面倒臭いことだ。

여기저기 던져져 있던 옷들을 개어 정리하니 방이 훨씬 넓어 보였다.
あちこちに散らかっていた服を畳んで整理したら、部屋がかなり広く見えた。

010
개다[2]

[개다] 溶く、こねる
粉の形のものに、水や油を入れて混ぜ合わせたり、伸ばしたりして押しつぶす。

[活用構文] 名을/를 개다

[例文] 이 가루약은 반드시 물에 개어 잡수세요.
この粉薬は必ず水で溶いてお飲みになってください。

밀가루를 물에 갠 후 거기에 야채를 넣으세요.
小麦粉を水で溶いたあと、そこに野菜を入れて下さい。

011
개의하다

[개이하다] 介する
(主に否定的な表現と共に使われ)あることを心に留めて考えたり、気にする。

[活用構文] 名을/를 개의하다
名에 개의하다

[例文] 별 일 아니니까 개의할 것 없습니다.
大したことではないので、気にすることありません。

남의 말에 개의하지 않고 내 신념대로 밀고 나가겠다.
他人の言葉にまどわされることなく、私の信念のままに突き進もう。

012
거두다

[거두다] 1. 刈り入れる 2. 回収する 3. 勝ち取る 4. 集める
5. 育てる 6. 徴収する
1. 穀物や果実などを収穫する。

[活用構文] 名을/를 거두다

【例文】 가을에는 논에서 곡식을 거두느라 손길이 바쁘다.
秋には畑から穀物を刈り入れるのに、忙しい。

2. 散らばっているものなどを、ひとつの場所に集める。

【活用構文】 名을/를 거두다

【例文】 주인은 종업원에게 손님들의 식사가 끝나면 바로 그릇을 거둬 오라고 지시했다.
オーナーは従業員に、お客さんたちの食事が終わったら、すぐに食器を回収してくるように指示した。

3. 良い結果や成果などを得る。

【活用構文】 名을/를 거두다

【例文】 처음으로 출전한 팀이 전년도 우승팀을 꺾고 승리를 거두었다.
初めて出場したチームが前年度の優勝チームを破って勝利を勝ち取った。

4. 死体や、遺骸などを収集する。

【活用構文】 名을/를 거두다

【例文】 선장은 침몰한 선박에서 시신을 거두어 장례를 치루었다.
船長は沈没した船舶から遺体を集めて、お葬式をした。

5. 子供、孤児などの面倒をみたり育てる。

【活用構文】 名을/를 거두다

【例文】 김 목사님은 부모 없는 아이들을 거두어 돌보신다.
キム牧師は両親のいない子供たちを育てて面倒を見ている。

6. いろいろな人にお金やものなどを貰って回る。

【活用構文】 名 을/를 거두다

【例文】 후원자들에게서 기부금을 거두어 선거운동을 준비했다.
後援者たちから寄付金を募る選挙運動を準備した。

013
거들다

[거들다] 1. 手伝う　2. 口を挟む

1. 他の人がすることを一緒にしながら助ける。

【活用構文】 名을/를 거들다

【類義語】 돕다　助ける

【例文】 영수는 학교를 그만두고 아버지께서 하시는 장사를 거들었다.
ヨンスは学校を辞めて、お父さんがしている事業を手伝った。

2.他の人の言葉や行動に割って入って参見する。

【活用構文】 名을/를 거들다

【例文】 친구를 위해서 한마디 거들다가 나까지 호된 꾸지람을 들었다.
友達のためにひとこと口を挟んだら、自分まで酷いお叱りを受けた。

014
거르다[1]

[거르다] 抜かす、抜く

順番通りに進めているものを中間で順序や順番を抜かして飛ばす。

[活用構文] 名을/를 거르다

[活用表現] 식사를 거르다 食事を抜く

끼니를 거르다 食事を抜く

[例文] 혼자 사니까 바쁠 때는 끼니를 거를 때가 많아요.

ひとりで暮らしているので、忙しい時は食事を抜かす時が多いです。

영수는 하루도 거르지 않고 새벽마다 우유 배달을 했다.

ヨンスは一日も欠かさず、明け方に牛乳配達をした。

015
거르다[2]

[거르다] 濾す、振るう

かすや沈殿物がある液体をふるいやろ過紙などで濾して、液体だけを取り出す。

[活用構文] 名을/를 名에 거르다

名 을/를 名으로/로 거르다

[例文] 밀가루를 곱게 체에 걸러 그릇에 담아 두었다.

小麦粉をきれいにふるいで振るって、器に入れて置いた。

된장을 물에 푼 후 체로 걸러 내어 맑은 된장국을 끓였다.

味噌を水に溶かした後、ふるいで濾して、澄んだ味噌汁を作った。

016
거스르다[1]

[거스르다] 1. 沿わない　2. 逆らう　3. 機嫌を損なわせる

1. 自然な流れに沿わず、それと反対の方向に行く。

[活用構文] 名을/를 거스르다

[例文] 국민들은 시대를 거스르는 구시대의 법을 폐지할 것을 요구했다.

国民達は時代に沿わない旧時代の法律を廃止することを要求した。

2. 人の言葉に沿わず、それを破る。

[活用構文] 名을/를 거스르다

[活用表現] 지시를 거스르다 指示に逆らう

[反意語] 따르다 従う

[反意語] 그는 부모의 뜻을 한 번도 거스른 적이 없는 모범생이었다.

彼は両親の意思に一度も逆らったことがない真面目な学生だ。

3. 他人の気持ちや気分を悪くする。

[活用構文] 名을/를 거스르다

[活用表現] 기분을 거스르다 気分を損なわせる

신경을 거스르다 神経を逆なでする

비위를 거스르다 機嫌を損なわせる

【例文】 나는 선배의 비위를 거스르지 않으려고 선배가 시키는 대로 다 했다.
私は先輩の機嫌を損なわせないように、先輩が言う通りに全てした。

017
거스르다[2]

[거스르다] おつりをあげる
価格よりも多いお金をもらって、残りのお金を計算して渡す。

【活用構文】 名을/를 거스르다

【関連語】 거스름돈 おつり

【例文】 택시 기사는 잔돈을 정확히 거슬러 주었다.
タクシーの運転手さんは、小銭のおつりを正確にくれた。

천 원을 내고 백 원짜리 동전을 하나 거슬러 받았다.
千ウォンを出して百ウォン玉をひとつおつりに貰った。

018
거치다

[거치다] 1. 経由する 2. 経る
1. 行き来する途中にどこかに寄って行く。

【活用構文】 名을/를 거치다

【例文】 대구를 거쳐 부산으로 갔다. テグを経由してプサンに行った。

2. ある過程や段階を踏んで通過する。

【活用構文】 名을/를 거치다

【例文】 학생들은 초등학교부터 중학교, 고등학교를 거쳐 대학에 입학하게 된다.
学生たちは小学校から中学、高校を経て、大学に入学することになる。

019
걷다

[걷따] 1. めくる 2. 片付ける 3. 集金する 4. 畳む
1. 伸びたものをまくりあげたり、覆いを取り去る。

【活用構文】 名을/를 걷다

【活用表現】 소매를 걷다 袖をめくる
커튼을 걷다 カーテンをめくる

【例文】 소녀가 소매를 걷자 하얀 피부가 드러났다.
少女が袖をめくると、白い皮膚があらわになった。

2. 散らばっているものを集めて片付ける。

【活用構文】 名을/를 걷다

【例文】 비가 올 것 같으니까 빨래부터 걷어라.
雨が降って来そうだから、洗濯物から取り込めろ。

3. お金やものなどを貰って回り、集める。

【活用構文】 名을/를 걷다

【例文】 동료들에게 축의금을 걷어 결혼하는 직원에게 전달했다.
同僚たちからお祝儀を集めて、結婚する職員にあげた。

4. していたことを終わらせたり、やめる。

【活用構文】 名을/를 걷다

【例文】 자금 사정이 나빠져서 벌여 놓은 사업들을 다 걷어 버렸다.
資金での事情が悪くなり、広げていた事業をすべて畳んでしまった。

020
걸리다

[걸리다] 1. かかる 2. かかる 3. かかる 4. 浮かぶ 5. かかる
6. かかる 7. 引っかかる 8. 引っかかる 9. かかる 10. かかる

1. 作動する。

【活用表現】 시동이 걸리다 エンジンがかかる

【例文】 엔진에 이상이 생겼는지 열쇠를 돌려도 자동차의 시동이 걸리지 않았다.
エンジンに異常がおきたのか、キーを回しても車のエンジンがかからなかった。

2. 電話が来る。

【活用表現】 전화가 걸려 오다 電話がかかって来る

【例文】 광고 방송이 나가자 문의 전화가 계속해서 걸려 왔다.
CMが放送されると、問い合わせの電話が途切れなくかかって来た。

3. くっついている。

【活用構文】 名에 걸리다

【例文】 경찰은 창문 옆에 걸린 사진을 보면서 질문을 시작했다.
警察は窓の横にかかっている写真を見ながら、質問を始めた。

4. 太陽や月が浮かんでいる。

【活用構文】 名에 걸리다

【例文】 해는 서산머리에 걸려 있었다.
太陽は西の山にかかっている

5. 将来や運命にかかっている。

【活用構文】 名에 걸리다

【類義語】 달리다 かかる

【例文】 이건 제 장래가 걸린 문제예요. これは私の将来がかかった問題です。

6. 賞や賞金が与えられるようになっている。

【活用構文】 名에 걸리다

【例文】 육상은 가장 많은 금메달이 걸려 있는 종목이다.
陸上は一番多くの金メダルがかかっている種目だ。

7. 法や規則違反で捕まる。

【活用構文】 名에 걸리다

[例文] 그는 규정에 걸리는 일은 하지 않았다.
彼は規定に引っかかることはしなかった。

8. トリックなどに、はめられる。

[活用構文] 名에 걸리다

[例文] 나는 마치 최면에 걸린 사람처럼 그 사람의 지시를 따랐다.
私はまるで催眠にかかった人のように、その人の指示に従った。

9. 目や心が満足せず、不安だ。

[活用構文] 名에 걸리다

[活用表現] 마음에 걸리다 気にかかる

[例文] 식사 때 찾아 온 손님을 차 한 잔만 대접해 보낸 게 마음에 걸린다.
食事の時間に訪ねてきたお客さんに、お茶を一杯だけ出して家に帰したことが気にかかる。

10. 病気にかかる。感染する。

[活用構文] 名에 걸리다

[活用表現] 병에 걸리다 病気にかかる

[例文] 목이 아픈 것을 보니 목감기에 걸린 것 같다.
のどが痛いところを見ると、のど風邪にかかったみたいだ。

021
겪다 [격따] 1. 面する、経験する 2. 交際する

1. 難しかったり経験する価値のあることに面して、一通り経験する。

[活用構文] 名을/를 겪다

[例文] 인간은 고통을 겪고 이겨 나가는 가운데 성장하는 법이다.
人間は苦痛を経験し、それに打ち勝っていくなかで成長するものだ。

2. 人と一通り交際する。

[活用構文] 名을/를 겪다

[例文] 사람은 겪어 봐야 알고 물은 건너봐야 안다.
人は付き合ってみなければ分からないし、水は渡ってみなければ分からない。

022
기울이다 [기우리다] 1. 傾ける 2. 傾ける

1. 一方に寄ってみたり、曲げる。

[活用構文] 名을/를 名에/에게 기울이다
名을/를 名으로/로 기울이다

[例文] 어머니는 몸을 기울여 내 이마를 들여다보았다.
母は体を傾けて私のおでこを覗き込んだ。

2. 真心や力をひとつに集める。

[活用構文] 名 을/를 名에/에게 기울이다

[活用表現] 주의를 기울이다 注意を傾ける

정성을 기울이다 真心を傾ける
노력을 기울이다 努力を傾ける
심혈을 기울이다 心血(精魂)を傾ける

[例文] 화가 김민수 씨는 10년 동안 심혈을 기울여 만든 작품들을 모아서 전시회를 열기로 했다.
画家のキム・ミンスさんは10年間精魂を傾けて作った作品たちを集めて、展示会を開くことにした。

023
기인하다

[기인하다] 起因する

あることが原因になって、起きたり生じる。

[活用構文] 名에/에서 기인하다

[例文] 무역 적자는 주로 수출 부진에 기인한 것이다.
貿易赤字は、主に輸出不振に起因したものです。

서울의 땅값 상승은 인구 증가에서 기인하였다.
ソウルの地価上昇は、人口増加に起因した。

024
기피하다

[기피하다] 1. 忌み嫌う　2. 忌避する

1.嫌って避ける。

[活用構文] 名을/를 기피하다

[例文] 요즘 세대는 한자어의 사용을 기피하는 경향이 있다.
最近の世代は漢字語を使うのを嫌う傾向がある。

2. 公共の責任や義務を全うせずに抜け出す。

[活用構文] 名을/를 기피하다

[例文] 종교적인 이유로 병역 의무를 기피하는 사람들이 있다.
宗教的な理由で兵役の義務を忌避する人達がいる。

025
기하다

[기하다] 1. 期する　2. 期する

1. あることをするために必要な条件を満足させるために、注意深く行う。

[活用構文] 名에 名을/를 기하다

[活用表現] 신중을 기하다 慎重を期する
안전을 기하다 安全を期する
완벽을 기하다 完璧を期する
만전을 기하다 万全を期する

[例文] 봄철 화재 예방에 만전을 기해 주시기 바랍니다.
春の火災予防に万全を期して下さい。

2. ('기하여'の形で使われ)期日を決めてある行動や出来事を契機とする。

【活用構文】 名을/를 기하다

【例文】 오늘 새벽 4시를 기해 폭풍 주의보가 발효되었다.
今日の明け方4時をもって、暴風注意報が発令された。

026
꺼리다 [꺼리다] 1. いやがる 2. 引っかかる

1. ものごとや仕事などが自分の害になるかと思い、避けて嫌う。

【活用構文】 名을/를 꺼리다

【例文】 그 사람은 남 앞에 나서서 말하기를 꺼리는 성격이다.
その人は他人の前に出て話をするのを嫌がる性格だ。

2. 気に入らないところがあって、気にかかる。

【活用構文】 名에 꺼리다

【活用表現】 마음에 꺼리다 気にかかる
양심에 꺼리다 良心が病む

【例文】 나는 양심에 꺼릴 만한 일은 하지 않았다.
私は良心が病むようなことはしていない。

027
꼬이다[1] [꼬이다] 1. からまる 2. ややこしくなる 3. ひねくれている。

1. よじれる。からまる。

【活用構文】 名이/가 꼬이다

【例文】 실들이 꼬여서 그걸 푸느라고 반나절을 보냈다.
糸がからまって、それを解くのに半日を過ごした。

2. することが思い通りに行かず、途中で混乱するようになる。

【活用構文】 名이/가 꼬이다

【活用表現】 일이 꼬이다 ものごとがややこしくなる

【例文】 하는 일마다 잘 풀리지 않고 꼬이기만 한다.
やること成すことうまく行かず、ややこしくなってばかりだ。

3. いけすかなくて、心がゆがんでいる。

【活用構文】 名이/가 꼬이다

【活用表現】 성격이 꼬이다 性格がひねくれている

【例文】 그는 매사를 비판적인 시각으로 보는 탓에 성격이 꼬인 사람으로 오해 받을 때가 많다.
彼はすべてのことを批判的な視点でみるせいで、性格がひねくれている人だという誤解を受けることが多い。

028
꼬이다[2]

[꼬이다] 釣る

おいしい話や行動で他人をだましたり、そそのかしたりして、自分の思い通りにする。

【活用構文】 名을/를 꼬이다

【例文】 게임기로 아이를 꼬여서 금품을 요구한 유괴범이 한 달 만에 잡혔다.
ゲーム機で子供を釣って、金品を要求した誘拐犯が1ヶ月ぶりに捕まった。

그 사람은 비싼 이자를 쳐 주겠다고 주부들을 꼬여 거액의 돈을 끌어 모았다.
その人は高い利子をつけてあげるといって主婦達をそそのかし、巨額のお金をだまし取った。

029
꼬이다[3]

[꼬이다] 集まる

虫や人がひとつの場所にたくさん集まって無秩序に動く。

【活用構文】 名이/가 名에 꼬이다

【例文】 더러우면 파리가 꼬이는 법이다. 汚いとハエが集まってくるものだ。

사고 현장에는 구경꾼들이 꼬이기 시작했다.
事故現場には、野次馬たちが集まり始めた。

030
꾸다

[꾸다] 借りる

後で返すことにして、他人のお金やものを借りる。

【活用構文】 名에서/에게서 名을/를 꾸다

【例文】 후배한테 돈을 꾸느니 차라리 한 끼 굶는 게 낫겠다.
後輩にお金を借りるくらいなら、いっそのこと一食抜いた方がました。

새로 이사 갈 집은 워낙 비싸서 많은 돈을 꾸어다 보태야 했다.
新しく引越しする家はもともと高くて、たくさんのお金を借りて補わなければならなかった。

031
꾸리다

[꾸리다] 1. つめる　2. 切り盛りする、やりくりする

1. 荷物や物などをまとめてつめる。

【活用構文】 名을/를 꾸리다

【例文】 동생은 여행을 많이 다녀서 그런지 배낭을 꾸리는 솜씨가 아주 능숙하다.
弟は旅行によく行くからそうなのか、リュックに荷物をつめる手際がすごくいい。

2. 仕事を推進して処理して行ったり、生活をきちんと管理して進める。

【活用構文】 名을/를 꾸리다

【活用表現】 가계를 꾸리다 家計を切り盛りする

가정을 꾸리다 家庭を切り盛りする

살림을 꾸리다 暮らしをやりくりする
생계를 꾸리다 生計をやりくりする

【例文】 아내는 어려운 형편 속에서도 살림을 잘 꾸려 나가고 있다.
妻は難しい家計の中でも、うまく暮らしをやりくりしている。

032
꿰다

[꿰다] 1. 通す　2. 刺す　3. 精通する

1. 糸や紐を穴や隙間の一方に入れて、もう一方から出るようにする。

【活用構文】 名을/를 名에 꿰다

【例文】 여기저기 떨어져 있는 동백꽃들을 주워 실에 꿰어 꽃목걸이를 엮었다.
あちこちに落ちているツバキの花びらを拾って糸に通し、花のネックレスを作った。

2. ものを棒や串などに差して通す。

【活用構文】 名을/를 名에 꿰다

【例文】 우리는 잡은 물고기를 꼬챙이에 꿰어 불에 구워 먹었다.
私達は捕まえた魚を串に刺して、火で焼いて食べた。

3. 仕事や事情を細かくすべて知っている。

【活用構文】 名을/를 꿰다

【例文】 그는 그 지역에 관한 것이라면 손바닥 들여다보듯이 훤히 꿰고 있다.
彼はその地域に関することなら、手に取るように精通している。

033
끊기다

[끈키다] 1. 途切れる　2. 途切れる　3. 途切れる　4. 途絶える
5. 途絶える　6. 途絶える

1. 繋がっていたものが、途切れてかけらになる。

【例文】 전쟁 후 철로가 끊겨 통행할 수 없게 되었다.
戦争の後、線路が途切れて通行できなくなった。

2. 続いて来た事が、これ以上続けられなくなる。

【例文】 손자가 죽음으로써 윤 씨 집의 대가 끊겨 버렸다.
孫が死んだことで、ユンさんの家の後続ぎが途切れてしまった。

3. 会話が少しの間止まる。

【例文】 우리의 대화는 곧 끊겼고 한동안 침묵이 계속되었다.
私達の会話はやがて途切れ、いくらかの間沈黙が続いた。

4. 電話が途中で中断される。

【例文】 통화 도중에 전화가 끊기지 않았더라면 범인의 위치를 찾아낼 수 있었을 텐데…….
通話の途中に電話が切れなければ、犯人の位置を見つけ出すことができただろうに…。

5. 交通機関の運行が中断される。

[例文] 우리 고향은 깊은 산중에 있어서 눈만 오면 교통이 끊긴다.
私の故郷は深い山奥にあるので、雪が降るだけで交通が途絶える。

6. 人などがこれ以上来ない。

[例文] 이십여 년 전에는 관광객으로 붐볐는데 지금은 휴일에도 인적이 거의 끊기다시피 한산하다.
20年ほど前は観光客で賑わっていたのに、今は休日にも人足がほとんど途絶えたかのように閑散としている。

01 연습문제

[1-10] 다음 밑줄 친 부분과 의미가 비슷한 것을 고르십시오.

下線を引いた部分と同じような意味を持つものを選びなさい。

1. 우리는 세 명씩 편을 나누어서 놀이를 했다.

❶ 가르다　❷ 감다　❸ 거르다　❹ 끊다

2. 어린 시절에는 들녘에 나가 참새 쫓는 일을 돕곤 했다.

❶ 거들다　❷ 취하다　❸ 챙기다　❹ 부담하다

3. 제가 저지른 실수인 만큼 저에 대한 비난은 달게 받겠습니다.

❶ 갚다　❷ 갈다　❸ 기피하다　❹ 감수하다

4. 갑자기 현금이 필요한 일이 생겨서 친구에게 급하게 돈을 빌렸다.

❶ 꾸다　❷ 걷다　❸ 얻다　❹ 받다

5. 두 남녀는 서로의 허리에 팔을 두르고 사이좋게 걸어가고 있었다.

❶ 풀다　❷ 감다　❸ 매다　❹ 묶다

6. 음식을 가려 먹는 습관은 어린이의 정상적인 성장을 저해할 수 있다.

❶ 소식하다　❷ 과식하다　❸ 편식하다　❹ 단식하다

7. 엄청난 시련들을 겪고 나서야 인생에서 가장 중요한 것이 무엇인지 깨달았다.

❶ 맞서다　❷ 지내다　❸ 경험하다　❹ 회복하다

8. 자신의 신념에 따라 결정한 일이라면 세상의 이목 같은 건 신경 쓰지 말고 밀고 나가는 것이 옳다고 본다.

❶ 꺼리다　❷ 가리다　❸ 거스르다　❹ 개의하다

9. 보건복지부는 전염성이 강한 유행성 결막염이 확산되기 전에 조기 차단하는 방안을 찾고 있다.

❶ 풀다 ❷ 강구하다 ❸ 해결하다 ❹ 기울이다

10. 청년실업률이 치솟고 있는데도 청년들은 급여나 근무 조건 등의 측면에서 대기업과 현격한 차이가 나는 중소기업 취업을 꺼리는 상황이다.

❶ 선호하다 ❷ 좌우하다 ❸ 기피하다 ❹ 개의하다

[11-13] 다음 밑줄 친 부분과 의미가 반대인 것을 고르십시오.

下線を引いた部分と反対の意味を持つものを選びなさい。

11. 다 마른 빨래들을 잘 개어 옷장 안에 정리해 놓았다.

❶ 펴다 ❷ 짜다 ❸ 접다 ❹ 손질하다

12. 그 선수는 지난 번 경기 때 부상한 무릎에 붕대를 감고 출전했다.

❶ 열다 ❷ 풀다 ❸ 뜨다 ❹ 벗다

13. 남에게 돈을 꾸어 부모님 선물을 사느니 그냥 정성이 담긴 꽃 한 송이를 드리겠어.

❶ 갚다 ❷ 아끼다 ❸ 벌다 ❹ 꿰다

[14-17] 다음 ( )에 알맞은 것을 고르십시오.

次の( )に当てはまるものを選びなさい。

14. 수년 전에는 관광객으로 붐비던 곳이었는데 그 사건 후로 인적이 거의 ( ).

❶ 그쳤다 ❷ 막혔다 ❸ 끊겼다 ❹ 떨어졌다

15. 직장 생활에 쫓기다보니 규칙적인 생활을 하기는커녕 끼니를 ( ) 일도 자주 있다.

❶ 꺼리는 ❷ 거르는 ❸ 미루는 ❹ 마다하는

16. 최근에는 조각품에 대한 기호가 크게 떨어져 상업 화랑에서도 전시회를 (　　　　　) 것으로 나타났다.

❶ 벌이는　❷ 광고하는　❸ 병행하는　❹ 기피하는

17. 주변에서 흔히 볼 수 있는 천연재료인 모래가 최첨단 정보 기술의 주원료가 된다는 사실을 아는 사람은 많지 않다. 모래 그 자체는 값어치가 낮지만 화학 처리나 가공 과정을 (　　　) 새로운 물질을 만들면 반도체의 핵심 소재가 되기도 한다.

❶ 견뎌　❷ 겪어　❸ 거쳐　❹ 걸러

[18-19] 다음 밑줄 친 부분의 의미가 다른 것을 하나 고르십시오.

下線を引いた部分と意味が違うものをひとつ選びなさい。

18.

❶ 음식을 가리지 말고 골고루 먹어야 한다.
❷ 아이가 심하게 낯을 가려 아무에게나 맡길 수가 없다.
❸ 사고의 원인을 가리기 위해서 온갖 노력을 기울이고 있다.
❹ 범인은 얼굴을 가릴 목적으로 모자와 마스크를 쓰고 있었다.

19.

❶ 아침식사를 거르는 주된 이유는 '시간부족' 인 것으로 나타났다.
❷ 할아버지께서는 하루도 거르지 않고 우리 형제의 도시락을 싸 주셨다.
❸ 하루라도 운동을 거르면 불안해지는 사람은 운동중독을 의심해 보아야 한다.
❹ 녹차 잎을 곱게 거른 맑은 차를 마시면 내 영혼까지 맑아지는 느낌이 든다.

[20-21] 다음 중 동사의 쓰임이 잘못된 것을 고르십시오.
次の中から動詞の使い方が間違っているものを選びなさい。

20.

❶ 게으름을 부리는 사이에 숙제가 일주일 치나 걸려 있다.
❷ 올림픽에서 금메달이 가장 많이 걸려 있는 종목은 육상이다.
❸ 차에 시동이 걸리지 않는데 엔진 부분을 점검해 보아야겠다.
❹ 나라를 짊어지고 나갈 청소년들에게 우리의 미래가 걸려 있다.

21.

❶ 부모님은 온갖 정성을 기울여서 자식들을 키운다.
❷ 높은 목표를 세운 만큼 남다른 연습을 기울이지 않으면 안 된다.
❸ 심혈을 기울여 완성한 작품을 그렇게 쉽게 남의 손에 넘겨줄 순 없다.
❹ 매사에 주의를 기울이지 않으면 방심하는 순간에 큰 사고가 날 수 있다.

[22-30] 다음 (　　)에 공통적으로 들어갈 단어의 기본형을 쓰십시오.
次の(　　)に共通して当てはまる単語の基本形を書きなさい。

22.

❶ 그는 어떤 수단과 방법을 써서라도 빚부터 (　　　　　)겠다고 마음먹었다.
❷ 사장님께서 저에게 베풀어 주신 은혜는 평생이 걸리더라도 꼭 (　　　　　)도록 하겠습니다.

23.

❶ 해가 중천에 떴으니 얼른 일어나서 이불도 (　　　　　)고 방청소도 좀 해라.
❷ 오전 내내 가을비가 주룩주룩 내리더니 오후가 되어서야 날이 (　　　　　)었다/았다/였다.
❸ 아이가 가루약을 잘 먹지 못할 때는 약을 물에(　　　　　)어/아/여 주는 것도 한 방법이다.
❹ 거짓말처럼 맑게 (　　　　　)은/ㄴ 푸른 하늘을 바라보니 마음속의 우울함이 다 사라진 느낌이었다.

24.

❶ 진통제를 먹자 곧 통증이 ( )었다/았다/였다.
❷ 배는 바위에 부딪힌 충격으로 물속으로 ( )고 말았다.
❸ 그의 자세한 설명을 듣고 나서야 겨우 마음이 ( )었다/았다/였다.
❹ 유족들의 흥분이 ( )기를 기다려 장관은 이번 사건에 대한 입장을 표명했다.

25.

❶ 지금처럼 경기흐름을 쉽게 예측 할 수 없는 시기에는 투자에 신중을 ( )는 것이 현명하다.
❷ 국방부 장관은 회의에서 군 본연의 임무 수행에 만전을 ( )을/ㄹ 것을 당부했다.
❸ 앞으로는 보안 문제를 해결할 수 있는 기술적인 부분에 보다 완벽을 ( )도록 해야 한다.
❹ 방송통신위원회는 지난 5월 17일 12시를 ( )어/아/여, 2개월 째 유지되어 온 사이버 경보단계를 해제한다고 밝혔다.

26.

❶ 그는 부모의 뜻을 한번도 ( )은/ㄴ 적이 없는 효자였다.
❷ 만원으로 아이스크림 6개를 사고 1,000원을 ( )어/아/여 받았다.
❸ 생태계의 파괴는 인간이 자연의 법칙을 ( )은/ㄴ 대가라고 할 수 있다.
❹ 우리 과 직원들은 까다로운 과장의 비위를 ( )지 않으려고 늘 신경을 곤두세우고 있다.

27.

❶ 그는 소나기가 그치고 해가 나기가 무섭게 천막을 ( )었다/았다/였다.
❷ 큰 스님은 오갈 데 없는 어린 아이들을 10여 명이나 ( )었다/았다/였다.
❸ 이번 선거전에서는 야당이 여당에게 큰 득표 차이로 대승을 ( )었다/았다/였다.
❹ 모교에 대형 도서관을 건립하기 위해 동창회에서 기금을 ( )고 있다.

28.

❶ 베인 손에 붕대를 (　　　　)고 글씨를 쓰려고 하니 불편하기 짝이 없다.
❷ 그 친구는 나를 보자마자 팔을 내 목에 (　　　　)고 반가움의 표시를 했다.
❸ 여자아이는 머리를 (　　　　)고 빗으로 곱게 빗으니 어엿한 아가씨 같았다.
❹ 타고 있던 놀이기구가 아래로 떨어지듯 갑자기 내려갈 때는 나도 모르게 눈을 (　　　　)고 말았다.

29.

❶ 성격이 (　　　　)은/ㄴ 사람은 대개 언행이 부정적이다.
❷ 나는 회사일로 눈코 뜰 새 없다는 동생을 (　　　　)어/아/여 여행을 가기로 했다.
❸ 하는 일마다 술술 잘 풀릴 때가 있는가 하면 이상하게 (　　　　)기만 할 때도 있는 법이다.
❹ 결혼반지의 디자인은 가는 선이 (　　　　)어/아/여 단단한 노끈이 만들어지듯 부부를 단단하게 이어준다는 의미를 갖고 있다.

30.

❶ 구슬을 실에 정성스럽게 (　　　　)어/아/여 목걸이를 완성했다.
❷ 그는 외국인이면서도 한국 역사의 주요 인물을 줄줄 (　　　　)고 있다.
❸ 그는 닭고기를 꼬챙이에 (　　　　)어/아/여 불에 구우면서 손님 맞을 준비를 하고 있었다.
❹ 그는 이 지역에서 평생 살아서 이곳에 관한 것은 모르는 것 없이 훤히 (　　　　)고 있다.

동사 Ⅱ

02

動詞 Ⅱ

02 동사 Ⅱ

001
날리다[1]

[날리다] 舞う

空中で風に乗って、あちこちに動く。

【活用構文】 名이/가 날리다

【活用表現】 먼지가 날리다 ほこりが舞う

낙엽이 날리다 落ち葉が舞う

깃발이 날리다 羽が舞う

눈보라가 날리다 吹雪が舞う

【例文】 거리는 흙먼지만 날리고 무척 황량하였다.
通りには土ぼこりだけが舞い、すごく荒涼としていた。

봄에는 꽃가루가 날려 눈병에 걸리는 사람이 많다.
春には花粉が舞って、眼病にかかる人が多い。

002
날리다[2]

[날리다] 1. 飛ばす 2. なびかせる 3. はせる 4. 飛ばす 5. 失う

1. 飛ぶようにする。

【活用構文】 名을/를 날리다

【例文】 개막식에는 비둘기를 하늘로 날리는 순서가 있었다.
開幕式には鳩を空に飛ばす項目があった。

2. 空中に投げたり散らばす。

【活用構文】 名을/를 날리다

【例文】 아이들은 깃발을 날리며 환호성을 질렀다.
子供たちは旗をなびかせて歓声をあげた。

3. 名前を広く知らしめる。

【活用構文】 名을/를 날리다

【活用表現】 이름을 날리다 名前を広める

명성을 날리다 名声をはせる

【例文】 민수의 어머니는 1960년대에 명성을 날리던 영화배우였다고 한다.
ミンスの母は1960年代に名声をはせた映画女優だったという。

4. すばやく体を動かす。

【活用構文】 名을/를 날리다

【活用表現】 몸을 날리다 体を浮かせる

주먹을 날리다 拳をとばす

【例文】 상대는 공중으로 몸을 휙 날리더니 내 머리에 일격을 가했다.
相手は空中に体をサッと浮かせ、私の頭に一撃を加えた。

5. 財産をすべて失ったり､なくす。

[活用構文] 名을/를 날리다

[活用表現] 돈을 날리다 お金をなくす

재산을 날리다 財産をなくす

[例文] 주식 투자를 잘못 해서 전 재산을 날리는 사람도 있다.
株の投資に失敗して､全財産を棒に振る人もいる。

003
넘나들다

[넘나들다] 出入りする

境界線や限界､基準などを自由に行ったりきたりする。

[活用構文] 名을/를 넘나들다

[例文] 여러 나라의 국경을 넘나들며 장사를 하는 사람들이 있다.
いろいろな国の国境を行き来して､商売をする人達がいる。

김 교수는 정치학, 역사학, 언어학 등 학문의 여러 분야를 넘나들며 논문을 쓴다.
キム教授は政治学､歴史学､言語学など学問の分野を超えて論文を書く。

004
넘보다

[넘보다] 1. 覗き見る　2. 狙う　3. 見下す

1. 見えないものを少しだけのぞいて見る。

[活用構文] 名을/를 넘보다

[例文] 동생은 남의 대문 안을 넘보고 있다가 들킨 사람처럼 화들짝 놀랐다.
弟は他人の家の門をのぞき見していて､見つかってしまった人のようにビックリ仰天した。

2. 自分のものでないものを欲しがる。

[活用構文] 名을/를 넘보다

[例文] 상대 선수는 경험이 부족해 우승을 넘볼 만한 실력이 못되니까 자신감을 가지고 해 보세요.
相手の選手は経験が不足していて､優勝を望めるような実力はないので､自信をもってやってみて下さい。

3. 相手の能力などを侮って見下す。

[活用構文] 名을/를 넘보다

[例文] 미국과 러시아는 우주 과학에 있어서는 어느 나라도 넘보지 못할 기술을 지니고 있다.
アメリカとロシアは宇宙科学において､どの国も侮ることのできない技術を持っている。

005
누리다

[누리다] 謳歌する､享受する

続けて長く楽しむ。

[活用構文] 名을/를 누리다

【活用表現】 행복을 누리다 幸せを謳歌する

자유를 누리다 自由を謳歌する

인기를 누리다 人気を博す

권세를 누리다 権力を謳歌する

【例文】 요즘은 댄스 그룹들이 솔로 가수들보다 인기를 누리고 있는 듯하다.
最近はダンスグループがソロの歌手よりも人気を博しているようだ。

귀족은 봉건 사회에서 이익과 특권을 많이 누렸던 특권 계급이었다.
貴族は封建社会において、利益と特権を謳歌した特権階級だった。

006
누비다

[누비다] 1. 縫う　2. 渡り歩く

1. 2つの重なった布の間に綿を入れて、線ができるように縫い合わせる。

【活用構文】 名을/를 누비다

【活用表現】 이불을 누비다 布団をキルティングにする

바지를 누비다 ズボンをキルティングにする

【例文】 어머니는 겨울이면 솜을 넣어 누빈 옷을 우리 형제에게 입혔다.
母は冬になると、綿を入れてキルティングにした洋服を私達兄妹に着せた。

2. あちこち抜かりなく寄って、活動する。

【活用構文】 名을/를 누비다

【例文】 영국 공연단은 전국을 누비며 공연을 하러 다녔다.
ギリスの公演団は公演をするために全国を渡り歩いた。

007
다듬다

[다듬따] 1.手入れをする　2.下準備をする　3. 校正する　4. 声を整える

1. 身なりを整えるために手入れする。

【活用構文】 名을/를 다듬다

【活用表現】 머리를 다듬다 髪の毛を手入れする

손톱을 다듬다 爪を手入れする

【例文】 머리가 길어서 좀 다듬으러 미용실에 가는 길이에요.
髪の毛が伸びたので、少し整えようと美容院に行くところです。

2. 必要ない部分を切り取って、使い道があるようにする。

【活用構文】 名을/를 다듬다

【例文】 요리하는 일도 쉽지 않지만 재료를 깨끗이 다듬는 일도 손이 많이 가는 일이다.
料理するのも簡単ではないけれど、材料の下準備をすることも、手間のかかる作業だ。

3. 文章などをなめらかに、読みやすく整える。

【活用構文】 名을/를 다듬다

[例文] 출판사에 넘길 원고를 다듬기 위해 책상에 앉았다.
出版社に渡す原稿を校正するために、机に座った。

4. 言葉や歌がすんなりきれいに出るように、声を出して準備する。

[活用構文] 名을/를 다듬다

[例文] 심호흡을 하고 목소리를 다듬고 전화 수화기를 들었다.
深呼吸をして、声を整えてから、受話器を取った。

008

다지다

[다지다] 1. 固める 2. 固める 3. 固める 4. 刻む

1. 押したり踏んだり叩いたりして、固くする。

[活用構文] 名을/를 다지다

[活用表現] 흙을 다지다 土を押し固める

땅을 다지다 地面を押し固める

[例文] 역 주변에 아파트를 짓기 위해 땅을 단단히 다지는 중이다.
駅の周辺にアパートを建てるために、土地を固く押し固めているところだ。

2. 心や意思を固める。

[活用構文] 名을/를 다지다

[活用表現] 마음을 다지다 心を固める

각오를 다지다 覚悟を決める

[例文] 이번 계획을 성공적으로 이끌기 위해서는 새로운 각오를 다져야 합니다.
今回の計画を成功に導くためには、新しい覚悟をしなければなりません。

3. 基礎や基盤などを固く頑丈にする。

[活用構文] 名을/를 다지다

[活用表現] 기반을 다지다 基盤を固める

기초를 다지다 基礎を固める

[例文] 이번 정상 회담의 목적은 양국 경제 협력의 기반을 다지는 데에 있다.
今回の首脳会談の目的は両国の経済協力の基盤を固めることにある。

4. 肉、野菜、調味料などを何度も刻んで細かくする。

[活用構文] 名을/를 다지다

[活用表現] 고기를 다지다 肉をミンチにする、細かく刻む

마늘을 다지다 にんにくを刻む

[例文] 간장에 파와 마늘을 곱게 다져 넣어 양념장을 만들었다.
油にねぎとにんにくをきれいに刻んだものを入れて、調味料を作った。

009
다짐하다

[다짐하다] 1. 念を押して心に決める､誓う　2. 誓う

1. あることを成し遂げようと､心を固く決める。

[活用構文] 名을/를 다짐하다
動겠다고 다짐하다

[例文] 이번 시험에서 꼭 합격하겠다고 굳게 다짐했다.
今回の試験で必ず合格すると､固く誓った。

2. すでにしたことや､これからすることに間違いがないことを､固く強調したり､確認する。

[活用構文] 名에/에게 名을/를 다짐하다
名에/에게 動겠다고 다짐하다

[例文] 나는 아내에게 다시는 담배를 피우지 않겠다고 다짐했지만 일주일이 못 가서 다시 피우게 되었다.
私は妻に二度とたばこを吸わないと誓ったが､1週間も経たないうちに､また吸うようになった。

010
달다[1]

[달다] 1.つける 掲げる　2. 設置する､とりつける　3. つける　4.つける

1. ものを一定のところに掛けたり､結びつける。

[活用構文] (名에) 名을/를 달다

[活用表現] 깃발을 달다 旗を掲げる
단추를 달다 ボタンをつける

[例文] 우리 집은 국경일에 반드시 대문에 태극기를 단다.
我が家は国の記念日に､必ず玄関に太極旗を掲げる。

2. ものや装置を設置する。

[活用構文] (名에) 名을/를 달다

[活用表現] 전화를 달다 電話を設置する。
에어컨을 달다 エアコンを設置する。

[例文] 공부방이 너무 더워서 에어컨을 달았더니 정말 쾌적해요.
勉強部屋がすごく暑くてエアコンを設置したので､本当に快適です。

3. 文や言葉に説明､解説､送り仮名､条件などを追記する。

[活用構文] (名에) 名을/를 달다

[活用表現] 각주를 달다 脚注をつける
조건을 달다 条件をつける

[例文] 한문 원문에 토를 다니까 읽기가 훨씬 쉽다.
漢文の原文に､送り仮名をつけたら読むのが遥かに楽だ。

4. つけのようなものを帳簿に記録する。

[活用構文] (名에) 名을/를 달다

[活用表現] 술값을 달다 酒代をつける

외상값을 달다 掛け金をつける

[例文] 오늘 술값은 장부에 달아 주세요.

今日の酒代は、帳簿につけておいて下さい。

011

달다[2] [달다] 量る

秤で重さを量ってみる。

[活用構文] (名에) 名을/를 달다

[活用表現] 고기를 저울에 달다 肉を計りで量る

몸무게를 달아 보다 体重を量ってみる

[例文] 주인은 금의 무게를 저울에 달아 보고 가격을 제시했다.

店の主人は金の重さを秤で量ってみて、価格を提示した。

무게를 달아야 하니까 저울 위에 소포를 올려놓으세요.

重さを量らなければいけないので、秤の上に小包みをのせて下さい。

012

달다[3] [달다] 1. 熱せられる 2. 熱くなる 3. やきもきする

1. 鉄や石のようなものが、熱を受けてすごく熱くなる。

[活用構文] 名이/가 달다

[例文] 난로가 빨갛게 달아 방안이 후끈거린다.

暖炉が赤く熱せられて、部屋の中がぽかぽかする。

2. 体や顔が、熱を持ったり興奮したりして熱くなる。

[活用構文] 名이/가 달다

[例文] 내 약점을 지적당하자 나도 모르게 얼굴이 뜨겁게 달아 올랐다.

私の弱点を指摘されると、思わず顔が熱くなった。

3. そわそわしたりして、心がすごく小さくなる。

[活用構文] 名이/가 달다

[活用表現] 애가 달다 やきもきする

속이 달다 いらいらする

몸이 달다 うずうずする

[例文] 내가 고백했는데도 그녀가 아무런 반응을 안 보이니 애가 달아서 어찌해야 할지 모르겠다.

私が告白したのに、彼女は何の反応も示さないので、やきもちしてどうしようもない。

013
대다

[대다] 1. つける　2. あてる　3. 停める　4. 比べる　5. 答える　6. 遅れず

1. どこかに何かを触れさせる。

[活用構文] 名을/를 名에 대다

[活用表現] 손을 대다 手をつける

입에 대다 口に当てる

[例文] 그는 술잔을 입에 댔다가 마시지 않고 내려놓았다.
彼は杯に口をつけたが,飲まずにそのまま下ろした。

2. どこかに何かを供給し続ける。

[活用構文] 名을/를 名에 대다

[例文] 어머니는 수술비를 댈 돈이 없어서 퇴원하기로 마음먹었다.
母は手術費用にあてるお金がなくて,退院することにした。

3. 車や船を一定の場所に留めたり停泊させる。

[活用構文] 名을/를 名에 대다

[例文] 주차장이 따로 없는 사람들은 집 앞에 차를 대기도 한다.
駐車場がない人たちは,家の前に車をとめたりもする。

4. 比較する

[活用構文] 名을/를 名에 대다

[例文] 길고 짧은 건 대 봐야 안다.
どちらが長くて短いのか,実際に比べてみればわかる。

5. あることに対する相手の質問に言葉で答える。

[活用構文] 名을/를 대다

[活用表現] 증거를 대다 証拠を出す

핑계를 대다 言いわけをする

[例文] 내가 모임에 참석하지 못한 이유를 대려면 너무 많다.
私が集まりに出席できなかった理由は,あまりにも多すぎて答えきれない。

6. 約束時間を破らずに守る。

[活用構文] 名에 대다

[例文] 약속시간에 대어 오느라고 얼마나 일찍부터 서둘렀는지 모른다.
約束時間に合わせて来ようとして,どれだけ前から慌てていたことか。

014
더듬다

[더듬따] 1. 手探りする　2. 探る　3. 探る　4. どもる

1. よく見えないものを手であちこち触ってみて探す。

[活用構文] 名을/를 더듬다

[例文] 문을 열고 어두운 벽을 더듬어 전등을 켰다.
門を開け,暗い壁を手探りして,電気をつけた。

2. 何かを明らかにしようと、いろいろなことを考えて答えを導く。

[活用構文] 名을/를 더듬다

[活用表現] 흔적을 더듬다 痕跡を探る

길을 더듬어 찾아가다 道を探り当てる

[例文] 국토 순례의 길을 걸으며 선인들의 발자취를 더듬어 볼 생각입니다.
国土巡礼の道を歩いて、先人達の足跡を探ってみようと思います。

3. 記憶や考えを心の中で見当してみて、思い出そうとする。

[活用構文] 名을/를 더듬다

[活用表現] 기억을 더듬다 記憶を探る

추억을 더듬다 思い出を探る

[例文] 술을 한 잔 하면 지난 고통의 세월을 더듬어 보곤 한다.
お酒を一杯飲んで、過ぎ去った苦痛の日々を思い起こしたりする。

4. 何かを言ったり、文章を読む時、しきりにつまる。

[活用構文] 名을/를 더듬다

[活用表現] 말을 더듬다 どもる

[例文] 내 동생은 많은 사람 앞에 서면 긴장을 하여 말을 심하게 더듬는다.
私の弟はたくさんの人の前に立つと、緊張してひどくどもる。

015
돌리다

[돌리다] 1. まわす　2. まわす　3. まわす　4. 配る　5. まわす
6. まわす　7. まわす

1. ひとつの点や線を中心にして、ひとつの方向に続けて動かす。

[活用構文] 名을/를 돌리다

[活用表現] 바퀴를 돌리다 タイヤを回す

다이얼을 돌리다 ダイアルを回す

[例文] 소년은 지구본을 돌리면서 여러 나라의 수도를 하나하나 찾아보았다.
少年は地球儀を回しながらいろいろな国の首都をひとつずつ探してみた。

2. 本来の機能を発揮するように動く。

[活用構文] 名을/를 돌리다

[活用表現] 세탁기를 돌리다 洗濯機をまわす

공장을 돌리다 工場を動かす

[例文] 바느질로 먹고 사는 아주머니는 끊임없이 재봉틀을 돌리고 계셨다.
縫い物をして暮らしているおばさんは、とめどなくミシンを踏んでいた。

3. 方向を変える。

[活用構文] 名을/를 名으로/로 돌리다

[活用表現] 몸을 돌리다 体をまわす

시선을 돌리다 視線を向ける

【例文】 교수는 창밖으로 시선을 돌리고 있더니 조용히 입을 열었다.
教授はしばらく窓の外に視線を向けた後、静かに口を開いた。

4. あるものを分けてあげたり、配達する。

【活用構文】 名을/를 名으로/로 돌리다

【活用表現】 떡을 돌리다 お餅を配る
신문을 돌리다 新聞を配る

【例文】 개업 기념으로 상가 전체에 떡을 돌렸다.
開業記念で商店街全体にお餅を配った。

5. 言葉を間接的に、遠まわしに言う。

【活用構文】 名을/를 돌리다

【例文】 제발 말을 빙빙 돌리지 말고 요건만 간단하게 말해라.
お願いだから、遠まわしに言わないで、用件だけを簡単に言ってくれ。

6. 話題を変える。

【活用構文】 名을/를 돌리다

【例文】 그는 자기에게 불리한 얘기가 나오자 화제를 돌리려고 애를 썼다.
彼は自分に不利な話が出たとたん、話題を変えようと努めた。

7. 他人に譲ったり、分け与えたりする。

【活用構文】 名을/를 名의 탓으로 돌리다
名을/를 名의 공으로 돌리다

【例文】 사업 부진을 남의 탓으로 돌리지 말고 자신의 잘못을 인정해야 한다.
事業不振を他人のせいにするのではなく、自分の失敗を認めなくてはならない。

016
뒤지다[1]

[뒤지다] 1. 漁る 2. 念入りにくまなく探す

1. 何かを探そうとして、念入りに掻き分ける。

【活用構文】 名을/를 뒤지다

【活用表現】 가방을 뒤지다 かばんを漁る
집 안을 뒤지다 家の中を漁る

【例文】 지갑 안을 뒤지니 천 원짜리 하나가 나왔다.
財布の中を漁っていたら、1000ウォン札が1枚出てきた。

2. 本や書類などを詳しく読みくまなく探す。

【活用構文】 名을/를 뒤지다

【活用表現】 사진첩을 뒤지다 アルバムを念入りに見直す
학적부를 뒤지다 学籍簿をくまなく探す

【例文】 그들은 차근차근히 책을 뒤지며 자료를 찾았다.
彼らは丹念に本の内容を漁り、資料を探した。

017
뒤지다²

[뒤지다] 1. 遅れる　2. 引けをとる　3. 及ばない

1. 歩みが他人よりも遅れる。

[活用構文] 名보다 뒤지다

[例文] 산길에 익숙하지 않은 나는 열심히 걸어도 계속 다른 사람보다 뒤졌다.
山道に慣れていない私は、一生懸命歩いても、他の人に遅れを取ってしまった。

2. 能力、水準などが他人より遅れていたり、引けをとっている。

[活用構文] 名에/에게 뒤지다

[例文] 그의 업무 처리 능력은 결코 다른 사람에게 뒤지지 않는다.
彼の業務処理能力は、決して他の人に引けをとらない。

3. ある基準に満たない。

[活用構文] 名에 뒤지다

[活用表現] 시대에 뒤지다 時代に後れる
유행에 뒤지다 流行に後れる

[例文] 요즘 사람들은 유행에 뒤질세라 패션에 관심을 갖고 따라가려고 애쓰는 것 같다.
最近の人達は流行遅れになりやしないかと、ファッションに興味を持って、流行に追いつこうとがんばっているみたいだ。

018
드러나다

[드러나다] 1. 現れる　2. 明るみに出る

1. 隠れていたり、見えなかったものが、見えるようになる。

[活用構文] 名이/가 드러나다

[例文] 구름이 걷히자 산봉우리가 드러났다.
雲が晴れると、山並みが現れた。

2. 知られていなかった事実が大きく明かされる。

[活用構文] 名이/가 드러나다

[活用表現] 비밀이 드러나다 秘密が明かされる
사실이 드러나다 事実が明るみに出る

[例文] 피의자들은 범죄 사실이 백일하에 드러나자 잘못을 시인했다.
被疑者たちは犯罪の事実が明るみに出たことで、過ちを認めた。

019
때우다

[때우다] 1. 埋める、継ぐ、詰める　2. 済ます　3. 潰す　4. 埋め合わせる

1. 穴が開いたり、壊れたところを他の破片で代用する。

[活用構文] 名을/를 때우다

【活用表現】 이를 때우다 歯に詰め物をする
구멍을 때우다 穴を継ぎ合わせる

【例文】 썩은 이를 백금으로 때웠다.
腐った歯を白金で埋めた。

2. 簡単な食べ物で食事を済ませる。

【活用構文】 名을/를 (名으로/로) 때우다

【活用表現】 끼니를 때우다 食事を簡単に済ます
점심을 때우다 昼食を簡単に済ます

【例文】 너무 바빠서 점심을 빵하고 우유로 때웠어요.
すごく忙しくて、お昼ごはんをパンと牛乳で済ませました。

3. 特別することなく、残った時間を適当に過ごす。

【活用構文】 名을/를 때우다

【活用表現】 시간을 때우다 時間を潰す

【例文】 친구가 올 때까지 비디오를 보면서 시간을 때웠다.
友達が来るまで、ビデオを見ながら時間を潰した。

4. 他の手段を使って、適当に解決する。

【活用構文】 名을/를 名으로/로 때우다

【例文】 생일인 걸 깜빡해 선물을 준비 못해서 축하한다는 말로 때웠다.
誕生日だということをうっかり忘れて、プレゼントを準備できなかったので、おめでとうという言葉で埋め合わせた。

020
뚫다 [뚤타] 1. 開ける　2. 打ち勝つ

1. 詰まっているものを、通るようにする。

【活用構文】 名을/를 뚫다

【活用表現】 구멍을 뚫다 穴をあける
터널을 뚫다 トンネルを通す
길을 뚫다 道をあける
세계시장을 뚫다 世界市場を開拓する

【例文】 터널을 뚫으면 두 지역 간의 교류가 한층 활발해질 것으로 전망된다.
トンネルを通せば、2つの地域間の交流が一層活発になるとが展望される。

2.試練や難関などに勝ち抜く。

【活用構文】 名을/를 뚫다

【活用表現】 고난을 뚫다 苦難をくぐり抜ける
장애를 뚫다 障害に打ち勝つ
경쟁을 뚫다 競争を勝ち抜く

[例文] 그는 많은 고난과 역경을 뚫고 지금의 위치에 이르게 되었다.
彼は多くの苦難と逆境に打ち勝って、今の位置に上り詰めた。

021
뜨다[1]

[뜨다] 1. 浮かぶ 2. 浮く 3. 浮かれる

1. 水の中や地面などに、沈んだり落ちたりせずに、水の上や空中にあったり、上の方に上がる。

[活用構文] 名이/가 名에 뜨다

[活用表現] 물에 뜨다 水に浮く
해가 뜨다 太陽が出る

[例文] 우리는 수평선 위로 조금씩 뜨고 있는 붉은 해를 바라보며 가슴속으로 저마다의 소원을 빌었다.
私達は水平線の上に少しずつ昇って来る赤い太陽を見つめながら、胸の中でそれぞれの願い事をした。

2. ピッタリとくっ付かず、隙間ができる。

[活用構文] 名이/가 뜨다

[活用表現] 벽지가 뜨다 壁が浮く
장판이 뜨다 床が浮く

[例文] 풀칠이 잘못되어 벽지와 장판이 떠서 다시 도배해야 했다.
糊付けがうまく行かず、壁と床が浮いてしまったので、もう１度張り替えなくてはならなかった。

3. (比喩的に)心が安定せず、興奮する。

[活用構文] 名이/가 名에 뜨다

[活用表現] 마음이 뜨다 心が浮かれる
허영에 뜨다 虚栄に浮かれる

[例文] 소풍 생각에 마음이 떠 있어 공부가 되지 않는다.
遠足のことを考えると、心が浮かれて勉強ができない。

022
뜨다[2]

[뜨다] 1. よそる 2. さじをつける 3. 薄切りにする 4. 布を買う

1. あるところに入れられているものを、よそったり、すくい出す。

[活用構文] 名을/를 N에 뜨다

[例文] 어머니는 큰 대접에 국을 뜨고 거기에 밥을 말아 주셨다.
母は大きな器に、スープを注ぎ、そこにご飯を入れてくれた。

2. さじなどで、食べ物を少し食べる。

[活用構文] 名을/를 뜨다

[例文] 먼 길 가는데 아무리 바빠도 한술 뜨고 가거라.
遠くまで行くんだから、いくら忙しくても一口食べて行きなさい。

3. 肉などのを薄く切り取る。

[活用構文] 名을/를 뜨다

[例文] 생선의 살로는 회를 뜨고 남은 뼈로는 생선 매운탕을 끓였다.
魚の身からは刺身を切り取って、残った骨で魚の辛い汁物を煮た。

4. 布を必要なだけ切って買う。

[活用構文] 名을/를 뜨다

[例文] 할머니는 시장에서 옷감을 떠서 손수 한복을 지으셨다.
おばあちゃんは市場で生地を買ってきて手作りの、韓服を作った。

023
뜨다[3]

[뜨다] 1. 発つ　2. 去る

1. いたところから、場所を移したり、そこを発つ。

[活用構文] 名을/를 뜨다

[活用表現] 고향을 뜨다 故郷を発つ

[例文] 큰오빠는 도시로 가서 꼭 출세하겠다며 고향을 떴다.
おじさんは都会に出て必ず出世すると言い、故郷を発った。

2. 死んでこの世を発つ。

[活用構文] 名을/를 뜨다

[活用表現] 세상을 뜨다 この世から去る

[例文] 아버지는 어머니가 돌아가시자 외로움을 못 이기시고 얼마 후 세상을 뜨셨다.
父は母が亡くなると、寂しさに勝てず、しばらくしてこの世を去った。

024
마다하다

[마다하다] 嫌がる

断ったり嫌だと言う。

[活用構文] 名을/를 마다하다

[例文] 김 대리는 집에 좋은 일이 있는지 술자리도 마다하고 일찍 귀가했다.
キム代理は家で良いことがあったのか、お酒の席も断って、早くに家に帰った。

오랜만에 한국에 왔더니 어릴 적 친구가 먼 길을 마다하지 않고 나를 만나러 와 주었다.
久しぶりに韓国に来たら、幼いころの友達が遠いところからわざわざ私に会いに来てくれた。

025
말리다[1]

[말리다] とめる

他の人がある行動をできなくする。

[活用構文] 名을/를 말리다

[活用表現] 싸움을 말리다 けんかをとめる

[例文] 싸움을 말린다는 것이 오히려 부채질하는 결과가 되었다.
けんかをとめようとしたことが、むしろ火に油を注ぐ結果になった。

친구가 홧김에 과음하는 것 같아 술을 그만 마시라고 말렸다.
友達が腹いせに飲みすぎているようだったので、これくらいにしろと言ってとめた。

026
말리다[2]

[말리다] 1. まかれる　2. 巻き込まれる

1. 何かに包まれたり、覆われている。

[活用構文] 名에 말리다

[例文] 아버지께서 사 오신 신문지에 말린 것이 무엇인지 아이들이 모두 궁금해했다.
父が買って来た、新聞にまかれている物が何なのか、子供たちみんなが知りたがった。

2. ある事件やものごとに巻き込まれたり、関与することになる。

[活用構文] 名에 말리다

[例文] 그는 정치적 사건에 말려 도중에 학교를 그만둔 사람이었다.
彼は政治的な事件に巻き込まれて、途中で学校を辞めた人間だった。

027
반기다

[반기다] 喜んで迎える

喜んでくれて歓迎される。

[活用構文] 名을/를 반기다

[例文] 어머니는 휴가 나온 아들을 얼싸안으시면서 반기셨다.
母は休暇で帰ってきた息子を抱きしめながら喜んで迎えた。

친구 가족 분들은 집 앞까지 나와서 우리를 반겨 주셨다.
友達の家族は、家の前まで出てきて私達を喜んで迎えてくれた。

028
반하다

[반하다] 1. 反する　2. 反する

1. (主に'반하여'の形で使われ)反対になったり、対照をなす。

[活用構文] 名에 반하다

[例文] 농림어업의 인구는 감소하고 그에 반해 3차 산업 부문의 취업 인구가 증가할 것으로 예측된다.
農林漁業の人口は減少し、それに反して3次産業部門の就業人口が増加するものと予想される。

2. 他人の意見や規定などを破ったり反対する。

[活用構文] 名에 반하다

[例文] 규칙에 반하는 행동을 하면 규정에 따라 처벌을 받게 된다.
規則に反した行動をとると、規定に従って処罰を受けことになる。

029
배다[1]

[배다] 1. 染みる　2. つく　3. 染み入る

1. 水気や匂いが染み付いたり、染み出る。

[活用構文] 名에 배다

[活用表現] 땀이 옷에 배다 汗が洋服に染みる

기름이 종이에 배다 油が紙に染み込む

냄새가 몸에 배다 匂いが体に染み付く

[例文] 뛰어 왔더니 옷에 땀이 다 배었다.

走ってきたら、洋服に汗が全部染み込んだ

2. くせになって、慣れる。

[活用構文] 名에 배다

[活用表現] 일이 손에 배다 仕事が手につく

욕이 입에 배다 悪口が口につく

[例文] 그 식당 직원들은 친절이 몸에 배어 있다.

の食堂の従業員たちは、親切が身に付いている

3. 感覚や考えなどを深く感じたり、余韻が長い間残る。

[活用構文] 名에 배다

[例文] 농악에는 우리 민족의 정서가 배어 있다.

農楽には我が民族の情緒が染み込んでいる。

030
배다[2]

[배다] 1.身ごもる　2. かかえる　3. 筋肉が固くなる

1.おなかの中に赤ちゃんを宿す。

[活用構文] 名을/를 배다

[活用表現] 아이를 배다 子供を身ごもる

새끼를 배다 赤ん坊を身ごもる

[例文] 우리 집 개가 새끼를 배서 몸이 무거운지 힘들어한다.

我が家の犬が子供を身ごもって、体が重いのか辛そうだ。

2. 魚などに卵ができる。

[活用構文] 名에 배다

[例文] 잡은 고기에 알이 배어 통통했다.

捕まえた魚が卵をかかえていたので、太っていた。

3. 腕、足などの箇所に筋肉の固まりができる。

[活用構文] 名에 배다

[例文] 계단을 오르락내리락했더니 다리에 알이 뱄다.

階段を上がったり降りたりしていたら、足にしこりができる。

031
버티다

[버티다] 1. 辛抱強く耐え抜く　2. 対抗する　3. じっとして動かない

1. 長い間耐えて、我慢する。

[活用構文] 名에 버티다

[例文] 그는 갖은 악조건에도 불구하고 오지에서 한 달 동안 버텨 냈다.
彼は悪条件だったにも関わらず、人里離せた場所でひと月の間辛抱強く耐え抜いた。

2. 避けずに真っ向から抵抗する。

[活用構文] 名에/에게 버티다

[例文] 말단 사원이 상급자의 부당한 압력에도 잘 버티고 있다.
末端の社員が上層部の不当な圧力に対しても、よく耐えている。

3. ある対象がひとつの場所に定着して動かない。

[活用構文] 名이/가 버티다

[例文] 대문 안에 들어서자 무시무시하게 큰 개가 버티고 있었다.
玄関の門の中に入るなり、すさまじく大きい犬が立ちはだかっていた。

032
부딪치다

[부딛치다] 1. ぶつかる　2. ぶつかる　3. 遭遇する　4. ぶつかる

1. とても強く触れたり、強くぶつかる。

[活用構文] 名과/와 부딪치다
名에/에게 부딪치다

[類義語] 부딪히다 ぶつかる

[例文] 빙판길에서 미끄러져 서로 정면으로 부딪친 차들이 크게 부서졌다.
凍った道路で滑り、お互い正面からぶつかった車が、大きく壊れた。

2. 予想していなかったことや状況に直面する。

[活用構文] 名에 부딪치다

[類義語] 부딪히다 ぶつかる

[例文] 경제적 난관에 부딪친 회사는 결국 문을 닫고 말았다.
経済的な難関にぶつかった会社は、結局事業を辞めてしまった。

3. ある人と偶然に直接会う。

[活用構文] 名과/와 부딪치다

[類義語] 부딪히다 ぶつかる

[例文] 그들은 헤어진 지 10년 만에 서울에서 우연히 부딪쳤다.
彼らは別れてから１０年ぶりにソウルで偶然に遭遇した。

4. 逃げずに向かい合う。対決する。

[活用構文] 名에 부딪치다
名과/와 부딪치다

[例文] 피해자와 직접 부딪치면 감정이 상하기 쉬우니 보호자와 만나서 차분하게 이야기해 봐라.
被害者と直接ぶつかると感情が傷つきやすいから,保護者と会って静かに話してみなさい。

033
부리다[1]

[부리다] 1. 働かす　2. ~する

1. 才能や知恵などを咲かす。

[活用構文] 名을/를 부리다

[活用表現] 꾀를 부리다 知恵を働かす

요술을 부리다 妖術をかける

[例文] 아이들이 틈만 나면 놀러 가려고 꾀를 부렸다.
子供たちは,隙さえあれば遊びに行こうと知恵を働かした。

2. 望ましくない行動や性質をずっと見せる。

[活用構文] 名을/를 부리다

[活用表現] 늑장을 부리다 ぐずぐずする

욕심을 부리다 欲を出す

기승을 부리다 勝ち気に振舞う

어리광을 부리다 わざと甘える

[例文] 아이가 갑자기 학교에 가지 않겠다고 고집을 부려 나를 난처하게 했다.
子供が突然学校に行かないと言って意地を張り,私を困惑させた。

034
부리다[2]

[부리다] こきつかう

獣や部下などを自分の思い通りに動かして働かせる。

[活用構文] 名을/를 부리다

[活用表現] 마소를 부리다 馬と牛をこきつかう

일꾼을 부리다 労働者をこきつかう

[例文] 우리 아버지는 평생 소를 부리며 농사를 짓고 살았다.
私の父は死ぬまでずっと牛をつかって畑仕事をして暮した。

그 집은 대단한 부자여서 많은 노비를 부리고 있었다.
その家はものすごい金持ちだったので,多くの使用人をつかっていた。

035
부추기다

[부추기다] 1. そそのかす　2. 煽る

1. 他人にあることをするように仕向ける。

[活用構文] 名을/를 부추기다

[例文] 노조 위원장은 노동자들을 부추겨 임금 협상을 위한 파업에 동참하게 했다.
労働組合の会長は労働者たちをそそのかして,賃金上昇のためのストライキに参加させた。

2. 感情や状況などが、もっと深刻になるように影響を与える。

[活用構文] 名을/를 부추기다

[活用表現] 싸움을 부추기다 けんかを煽る

경쟁심을 부추기다 競争心を煽る

과소비를 부추기다 過消費を煽る

물가 상승을 부추기다 物価上昇を煽る

[例文] 근거 없는 유언비어는 사회적 혼란을 부추길 뿐이다.
根拠のないデマは社会的混乱を煽るだけだ。

036
부치다[1] [부치다] 焼く

フライパンに油を塗って、ピンデトックなどの小麦粉を練った食べ物を広げて焼く。

[活用構文] 名을/를 부치다

[活用表現] 계란을 부치다 卵を焼く

전을 부치다 チヂミを焼く

[例文] 계란 지단을 부쳐 채를 썰어 떡국 위에 올려놓는다.
卵焼きを焼いて、野菜を刻み、お雑煮の上に乗せておく。

비가 오는 날 빈대떡을 부쳐서 온 가족이 나눠 먹었다.
雨の日にピンデトックを焼いて、家族みんなで分けて食べた。

037
부치다[2] [부치다] 負えない、足りない

足りなかったり満たされない。

[活用構文] 名에 부치다

[活用表現] 힘에 부치다 手に負えない

실력이 부치다 実力が足りない

[例文] 주말에는 긴 여행에 체력이 부쳐서 집에서 꼼짝하지 않고 쉬고 있었다.
週末には、遠くまで旅行にいく体力がないので、家から出ないでのんびりしていた。

자식들 공부시키는 것이 힘에 부쳐서 고등학교를 졸업한 큰아들을 대학에 보낼 수 없었다.
子供たちを勉強させることができず、高校を卒業した長男を大学にいかせることができなかった。

038
부치다[3] [부치다] 扇ぐ

扇子などを扇いで風を起こす。

[活用構文] 名을/를 부치다

[活用表現] 부채를 부치다 うちわで扇ぐ

[例文] 그는 신문지를 부채 삼아 얼굴에 부쳤다.
彼は新聞紙をうちわ代わりにして顔を扇いだ。

그 사람은 더위를 참을 수 없다는 듯이 부채를 힘껏 부치고 있었다.
その人は暑さに耐え切れないかのように、うちわで力いっぱい扇いでいた。

039
비추다

[비추다] 1. 照らし出す 2. かざす 3. 照らし合わせる

1. 光を出すものが、他のものに光を送って明るくする。

[活用構文] 名을/를 비추다

[例文] 따뜻한 봄 햇살이 정원의 잔디밭을 비추고 있었다.
暖かい春の日差しが庭の芝生を照らし出していた。

2. 光を受けたり、光が通るようにする。

[活用構文] 名을/를 名에/에게 비추다

[例文] 필름을 햇빛에 비추어 사진을 확인해 보았다.
フィルムを光にかざして、写真を確認してみた。

3. (おもに'…에 비추어'の形で使われ)あることと関連させて比べてみる。

[活用構文] 名을/를 名에 비추다

[活用表現] 경험에 비추다 経験に照らし合わせる
상식에 비추다 常識に照らし合わせる
형편에 비추다 状況に照らし合わせる

[例文] 내 경험에 비추어 생각해 보면 네 행동은 지나친 감이 있다.
私の経験に照らし合わせて考えてみると、あなたの行動は行き過ぎな感じがする。

02 연습문제

[1-10] 다음 밑줄 친 부분과 의미가 비슷한 것을 고르십시오.
下線を引いた部分と同じような意味を持つものを選びなさい。

1. 다시 돌아오기 어려운 기회니만큼 학생시절의 자유를 마음껏 누리고 싶다.

① 지내다 ② 즐기다 ③ 누비다 ④ 살리다

2. 2년여에 걸쳐 시나리오를 다듬은 끝에 마침내 영화 제작에 들어가게 되었다.

① 손을 보다 ② 손을 대다 ③ 손을 쓰다 ④ 손이 가다

3. 나는 두 번 다시 그곳에 가지 않겠다고 스스로 다짐했다.

① 결정하다 ② 결심하다 ③ 선택하다 ④ 지원하다

4. 체육관에 에어컨을 설치해서 학생들이 쾌적한 환경에서 운동할 수 있게 되었다.

① 빼다 ② 얻다 ③ 달다 ④ 배다

5. 이 방은 손바닥만 한 내 하숙방에 비하면 무척 큰 편이다.

① 대다 ② 달다 ③ 향하다 ④ 못하다

6. 그 유명인들이 곧 결혼할 거라는 소문이 이번 기자회견을 통해 사실로 밝혀졌다.

① 발견되다 ② 드러나다 ③ 기인하다 ④ 지정되다

7. 그는 더 많은 보수를 주겠다는 경쟁 회사의 제의를 마다하고 지금까지 자신을 키워 준 현재의 회사에서 계속 근무하기로 했다.

① 꺼리다 ② 거스르다 ③ 경험하다 ④ 거절하다

8. 심의 규정에 어긋난 광고를 할 경우에는 상당한 액수의 벌금이 부과된다.

① 따르다 ② 반하다 ③ 부딪치다 ④ 비뚤어지다

9. 두 사람은 학교를 졸업한 지 20년 만에 우연히 길에서 만났다.

❶ 싸우다 ❷ 부딪치다 ❸ 지나치다 ❹ 어울리다

10. 운동 연습 중에 체력이 부쳐서 도저히 더 이상 할 수가 없었다.

❶ 힘들다 ❷ 충분하다 ❸ 필요하다 ❹ 모자라다

[11-12] 다음 밑줄 친 부분과 의미가 반대인 것을 고르십시오.

下線を引いた部分と反対の意味を持つものを選びなさい。

11. 요즘은 여행 생각으로 마음이 떠 있어 좀처럼 일에 집중할 수가 없다.

❶ 날다 ❷ 반기다 ❸ 반기다 ❹ 가라앉다

12. 지배국의 압박에 끝까지 버텨서 마침내 자유를 되찾았다.

❶ 견디다 ❷ 비기다 ❸ 항복하다 ❹ 넘어지다

[13-18] 다음 ( )에 알맞은 것을 고르십시오.

次の( )に当てはまるものを選びなさい。

13. 옆집 아이는 얼마 전에 구입한 자전거로 온 동네를 ( ) 다닌다.

❶ 거치며 ❷ 겪으며 ❸ 누리며 ❹ 누비며

14. 갑자기 전기가 나가는 바람에 어둠 속을 ( ) 불을 켤 만한 것을 찾았다.

❶ 갈라 ❷ 뚫어 ❸ 더듬어 ❹ 추측하여

15. 최근에는 상업성보다 음악성으로 승부를 거는 신인 가수들이 가요계의 정상을 ( ) 있다고 한다.

❶ 넘보고 ❷ 기울이고 ❸ 쳐다보고 ❹ 마음먹고

16. 그는 10대 1의 경쟁을 (   ) 원하던 기업에 입사했다.

❶ 뚫고　❷ 거치고　❸ 이기고　❹ 채우고

17. 그 사람은 친지들이 모두 (   ) 불구하고 무리하게 사업을 확장하더니 결국 큰 손해를 입었다고 한다.

❶ 말리는데도　❷ 개의하는데도　❸ 마다하는데도　❹ 동의하는데도

18. 대지를 적시는 봄비가 내리자 꽃들은 마치 그 봄비를 (   ) 활짝 피었다.

❶ 마시듯　❷ 겨루듯　❸ 반기듯　❹ 당기듯

[19-20] 다음 밑줄 친 부분의 의미가 다른 것을 하나 고르십시오.
下線を引いた部分と意味が違うものをひとつ選びなさい。

19.

❶ 경찰이 용의자의 방을 뒤지니 사건의 단서가 하나하나 발견되었다.
❷ 그는 신입사원임에도 불구하고 업무 능력이 선배 사원에게 뒤지지 않는다.
❸ 영수는 다른 아이들보다 몇 걸음 뒤지는 듯하더니 갑자기 속도를 내기 시작했다.
❹ 그 후보는 여론조사에서는 1위보다 10% 정도 뒤졌지만 실제 선거에서는 1위로 당선되었다.

20.

❶ 그 사장은 아랫사람을 함부로 부리는 걸로 악명이 높다.
❷ 우리 아이는 요술을 부리는 요술쟁이 이야기를 제일 좋아한다.
❸ 우리 아이가 한번 고집을 부리기 시작하면 아무도 감당할 수가 없다.
❹ 다음 주부터는 본격적인 한여름 더위가 기승을 부릴 거라는 예보가 있었다.

[21–23] 다음 중 동사의 쓰임이 잘못된 것을 고르십시오.

次の中から動詞の使い方が間違っているものを選びなさい。

21.

❶ 너무 바쁘면 김밥 한 줄로 점심을 때울 때도 있어요.
❷ 어머니 생신 선물을 미역국 끓여 드리는 걸로 때웠어요.
❸ 강의 시간이 비어 있을 때는 그림을 그리면서 시간을 때워요.
❹ 부모님 회갑인데 국내 여행 대신에 친척들을 모시고 큰 잔치를 해서 때울까 해요.

22.

❶ 왜곡된 정보로 사회 혼란을 부추기는 일은 없어야 한다.
❷ 그는 친구들이 부추기는 바람에 학교 대표 선거에 출마하게 됐다.
❸ 새로 발표된 교육 정책이 오히려 사교육을 부추긴다는 주장이 있다.
❹ 지난주에 있었던 추돌 사고를 부추긴 것은 운전자의 졸음운전이었던 것으로 판명되었다.

23.

❶ 신문지를 부채 삼아 부치며 더위를 식혔다.
❷ 일 년간의 계획을 꼼꼼히 세워서 책상 앞에 부쳐 두었다.
❸ 힘에 부치는 여행이었는지 아이는 돌아와서 몸살을 심하게 앓았다.
❹ 할아버지 회갑 잔치를 하루 앞두고 어머니는 전을 부치느라 애쓰신다.

[24-30] 다음 (　　)에 공통적으로 들어갈 단어의 기본형을 쓰십시오.

次の(　　)に共通して当てはまる単語の基本形を書きなさい。

24.

❶ 가을바람에 낙엽이 (　　)는 길을 걸으면서 지난 추억을 떠올렸다.
❷ 그 날 체육 대회에서는 색색가지 풍선을 (　　)는 행사도 진행됐다.
❸ 그는 전 재산을 주식에 투자했다가 1년 만에 전부 (　　)었다고/았다고/였다고 한다.
❹ 그는 80년대 최고의 권투선수로 이름을 (　　)다가 돌연 은퇴해서 아쉬움을 남긴 바 있다.

25.

❶ 비행기 출발 시간에 (   )으려면/려면 서둘러야겠어요.
❷ 우리 부모님은 자식들 학비를 (   )느라고 노점상까지 하셨다.
❸ 작은 골목에 차를 (   )어/아/여 놓으면 통행에 불편을 줍니다.
❹ 전시회장에 전시되어 있는 작품에 손을 (   )으면/면 안 됩니다.

26.

❶ 사람들이 땅을 밟아 단단하게 (   )는/ㄴ다.
❷ (   )은/ㄴ 고기에 소금과 후추를 뿌려 놓았어요.
❸ 성공하려면 자신의 의지를 더 굳게 (   )으세요/세요.
❹ 기초를 잘 (   )어야/아야/여야 건물이 튼튼하고 오래 간다.

27.

❶ 앞머리는 조금만 (   )고 옆머리는 짧게 잘라 주세요.
❷ 영민은 노래 부르기 전에 한껏 목청을 (   )었다/았다/였다.
❸ 갖은 야채를 깨끗이 (   )어서/아서/여서 소금을 살짝 뿌려 놓았다.
❹ 성격이 꼼꼼한 그는 문장을 (   )고 또 (   )었다/았다/였다.

28.

❶ 그 고학생은 새벽에 신문을 (   )는 아르바이트를 한다.
❷ 그 사람은 상황이 불리해지자 얼른 말을 (   )었다/았다/였다.
❸ 실패의 원인을 남의 탓으로 (   )지 말고 자신의 잘못을 반성해야 한다.
❹ 나는 방 안에 있는 물건들을 정리할 테니 동생에게는 청소기를 (   )으라/라고 했다.

29.

❶ 일이 아직 손에 (   )지 않아서 실수할 때가 많다.
❷ 고기 냄새가 옷에 (   )어/아/여 좀처럼 없어지지 않는다.
❸ 가게의 구석구석에 아버지의 노력과 땀이 (   )어/아/여 있다.
❹ 굴비를 먹어보려고 손에 들었더니 노랗게 꽉 찬 알이 (   )어/아/여 있었다.

30.

❶ 그는 체중계에 몸무게를 (   )아/어/여 보았다.

❷ 뜨거운 용광로 속의 쇠가 벌겋게 (   )어/아/여 있었다.

❸ 아이들이 나무에 색종이로 만든 별을 (   )었다/았다/였다.

❹ 발표 결과를 기다리는 지원자들은 애가 (   )아/어/여 가만히 앉아 있을 수가 없었다.

동사 Ⅲ

03

動詞 Ⅲ

03 동사 Ⅲ

001
살피다

[살피다] 1. 見渡す　2. 検討する、さぐる、うかがう

1. よく気をつけて、細かく見る。

[活用構文] 名을/를 살피다

[活用表現] 사방을 살피다 四方を見渡す

주변을 살피다 周辺を見渡す

[例文] 횡단보도를 건널 때는 주위를 잘 살피고 나서 건너야 한다.
横断歩道を渡る時は、周囲をよく見渡して渡らなくてはならない。

2. 現状や事情などを詳しく調べたり、検証する。

[活用構文] 名을/를 살피다

[活用表現] 문제점을 살피다 問題点を探る

민심을 살피다 民心を探る

[例文] 이 글에서는 사회의 고령화로 인해 대두되고 있는 노인 복지 문제에 대해 살펴보고자 한다.
この文章では、社会の高齢化によって台頭した、老人の福祉問題について検討してみようと思う。

002
삼가다

[삼가다] 1. 慎む、差し控える　2. 控える

1. 立ち振る舞いや言動に気をつける。

[活用構文] 名을/를 삼가다

[活用表現] 말을 삼가다 言葉を慎む

행동을 삼가다 行動を慎む

[例文] 사고 원인에 대한 근거 없는 예단은 사회 불안을 조장할 수 있으므로 삼가야 한다.
事故の原因に対する根拠のない予断は、社会不安を助長するので慎しまなければならない。

2. 忌み嫌う気持ちで、量や回数を控える。

[活用構文] 名을/를 삼가다

[活用表現] 술을 삼가다 お酒を控える

문밖출입을 삼가다 外出を控える

[例文] 봄철 황사가 심한 시기에는 야외활동을 삼가는 것이 바람직하다.
春の黄砂がひどい時期には、野外活動を控えることが望ましい。

003
새기다

[새기다] 1. 彫る　2. 刻む

1.文字や絵などを、木や石、金属に彫って表す。

[活用構文] (名에) 名을/를 새기다

[活用表現] 도장을 새기다 判を彫る

팔에 문신을 새기다 腕に刺青を彫る

목판에 그림을 새기다 木版に絵を彫る

도자기에 문양을 새기다 土器に模様を彫る

[例文] 고려 시대에는 여러 차례 대장경을 새기는 등 목판 인쇄술이 발달했다.

高麗時代には何度も大蔵経を彫るなど、木版印刷技術が発達していた。

2. 忘れないように、心の中に深く記憶する。

[活用構文] 名을/를 名에 새기다

[活用表現] 마음에 좌우명을 새기다 心に座右の銘を刻む

가르침을 머리에 새기다 教えを頭に刻む

[例文] 정직은 그가 마음에 새겨 두고 있는 좌우명이다.

"正直"は彼が心に刻んでいる座右の銘だ。

004

섭렵하다

[섬녀파다] 1. 行って観察する 2. 渉猟する

1. いろいろな場所に行き、いろいろなものごとを見て知る。

[活用構文] 名을/를 섭렵하다

[例文] 방대한 문화 유산을 모두 섭렵하기에는 시간이 너무 부족하다.

膨大な文化遺産をすべて行きつくすには、時間があまりにも足りない。

2. 本や資料をあれこれ探して、いろいろなことを調べる。

[活用構文] 名을/를 섭렵하다

[活用表現] 책을 섭렵하다 本を渉猟する

자료를 섭렵하다 資料を渉猟する

[例文] 졸업 논문을 쓰기 위해서 섭렵해야 할 자료들이 산더미처럼 쌓여 있다.

卒業論文を書くために、渉猟しなければならない資料が山のように積まれている

005

소요되다

[소요되다] かかる、必要とする、要する

必要であったり要求される。

[活用表現] 시간이 소요되다 時間がかかる

경비가 소요되다 経費がかかる

[例文] 마라톤 완주에 소요되는 시간은 2시간 반 정도로 예상되고 있다.

マラソンを完走に要する時間は2時間半程度が予想している

당국은 소실된 문화재를 복구하는 데 약 40억 원의 공사비가 소요될 것이라고 밝혔다.
当局は焼失した文化財を復旧するのに、約40億ウォンの工事費がを要するであろうことを明らかにした。

006
속단하다 [속딴하다] 速断する
慎重にではなく、急いで判断する。

[活用構文] 名을/를 속단하다
名을/를 名으로/로 속단하다
名을/를 名이라고/라고 속단하다

[例文] 조사가 끝나기도 전에 상황을 속단하지 마라.
調査が終わる前に、状況を速断するな。

철수 씨를 처음 봤을 때는 옷차림만 보고 노숙자라고 속단했었다.
チョルスさんを初めて見た時は、身なりを見てホームレスだと速断した。

007
솟다 [솓따] 1. 上がる 2. 昇る 3. 湧く 4. 湧き出る、湧く 5. そびえ立つ

1. 下から上にまっすぐに上がる。

[例文] 타자가 친 공이 공중으로 높이 솟았다.
打者が打った球が空中に高く上がった。

2. 太陽や月が昇る。

[関連語] 솟아오르다 湧き上がる

[例文] 해가 중천에 솟아서 방 안이 환했다.
太陽が中点に昇り、部屋の中が明るくなった。

3. 液体が中から外に出る。

[活用表現] 땀이 솟다 汗が吹き出る
샘물이 솟다 泉が湧く

[例文] 가만히 있어도 땀이 송송 솟을 만큼 무덥다.
じっとしていても汗が吹き出るほど暑い。

4. ある感情や力が強く生じる。

[活用表現] 기운이 솟다 元気が湧く
용기가 솟다 勇気が湧く

[関連語] 치솟다 わき上がる

[例文] 체구도 작은 사람이 어디서 그런 기운이 솟는지 모르겠다.
体格の小さい人が、どこからあんな元気が湧き出るのだろう。

5. 高い建物や山が土の上にそびえ立つ。

[例文] 서울 한복판에는 남산이 우뚝 솟아 있다.
ソウルの真ん中には南山がによっきりそびえ立っている。

008
수습하다

[수스파다] 收拾する

散らばっていて不安な心や事態を整理する。

[活用構文] 名을/를 수습하다

[活用表現] 문제를 수습하다 問題を収拾する

사태를 수습하다 事態を収拾する

[例文] 흩어진 민심을 수습하는 것이 급선무입니다.

乱れた民心を収拾することが急務です。

장례식이 끝나고 사건도 어느 정도 수습되자 검찰의 심문 수사가 본격적으로 시작되었다.

葬式が終わって事件もある程度収拾すると、検察の尋問が本格的に始まった。

009
시달리다

[시달리다] 苦しめられる、悩まされる、いじめられる

辛さや煩わしさに遭う。

[活用構文] 名에/에게 시달리다

[活用表現] 빚에 시달리다 借金に苦しめられる

가뭄에 시달리다 日照りの暑さに苦しめられる

격무에 시달리다 激務に苦しめられる

[例文] 명절 때면 하루 종일 조카들에게 시달리곤 했다.

伝統的な祝日の時には、1日中甥っ子たちに苦しめられたりした。

여름 더위에 시달려 쇠약해진데다가 식욕까지 떨어져 기운을 차릴 수 없었다.

夏の暑さに苦しめられて弱っているところに、食欲までなくなって元気を出すことができません。

010
쏠리다

[쏠리다] 1. 傾く、よる　2. 集まる

1. 物体が傾いて一方に寄る。

[活用構文] 名으로/로 쏠리다

[例文] 버스가 급정거하자 사람들이 와락 앞으로 쏠려 넘어졌다.

バスが急停車するなり、人々がわっと前に傾いて倒れた。

2. 視線や気持ちがある対象に引き寄せられたり、集中する。

[活用構文] 名에/에게 쏠리다

名으로/로 쏠리다

[例文] 올해의 우승 향방에 팬들의 비상한 관심이 쏠리고 있다.

今年の優勝の行方に、ファンたちの異常な関心が集まっている。

011
씨름하다

[씨름하다] 1. 相撲をとる　2. 真剣に取り組む

1. 二人が互いにがまわしを掴んで、力と体重をかけて先に相手を倒すことで勝負をつける。

【活用構文】 名과/와 씨름하다

【例文】 우리 동네에서는 김 할아버지 댁 손자와 씨름해서 이긴 사람이 없다.
私の町ではキムおじいちゃんの家の孫と相撲して勝った人がいない。

2. ある対象を克服したり、仕事を成し遂げるために、全身の力を傾けて根気よく挑む。

【活用構文】 名과/와 씨름하다

【活用表現】 책과 씨름하다　一生懸命勉強する、一生懸命読書する
문제와 씨름하다　問題と取り組む

【例文】 저도 대학교 때 학교 공부하랴 공무원 시험 준비하랴 시간에 쫓기면서 밤늦게까지 책하고 씨름했었어요.
私も大学生の時は、学校の勉強やら公務員試験の準備やらに、時間に追われながら一生懸命勉強していました。

012
애쓰다

[애쓰다] がんばる

心と力を込めて、何かを成し遂げようとがんばる。

【活用構文】 名에 애쓰다

【例文】 김 과장은 요즘 새로 맡은 일의 준비 작업에 무척 애쓰고 있다.
キム課長は最近新しく任された仕事の準備作業に、かなり力を入れている。

이번 행사의 성공적인 개최를 위해 제일 애쓰신 분은 정 교수님입니다.
今回のイベントを成功させるために、一番がんばった方はジョン教授です。

013
얽매이다

[엉매이다] 1. 縛られる　2. 縛られる

1. ひもや縄などで結ぶ。

【活用構文】 名으로/로 얽매이다

【例文】 그는 정체를 알 수 없는 이들에 의해 이미 손발이 밧줄로 얽매여 있었다.
彼は何者かによって、すでに手足がロープで縛られていた。

2. 何かに掴まれて自由ではなく拘束される。

【活用構文】 名에/에게 얽매이다

【例文】 나는 규율에 얽매이는 것이 싫어 기숙사 생활을 원하지 않았다.
私は規律に縛られるのが嫌で、寮生活を希望しなかった。

014
엇갈리다

[얻깔리다] 1.行き違う　2. 入れ代わり立ち代わり　3. かみ合わない

1. (主に'길'と共に使われ)お互い食い違って会うことができない。

【活用構文】 名과/와 엇갈리다

【例文】 어머니를 마중 나갔다가 어머니와 길이 엇갈리는 바람에 헛수고를 했다.
母を迎えに出たのだが、行き違ってしまったようで、無駄な苦労をした。

2. お互いあれこれと入れ違ったり、すれ違う。

【活用構文】 名과/와 엇갈리다

【例文】 너덧 개의 불빛이 엇갈리며 움직이고 있었다.
4つほどの明かりが、重なり合って動いていた。

3. 意見、考えなどが混ざってしまい、一致しない。

【活用構文】 名과/와 엇갈리다

【例文】 두 사람은 주장이 서로 엇갈려 좀처럼 타협을 보지 못하고 있었다.
2人は主張がお互いに食い違い、なかなか妥協をしなかった。

015
엿보다

[엳뽀다] 1. 盗み見る　2. うかがう　3. うかがう

1. こっそり見つめる。

【活用構文】 名을/를 엿보다

【例文】 도둑은 숨어서 가게 주인이 하는 행동을 엿보고 있었다.
泥棒は隠れて店の主人がする行動を盗み見していた。

2. ある事実を推測で知る。

【活用構文】 名을/를 엿보다

【例文】 우리는 속담이나 격언에서 선인들의 지혜를 엿볼 수 있다.
私たちはことわざや格言から、先人たちの知恵をうかがい知ることができる。

3. チャンスを狙って待つ。

【活用構文】 名을/를 엿보다

【活用表現】 때를 엿보다 時をうかがう
기회를 엿보다 チャンスをうかがう

【例文】 이제나 저제나 기회를 엿보고 있던 그녀는 비로소 자리에서 일어나 방을 빠져나갔다.
今か今かとチャンスをうかがっていた彼女はついに立ち上がって、部屋を出て行った。

016
왜곡하다

[왜고카다] 歪める、ねじ曲げる

事実と違うように解釈したり、食い違わせる。

【活用構文】 名을/를 왜곡하다

[活用表現] 진실을 왜곡하다 真実をねじ曲げる

역사를 왜곡하다 歴史を歪める

[例文] 검찰이 진실을 왜곡하고 은폐했다고 비난의 소리가 높다.
検察が真実をねじ曲げて隠蔽したという非難の声が高まっている。

전 세계 인터넷 사용자들이 참여해 만드는 인터넷 백과사전에서 역사를 왜곡하는 내용이 다수 발견되어 논란이 되고 있다.
全世界のインターネット使用者たちが参加して作った、インターネット百科事典で歴史を歪曲する内容が多数、発見され、非難の的となっている。

017
유치하다

[유치하다] 誘致する

イベントや事業などを引っ張ってくる。

[活用構文] 名을/를 유치하다

[活用表現] 외자를 유치하다 外資を誘致する

시설을 유치하다 施設を誘致する

[例文] 정부는 앞으로 공익사업에도 민간 자본을 적극 유치하기로 결정했다.
政府はこれから公益事業にも民間の資本を積極的に誘致することに決めた。

각국의 대사들은 올림픽 대회를 자국에 유치하기 위해 치열한 로비 활동을 벌였다.
各国の大使たちは、オリンピック大会を自国に誘致するために、熾烈なロビー活動を繰り広げた。

018
잠기다[1]

[잠기다] 1. 閉まる、閉ざされる 2. しめられる 3. かかる、とまる

1. 開かないように、南京錠やかんぬきなどで固める。

[例文] 잠겨 있는 줄 알았던 문은 손을 대니 뜻밖에도 활짝 열렸다.
閉まっていると思った門は、意外にも手で少し押しただけで簡単に開いた。

2. 通じないように閉める装置を閉じる。

[例文] 수도꼭지가 잠긴 줄 알고 다른 일 하다가 와서 보니 물이 넘치고 있었다.
蛇口が閉まっていると思って、他のことをして戻ってきてみたら、水があふれていた。

3. 洋服がはだけないように、ボタンを閉じる。

[例文] 여고생인 동생은 교복 단추가 모두 잠겼는지 확인하고 집을 나섰다.
女子高生の妹は、制服のボタンが全部とまっているか確認して、家を出た。

019
잠기다[2]

[잠기다] 1. 浸かる 2. 包まれる 3. 耽る 4. かれる

1.水の中に浸かっている。水面の下にある。

[活用構文] 名에 잠기다

[活用表現] 물에 잠기다 水に浸かる

[例文] 지난 번 홍수로 고향 땅이 물에 잠겼다.
前回の洪水で故郷の土地が水に浸かった。

2. 霧、煙、などに包まれる。

[活用構文] 名에 잠기다

[活用表現] 안개에 잠기다 霧につつまれる

[例文] 오랜만에 나와 본 서울의 거리는 아침 안개 속에 온통 회색으로 잠겨 있었다.
久しぶりに出かけたソウルの町は朝霧の中に一面灰色につつまれていた。

3. 考えに耽るむ、感情に浸る。

[活用構文] 名에 잠기다

[活用表現] 생각에 잠기다 もの思いに耽る
기쁨에 잠기다 うれしさに浸る
슬픔에 잠기다 悲しみに耽る

[例文] 갑자기 아버지가 돌아가셨을 때 우리 가족은 슬픔에 잠겨 있을 틈도 없이 살아갈 일을 걱정해야 했다.
突然父が亡くなった時、私たち家族は悲しみに耽ている暇もなく、これからどうやって生きていくのか心配しなければならなかった。

4. 声を出すのが難しいくらいに、のどがかれる。

[活用表現] 목이 잠기다 のどがかれる

[例文] 노래 연습을 많이 했더니 목이 꽉 잠겼다.
歌の練習をたくさんしたら、のどがかれてしまった。

020
저미다

[저미다] 1. 薄く切る 2. 切り裂く

1. 刃物で何個かの薄い破片を切り出す。

[活用構文] 名을/를 저미다

[活用表現] 고기를 저미다 肉をうすく切る
생선을 저미다 魚をうすく切る

[例文] 생선전은 생선들을 얇게 저며서 밀가루와 달걀을 씌우고 기름에 부쳐서 만드는 전통 음식이다.
魚のジョンは、魚を薄く切り、小麦粉と卵をつけて油で焼いて作る伝統料理です。

2. とても心を痛める。

[活用構文] 名을/를 저미다

[活用表現] 슬픔이 마음을 저미다 悲しさで胸が張り裂ける
그리움이 가슴을 저미다 (思いや感じが)深刻で切々として胸をえぐるようである。

[例文] 돌아가신 어머니와 비슷한 연세의 할머니들을 뵐 때면 어머니에 대한 그리움이 가슴을 저몄다.
亡くなった母と同じような年齢のおばあちゃんたちを見る度に、母に対する恋しさで胸が張り裂けそうになった。

021
주저앉다

[주저안따] 1. しゃがむ　2. 定着する　3. 崩れる　4. 挫折する

1. 立っていた場所に、そのまま力なく座る。

[活用構文] 名에 주저앉다

[例文] 그는 갑작스러운 소식을 듣고 충격을 받아서 그 자리에 주저앉아 버렸다.
彼は突然の知らせを聞いて、衝撃を受けてその場に座りこんでしまった。

2. 一定の場所や状態にそのまま留まっている。

[活用構文] 名에 주저앉다

[例文] 그는 한국에 잠깐 다니러 왔다가 그대로 주저앉게 되었다.
彼は韓国に少し立ち寄ってみるつもりで来たが、そのまま定着してしまった。

3. 立っていた物体が崩れる。

[活用表現] 건물이 주저앉다 建物が崩れる

[例文] 운동장 가에 세워진 건물은 폭격으로 반이 주저앉아서 지금 쓸 수 있는 것은 교실 두 개뿐이었다.
運動場の脇に立てられた建物は、爆撃によって半分が崩れ今使えるのは教室は２つだけだった。

4. していたことを、途中で諦めてやめる。

[例文] 나는 절망적인 순간에도 아내의 내조 덕분에 주저앉지 않고 힘을 낼 수 있었다.
私は絶望的な瞬間にも、妻の内助のおかげで挫折せずにがんばることができた。

022
주저하다

[주저하다] ためらう

もじもじしたり、行動せずにまよう。

[活用構文] 名을/를 주저하다
動기를 주저하다

[類義語] 망설이다 まよう

[例文] 노래를 부를까 말까 주저하다가 기회를 놓치고 말았다.
歌を歌おうかどうか、ためらっている間に機会を逃してしまった。

집주인은 오랜 세월 살아온 집을 남의 손에 넘기기가 아쉬워서 팔기를 주저하고 있다.
大家さんは長い間暮らしてきた家を、他人の手に渡すのが嫌で、売るのをためらっている。

023
주춤하다 [주춤하다] たじろぐ

驚いたりまよっているような態度で、していた行為や動作を突然中断する。

【例文】 그는 나를 보자 놀랐는지 주춤하고 걸음을 멈추었다.
彼は私を見て驚いたのか、たじろいで立ち止まった。

자금 사정이 악화되면서 기술 개발이 주춤한 상태이다.
資金状況が悪化する中で、技術開発が足踏み状態だ。

024
지나치다 [지나치다] 1. 通り過ぎる　2. やり過ごす

1. ある場所に立ち寄ったりせず、通り過ぎる。

【活用構文】 名을/를 지나치다

【例文】 매일 가던 단골 술집을 오늘은 그냥 지나쳐 왔다.
毎日通っていた行き付けの居酒屋を、今日はそのまま通り過ぎて来た。

2. あることや現象を問題にしたり、関心を持ったりせず、そのままやり過ごす。

【活用構文】 名을/를 지나치다

【例文】 우리는 장애우들의 불편과 고통을 남의 일처럼 무심코 지나쳐 버리고 있지는 않은지 되돌아 볼 필요가 있다.
私たちは障害者の不便と苦痛を他人事としてやり過ごしてしまってはいないか、振り返ってみる必要がある。

025
지다[1] [지다] 1. 沈む　2. 散る　3. 落ちる

1. 太陽や月が西側に沈む。

【活用表現】 해가 지다 太陽が沈む
달이 지다 月が沈む
날이 지다 日が沈む

【反意語】 뜨다 浮かぶ

【例文】 이미 달은 서산에 졌는데 동녘 하늘에서 해가 솟지 않는다.
すでに月は西の山に沈んだのに、東の空から日が昇らない。

2. 花や葉などが、枯れ落ちる。

【活用表現】 꽃이 지다 花が枯れ落ちる
낙엽이 지다 落ち葉が散る

【反意語】 피다 咲く

【例文】 세차게 몰아친 비바람 탓에 꽃들이 만개하기도 전에 다 져 버렸다.
激しく吹きつける風雨のせいで、花が満開になる前にすべて散ってしまった。

3. くっ付いていたものが、拭いたり洗うことによってなくなる。

[活用表現] 때가 지다 垢が落ちる

얼룩이 지다 しみが落ちる

[例文] 옷에 묻은 커피 얼룩이 세제를 사용해도 안 진다.

服についたコーヒーのしみが、洗剤で洗っても落ちない。

026

지다[2]

[지다] 1. 背負う　2. こうむる　3. 負う　4. 借りる

1. ものを担ぐために、背中に背負う。

[活用構文] 名을/를 名에 지다

[活用表現] 짐을 등에 지다 荷物を背中に背負う

배낭을 등에 지다 リュックを背中に負う

[例文] 나와 동생은 이불과 옷 보따리를 등에 지고 걷기 시작했다.

私と弟(妹)は布団と風呂敷を、背中に背負って歩き始めた。

2. 厄介や恩恵を受ける。

[活用構文] 名에/에게 신세를 지다

[活用表現] 신세를 지다 世話になる

[例文] 유학하는 동안 그 사람에게 신세를 많이 졌는데 어떻게 다 갚아야 할지 모르겠다.

留学している間、その人にいろいろとお世話になったのに、どうやって恩返しすればいいか分からない。

3. 責任や義務を担う。

[活用構文] 名을/를 지다

[活用表現] 책임을 지다 責任を負う

부담을 지다 負担を負う

[例文] 이번 사태가 저로 말미암아 발생한 만큼 제가 모든 책임을 지고 사퇴하겠습니다.

今回の事態は私のせいで発生しただけに、私がすべての責任を負って辞職します。

4. 借りたお金を返す義務がある。

[活用構文] 名을/를 지다

[活用表現] 빚을 지다 借金をする、負債を負う

[例文] 사업을 확장하느라고 김 사장에게 진 빚을 다 갚고 나니 속이 시원하다.

事業拡大するためにキム社長から借りたお金をすべて返し切ったので、とてもすっきりした。

027
짚다

[집따] 1. つく　2. 当てる　3. 指す　4. つく

1. 床や壁、杖などに体を任せる。

[活用構文] 名을/를 짚다

[活用表現] 땅을 짚다 床に手をつく

지팡이를 짚다 杖を突く

[例文] 아버지는 현기증이 나시는지 두 손으로 땅을 짚고 자리에서 일어나셨다.
父はめまいがするのか、両手で地面に手をついて立ち上がった。

2. 健康状態を知るために、手を当てて診察する。

[活用構文] 名을/를 짚다

[活用表現] 맥을 짚다 脈をとる

머리를 짚다 頭をかかえる

[例文] 아이가 자꾸 보채서 이마를 짚어 보니 열이 있었다.
子供がやたらとむずがるので、額に手を当ててみたら、熱があった。

3. いくつかの中からひとつを指差して示す。

[活用構文] 名을/를 짚다

[例文] 아이는 손가락으로 글자를 하나하나 짚어 가며 동화책을 읽어 나갔다.
子供は指で文字をひとつずつ差していきながら、童話の本を読んでいった。

4. 状況を察して推測する。

[活用構文] 名을/를 짚다

[活用表現] 잘못 짚다 見当違いをする

마음을 짚다 心あたりがある

허점을 짚다 弱点をつく

[例文] 그 선수의 장점은 상대팀의 허점을 짚어서 공격할 줄 안다는 것이다.
その選手の長所は、相手チームの弱点をついて攻撃する術を知っていることだ。

028
차지하다

[차지하다] 1. 占有する、せしめる　2. 占領する　3. 占有する

1. 自分のものにする。

[活用構文] 名을/를 차지하다

[活用表現] 농토를 차지하다 農地を占有する

재산을 차지하다 財産をせしめる、財産を独り占めする

[例文] 형제간에 서로 유산을 차지하려고 다툼이 일어나는 경우가 비일비재하다.
兄弟間で遺産を独り占めしようと、争いが起こることがよくある。

2. ある位置や場所を獲得したり、分ける。

[活用構文] 名을/를 차지하다

[例文] 어른들이 외출하자 아이들이 안방을 차지하고 숨바꼭질을 시작했다.
大人たちが外出するなり、子供たちが寝室を占領してかくれんぼを始めた。

3. ある空間や比率を占有する。

[活用構文] 名을/를 차지하다

[例文] 이번 선거에서 여당은 다수 의석을 차지하는 데 실패했다.
今回の選挙で、与党は多数議席を獲得することに失敗した。

029
참견하다

[참견하다] 干渉する

自分と特別関係のないことに割り込んで、知ったか振りをしたり干渉したりする。

[活用構文] 名에 참견하다

[活用表現] 일에 참견하다 仕事に干渉する

말에 참견하다 口出しする

[例文] 남의 일에 공연히 참견하는 것은 주제 넘는 일이다.
他人事におおぴらに干渉するのはさしでがましいことだ。

아버지는 요즘 심심하신지 방마다 다니며 아이들에게 잔소리를 하시고 부엌일에까지 참견하신다.
父は最近退屈なのか、子供たちに小言を言ってまわり、台所仕事にまで口出しする。

030
챙기다

[챙기다] 1. 揃える、準備する　2. しっかりする　3. きちんともらう　4. 面倒を見る

1. 必要なものを揃えて準備する。

[活用構文] 名을/를 챙기다

[活用表現] 짐을 챙기다 荷物を準備する

서류를 챙기다 必要な書類を揃える

[例文] 나는 세면도구를 챙겨 들고 바깥으로 나왔다.
私は洗面道具を持って外に出た。

2. 省くことなくしっかり気を使う。

[活用構文] 名을/를 챙기다

[活用表現] 밥을 챙겨 먹다 ごはんをしっかり食べる

옷을 챙겨 입다 洋服をしっかりと着る

[例文] 나는 무슨 일이 있더라도 하루 세 끼는 꼬박꼬박 챙겨 먹는다.
私は何があっても、1日に3回の食事は欠かさずにしっかりと食べます。

3. 自分のものとして扱う。

[活用構文] 名을/를 챙기다

[活用表現] 몫을 챙기다 分け前をかすあとる

거스름돈을 챙기다 おつりをきちんともらう

[例文] 사장은 회사에서 부당 이익을 챙긴 혐의로 검찰에 기소되었다.
社長は会社での不当な利益を着服した疑いで、検察に起訴された。

4. 人の面倒をよく見てあげる。

[活用構文] 名을/를 챙기다

[例文] 난리 중이라 제 한 몸 챙기기도 힘든 상황에 그녀는 어른들까지 모시고 사느라 고생이 막심했다.
戦乱中で自分の身を守るのも大変な状況で、彼女は大人たちまでお世話しようとし暮らしていたため、その苦労は計り知れない。

031
처하다 [처하다] 1.面する、置かれる 2. 処する

1. ある状況や処置に面する。

[活用表現] 위기에 처하다 危機に面する

역경에 처하다 逆境に置かれる

[例文] 우리는 살아가는 동안에 수없이 많은 난관과 역경에 처하게 된다.
私たちは生きていく間に、数多くの難関と逆境に身を置くことになる。

2. ある責任や刑を受けさせる。

[活用構文] 名을/를 名에 처하다

[例文] 이번 사건의 책임자를 엄벌에 처하기로 했다.
今回の事件の責任者を厳罰に処することにした。

032
추구하다 [추구하다] 追求する

目的を達成しようと、それを追い求め続ける。

[活用構文] 名을/를 추구하다

[活用表現] 이윤을 추구하다 利潤を追求する

행복을 추구하다 幸せを追求する

[例文] 기업은 영리 추구를 목적으로 한다.
企業は営利の追求を目的としている。

사람은 저마다 자신의 행복을 추구하기 마련이다.
人は誰でも自分の幸せを追求するものです。

.033
치르다[1]

[치르다] 1. 行う　2. 経験する　3. 接待する

1. 大きなことや重要なことをやり遂げる。

[活用構文] 名을/를 치르다

[活用表現] 시험을 치르다 試験を受ける

잔치를 치르다 宴会を行う

장례식을 치르다 葬式を行う

[例文] 아들 결혼에 시어른 초상까지 큰일들을 연달아 치렀으니 이모님이 병나실 만도 해요.

息子の結婚に嫁ぎ先の弔事まで、重要な儀式を立て続けに執り行ったのでおばが病気になりそうなくらい疲れています。

2. ある苦労を経験する。

[活用構文] 名을/를 치르다

[活用表現] 곤욕을 치르다 辱めを受ける

옥고를 치르다 獄中生活を経験する

[例文] 그는 대학 시절 반정부 시위에 참가하여 옥고를 치른 경험이 있다.

彼は大学時代、反政府デモに参加し、獄中生活を経験したことがある。

3. お客さんを接待する。

[活用構文] 名을/를 치르다

[例文] 정초에 며칠 동안 손님을 치르느라고 눈코 뜰 새 없었어요.

正月の何日間か、お客さんの接待で目が回りそうでした。

034
치르다[2]

[치르다] 1.支払う　2. 支払う

1. あげなければならない金銭や代償を払う。

[活用構文] 名을/를 치르다

[活用表現] 돈을 치르다 お金を払う

값을 치르다 代金を支払う

[例文] 주인 여자에게 돈을 치르고 그는 가게를 나왔다.

店主の女性にお金を払い、彼は店を出た。

2. 何かに対する対価を支払う、返す。

[活用構文] 名을/를 치르다

[活用表現] 대가를 치르다 代価を支払う

죄 값을 치르다 罪の代価を支払う

[例文] 죄 없는 사람들에게 큰 피해를 입혔으니 당신도 그만한 대가는 치러야 한다.

罪のない人たちに大きな損害を与えたので、あなたもそれだけの代価を支払わなければならない。

035
타고나다

[타고나다] 生まれつき持つ

ある性格や能力､運命などを､生まれつき持っている。

【活用構文】 名을/를 타고나다

【活用表現】 복을 타고나다 生まれつき運がいい

성격을 타고나다 生まれつきの性格

운명을 타고나다 生まれつきの運命

재능을 타고나다 生まれつきの才能

【例文】 그는 주위 사람을 배려할 줄 아는 성품을 타고났다.

弟彼は生まれつき､周囲の人に気遣いができる。

동생은 타고난 가창력 덕분에 출전하는 노래 대회마다 높은 평가를 받더니 결국 톱 가수가 되었다.

弟(妹)は生まれ持った歌唱力のおかげで､歌謡コンテストに出場する度に高い評価を受けていたと思ったら､結局トップ歌手になった。

036
펼치다

[펼치다] 1. 広げる 2. 繰り広げる 3. 叶えて実行する

1. 開け広げる。

【活用構文】 名을/를 펼치다

【活用表現】 책을 펼치다 本を広げる

부채를 펼치다 扇子を広げる

날개를 펼치다 羽を広げる

【例文】 나는 사진첩을 펼쳐 어린 시절의 그리운 얼굴들을 되새겨 보았다.

私はアルバムを広げて､幼い頃の懐かしい顔ぶれを思い起こしてみた。

2. 見聞きしたり鑑賞できるように､人の前で注意を引くような状態をつくり出す。

【活用構文】 名을/를 펼치다

【活用表現】 춤을 펼치다 ダンスを繰り広げる

경기를 펼치다 競技を繰り広げる

수사를 펼치다 捜査を繰り広げる

【例文】 아이스 발레단은 빙판 위에서 환상적인 무대를 펼쳤다.

アイスバレエ団は､氷の上で幻想的な舞台を繰り広げた。

3. 考え､夢､計画などを実行する。

【活用構文】 名을/를 펼치다

【活用表現】 꿈을 펼치다 夢を叶える

이상을 펼치다 理想を叶える

[例文] 어려운 사람을 돕고 싶다는 꿈을 펼치기 위해 의사가 되었습니다.
生活が苦しい人を助けたいという夢を叶えるために、医者になりました。

037
품다

[품따] 1. 抱く 2. 入れる 3. 抱く

1. 懐に入れたり、胸に抱く。

[活用構文] 名을/를 (N에) 품다

[活用表現] 암탉이 알을 품다 メスの鶏が卵を抱く
보따리를 가슴에 품다 風呂敷を胸に抱く

[例文] 젊은 엄마가 갓난아기를 가슴에 품고 어딘가로 가고 있었다.
若い母親が生まれたての赤ちゃんを胸に抱いて、どこかに向かっていた。

2. 他人に見られないように、胸の中に入れて持つ。

[活用構文] 名을/를 (名에) 품다

[例文] 가슴에 품고 있던 편지를 은밀히 꺼내어 그에게 전해 주었다.
懐に入れていた手紙をこっそり取り出して、彼に渡した。

3. 考えや感情などを心の中に持つ。

[活用構文] 名을/를 (名에) 품다

[活用表現] 연정을 품다 恋心を抱く
희망을 품다 希望を抱く
의문을 품다 疑問を抱く

[例文] 시골내기인 나는 도시로 가면 성공할 수 있을 거라는 순진한 희망을 품고 상경했다.
田舎者の私は、都会に行けば成功できるだろうという無邪気な希望を抱いて上京した。

038
헤아리다

[헤아리다] 1. 数える 2. ~にのぼる 3. 汲み取る、察する

1. 数量を数える。

[活用構文] 名을/를 헤아리다

[活用表現] 동전을 헤아리다 小銭を数える
나이를 헤아리다 年を数える

[例文] 주머니 속의 동전을 헤아려 보니 겨우 버스 탈 차비만 있었다.
ポケットの中の小銭を数えてみたら、辛うじてバス代だけあった。

2. 多くの数を表したり、ある数に到達する。

[活用構文] 名을/를 헤아리다

[例文] 그날 대회에는 십만을 헤아리는 군중이 모였다.
その日、大会には10万にものぼる群集が集まった。

3. 推測して考える。

[活用構文] 名을/를 헤아리다

【活用表現】 고통을 헤아리다 苦痛を察する
심정을 헤아리다 心情を汲み取る
사정을 헤아리다 事情を察する

【例文】 하루 종일 수많은 손님을 응대해야 하는 저희 일의 고충을 헤아려 주십시오.
一日中たくさんのお客様に応対しなければならない、この仕事の苦衷を理解してください。

03 연습문제

[1-10] 다음 밑줄 친 부분과 의미가 비슷한 것을 고르십시오.

下線を引いた部分と同じような意味を持つものを選びなさい。

1. 이 연구에서는 고령화 사회의 문제점과 그 대책에 대해 살펴보고자 합니다.

① 물어보다　　② 알아보다　　③ 반론하다　　④ 검색하다

2. 정확한 사고 원인이 밝혀지기 전에 성급하게 판단하는 것은 금물이다.

① 속단하다　　② 결정하다　　③ 엇갈리다　　④ 주저하다

3. 화재로 훼손된 절을 복구하는 데 6 개월가량 걸릴 것으로 보인다.

① 지나다　　② 치르다　　③ 소요되다　　④ 헤아리다

4. 선거를 앞두고 개최되는 합동 토론회에 유권자들의 관심이 집중되고 있다.

① 쏠리다　　② 처하다　　③ 쌓이다　　④ 밀리다

5. 문화 관광부는 우리의 대표적인 음식인 김치를 세계적으로 보급하기 위해 노력하고 있다.

① 애쓰다　　② 다루다　　③ 근무하다　　④ 매달리다

6. 지나치게 전통에 얽매이기보다는 시대의 요구에 부응할 수 있는 유연성이 필요하다.

① 걸리다　　② 반하다　　③ 해방되다　　④ 구속되다

7. 이것은 그분의 성의의 표시니까 주저하지 말고 받으세요.

① 망설이다　　② 속단하다　　③ 지나치다　　④ 왜곡하다

8. 그는 상대방이 반론을 제기하자 잠시 주춤하더니 그것에 대한 자신의 주장을 계속했다.

① 더듬다　　② 당황하다　　③ 방황하다　　④ 머뭇거리다

9. 그 여자는 남의 일에 자꾸 끼어들어서 다른 사람의 미움을 산다.

① 엿보다　　② 챙기다　　③ 참견하다　　④ 어울리다

10. 시장 후보는 국가의 미래가 청년들에게 달려 있으니만큼 청년들이 꿈을 실현할 수 있는 시를 만들겠다고 공약했다.

❶ 꾸다 ❷ 품다 ❸ 펼치다 ❹ 피우다

[11-12] 다음 밑줄 친 부분과 의미가 반대인 것을 고르십시오.
下線を引いた部分と反対の意味を持つものを選びなさい。

11. 사방에 봄꽃들이 형형색색 피어서 참으로 아름답다.

❶ 지다 ❷ 뜨다 ❸ 떨어지다 ❹ 가라앉다

12. 주부들이 모두 할인 행사 매장으로 쏠렸는지 다른 층은 생각보다 한산했다.

❶ 모이다 ❷ 옮기다 ❸ 흩어지다 ❹ 갈라지다

[13-20] 다음 (　　)에 알맞은 것을 고르십시오.
次の(　)に当てはまるものを選びなさい。

13. 건강을 위해서 지나친 흡연을 (　　　).

❶ 합시다 ❷ 삼갑시다 ❸ 피웁시다 ❹ 끊읍시다

14. 그는 온갖 중국역사책을 다 (　　　) 꽤 유식하다.

❶ 뚫어서 ❷ 누벼서 ❸ 다듬어서 ❹ 섭렵해서

15. 두 사람은 계속 길이 (　　　) 끝까지 못 만나고 말았다.

❶ 갈라져서 ❷ 왜곡돼서 ❸ 지나가서 ❹ 엇갈려서

16. 그 단체 회원들은 언론사들이 진실을 (　　　) 국민을 오도하고 있다고 주장했다.

❶ 거슬러 ❷ 인정해 ❸ 납득해 ❹ 왜곡해

17. 그녀는 악기에 관한 재능을 (　　　) 무슨 악기든지 몇 번만 해 보면 금방 능숙해진다.

❶ 펼쳐서　❷ 누려서　❸ 타고나서　❹ 헤아려서

18. 그 자동차 회사는 결함이 잇달아 발견되자 사태를 (　　) 위해 총력을 기울이겠다고 다짐했다.

❶ 가리기　❷ 때우기　❸ 수습하기　❹ 왜곡하기

19. 기업의 제일의 목적은 영리를 (　　　) 것이지만 최근에는 이윤의 사회 환원에도 많이 참여하고 있다.

❶ 추적하는　❷ 추구하는　❸ 추월하는　❹ 추출하는

20. 재정위기에 시달리는 유럽의 한 국가는 중국을 비롯한 외국의 투자를 (　　) 위해 노력하고 있다는 보도가 있었다.

❶ 유치하기　❷ 진행하기　❸ 주최하기　❹ 거절하기

[21-22] 다음 밑줄 친 부분의 의미가 다른 것을 하나 고르십시오.

下線を引いた部分と意味が違うものをひとつ選びなさい。

21.

❶ 물건을 샀으면 당연히 값을 <u>치러야지요</u>.

❷ 우리 아버지께서 장손이어서 명절 때마다 어머니는 친척과 손님을 <u>치르느라고</u> 고생하신다.

❸ 그 전자 제품 회사는 고객 불만에 대한 초기 대응의 실패로 지금 엄청난 대가를 <u>치르고</u> 있다.

❹ 검찰청장은 이번 사건을 재수사해서 죄를 지은 자는 반드시 죗값을 <u>치르도록</u> 하겠다고 목소리를 높였다.

22.

❶ 그런 상황에 <u>처하면</u> 누구든지 그렇게 행동했을 것이다.

❷ 법원은 부산 살인 사건의 범인을 무기 징역형에 <u>처하기로</u> 했다.

❸ 나는 어떤 위험에 <u>처해도</u> 남의 도움은 받지 않으리라 결심했다.

❹ 그 분은 내가 역경에 <u>처했을</u> 때마다 손을 내밀어 도와주신 분이다.

[23-24] 다음 중 동사의 쓰임이 잘못된 것을 고르십시오.

次の中から動詞の使い方が間違っているものを選びなさい。

23.

❶ 해외 출장을 위해 필요한 짐을 미리 챙겨 놓았다.

❷ 하숙집 아주머니는 마치 친부모님처럼 나를 잘 챙겨 주신다.

❸ 사장님의 기대에 어긋나지 않도록 회사 일을 잘 챙기고 있다.

❹ 부모님은 내가 혼자 살면서 밥을 잘 못 챙겨 먹을까 봐 늘 걱정하신다.

24.

❶ 암탉이 알을 품고 있으니 가까이 가지 마세요.

❷ 그는 밀서를 가슴에 품고 멀리 중국 만주까지 갔다.

❸ 그는 그녀에게 오래 전부터 품어 온 사랑의 마음을 고백해야겠다고 마음먹었다.

❹ 그는 평소에 머릿속에 품고 있던 몇 가지 아이디어를 거침없이 이야기했다.

[25-30] 다음 ( )에 공통적으로 들어갈 단어의 기본형을 쓰십시오.

次の( )に共通して当てはまる単語の基本形を書きなさい。

25.

❶ 이번 전시 작품에서는 젊은 작가들의 이상을 (   )을/ㄹ 수 있다.

❷ 그는 기회를 (   )다가 주인이 방 안으로 들어간 틈에 창고로 뛰어 들어갔다.

❸ 이번 전시회에는 어린이들의 풍부한 상상력과 창의성을 (   )을/ㄹ 수 있는 작품들이 대거 출품되었다.

❹ 범인은 가게 밖에서 몰래 (   )다가 주인이 없는 틈을 타서 범행을 저지른 것으로 드러났다.

26.

❶ 아버지는 내 나무 필통에 이름을 (　　　　　　)어/아/여 주셨다.
❷ 할아버지께서 가르쳐 주신 가훈을 늘 마음속에 (　　　　　　)고 있다.
❸ 그 기둥에는 신화 속에 나오는 신들의 얼굴이 (　　　　　　)어져/아져/여져 있다.
❹ 그는 '준비된 자를 이길 자는 없다'는 좌우명을 가슴에 (　　　　　　)고 오로지 공부에만 열중했다.

27.

❶ 수년간 자금 압박에 (　　　　　　)던 대기업이 결국 문을 닫았다.
❷ 그는 자금난에 (　　　　　　)다 못해 그만 사채에 손을 대고 말았다.
❸ 그 사장은 격무에 (　　　　　　)며 밤낮 없이 일하다가 쓰러지고 말았다.
❹ 휴일이면 놀아 달라는 아이들에게 (　　　　　　)느라고 편히 낮잠도 못 잔다.

28.

❶ 밤하늘의 별을 (　　　　　　)다가 어느 새 잠들어 버렸다.
❷ 국가대표 선수들이 대거 참가한 그 경기에는 십만 명을 (　　　　　　)는 관중들이 모였다.
❸ 사고로 가족을 잃은 유가족들의 슬픔을 우리가 어떻게 다 (　　　　　　)을/ㄹ 수 있을까?
❹ 병원 측에서는 할머니의 어려운 사정을 (　　　　　　)어서/아서/여서 병원비의 일부를 감해 주었다.

29.

❶ 그 분에게는 어려울 때마다 신세를 (　　　　　　)게 된다.
❷ 잘못을 한 사람이 책임을 (　　　　　　)는 것이 당연하다.
❸ 소가 무거운 짐들을 등에 (　　　　　　)고 터벅터벅 걸어간다.
❹ 급하게 집을 마련하느라고 어쩔 수 없이 빚을 좀 (　　　　　　)었다/았다/였다.

30.

❶ 문이 (　　　　　　)어/아/여 있어서 열쇠로 열고 들어갔다.
❷ 영수는 뭔가 깊은 생각에 (　　　　　　)은/ㄴ 듯 아무 말도 하지 않았다.
❸ 응원 연습을 한 탓인지 목이 (　　　　　　)어/아/여 목소리가 나오지 않는다.
❹ 어제 하루 동안 내린 비로 한강 공원이 물에 (　　　　　　)어/아/여 버렸다.

명사 I

04

名詞 I

04 명사 I

001
가상

[가상] 仮想

事実でなかったり､事実であるかが不確かなことを､事実のように仮定して考える。

[活用構文] 名을/를 名이라고/라고 가상하다

[活用表現] 가상공간 仮想空間

가상의 적 仮想の敵

[例文] 인터넷 게임의 공간은 현실이 아닌 가상의 공간이다.
インターネットゲームは現実ではない､仮想空間だ。

환경 오염으로 인한 재난 상황을 가상한 영화들이 속속 개봉되고 있다.
環境汚染による災難の状況を仮想した映画が続々と公開されている。

002
가입

[가입] 加入

組織や団体などに入ったり､参加すること。

[活用構文] 名에 가입하다

[活用表現] 가입자 加入者

가입비 加入費

가입 신청서 加入申込書

[反意語] 탈퇴 脱退

[例文] 만 원이면 신입 회원 가입비로 충분하다.
1万ウォンあれば､新規会員加入費として十分だ。

한국 전통 음악에 관심이 있어서 국악 동아리에 가입하기로 했다.
韓国伝統音楽に関心があり､伝統音楽サークルに加入することにした。

003
가치

[가치] 1. 価値　2. 価値

1. あるものが持っている､意義や重要性。

[活用構文] 動을/ㄹ 가치가 있다

[活用表現] 희소가치 希少価値

경제적 가치 経済的価値

가치가 있다 価値がある

가치가 높다 価値が高い

가치가 떨어지다 価値が落ちる

[例文] 그런 가치 없는 일에 너무 시간을 낭비하지 마라.
そんな価値のないことに、時間を浪費しすぎるな。

2. 人間の精神の目標になる普遍妥当性の単位。

[活用表現] 가치관 価値観
가치 기준 価値基準
낡은 가치관 古い価値観
보수적 가치관 保守的な価値観
가치를 추구하다 価値を追求する

[例文] 교사는 학생들이 올바른 가치관을 형성할 수 있도록 도와주어야 한다.
教師は学生たちが正しい価値観を形成できるように、手助けをしなければならない。

004
각오 [가고] 覚悟

これからしなくてはならないことや、経験しなければならないことに対する心の準備。

[活用構文] 動을/ㄹ 각오를 하다

[活用表現] 각오가 서다 覚悟ができる
각오를 다지다 覚悟を固める

[例文] 군인들은 전쟁터에서 죽을 각오로 싸웠다.
軍人達は戦場で、死ぬ覚悟で戦った。

결심과 각오만 단단하다면 무슨 일이든지 해 낼 수 있다.
決心と覚悟がしっかりしていれば、どんなことでもやり遂げられる。

005
간섭 [간섭] 干渉

直接関係のない他人のことに、不当に立ち入ること。

[活用構文] 名에/에게 간섭하다

[活用表現] 간섭을 받다 干渉を受ける
간섭에서 벗어나다 干渉から抜け出す

[例文] 부모의 지나친 간섭으로 아이는 삐뚤어져만 갔다.
両親の行き過ぎた干渉によって、子供はひねくれていった。

당신이 뭔데 남의 일에 이래라저래라 간섭하는 거요?
一体何様のつもりで、他人のことにあれこれ干渉するんですか？

006
갈등 [갈뜽] 葛藤

個人や集団の間に目標や利害関係が違い、お互いに敵対視したり不和を感じている状態。

[活用表現] 노사 간의 갈등 労働者と雇用主間の葛藤

갈등이 생기다 葛藤が生じる
갈등이 심하다 葛藤がひどい
갈등을 겪다 葛藤を味わう
갈등을 해소하다 葛藤を解消する

[例文] 사측과 노조의 갈등도 깊어져 그 회사의 회생 가능성은 점점 낮아지고 있다.
会社側と労働組合の葛藤が深まり、会社の回復の可能性は少しずつ低くなっている。

저는 제 결혼을 반대하는 부모님과의 갈등이 점점 심해지고 있어서 고민입니다.
私の結婚に反対する両親との葛藤が少しずつ悪化していて、悩んでいます。

007
감소

[감소] 減少

量や数値が減ること。または量や数値を減らすこと。

[活用構文] 名이/가 감소하다
名을/를 감소시키다

[活用表現] 인구 감소 人口減少
감소 추세 減少傾向

[反意語] 증가 増加

[例文] 이 장치는 매연 감소에 효과가 있다.
この装置は煙減少に効果がある。

수출이 감소하고 수입이 증가해서 나라 살림이 어려워지고 있다.
輸出が減少して、輸入が増加したので、国の暮らしが大変になっている。

008
개방

[개방] 1. 開放 2. 開放

1. 門や空間などを開いて自由に出入りして利用できるようにすること。

[活用構文] 名에/에게 名이/가 개방되다
名에/에게 名을/를 개방하다

[活用表現] 개방 시간 開放時間
등산로 개방 登山路開放

[反意語] 폐쇄 閉鎖

[例文] 이 박물관은 평일에만 일반 시민에게 개방된다.
この博物館は平日のみ一般市民に開放される。

2. 禁じていたり警戒していたのを自由に出入りしたり交流できるようにすること。

[活用構文] 名에/에게 名이/가 개방되다
名에/에게 名을/를 개방하다

[活用表現] 개방 정책 開放政策
수입 개방 輸入開放
시장 개방 市場開放

[反意語] 폐쇄 閉鎖

[例文] 한국의 교육이 발전하기 위해서는 교육 시장의 개방이 이루어져야 한다고 봅니까?
韓国の教育が発展するためには、教育市場の開放がなされなければならないと思いますか？

009
격려 [경녀] 激励
勇気や意欲が出てくるように、励ましてあげること。

[活用構文] 名을/를 격려하다

[活用表現] 격려금 激励金
격려의 말 激励の言葉
격려가 되다 励みになる
격려를 받다 激励を受ける

[例文] 나는 시험을 앞두고 초조해하는 친구를 격려해 주었다.
私は試験を前にして、そわそわしている友達を激励してあげた。

부모님의 격려가 없었다면 그 일을 끝까지 할 수 없었을 것이다.
両親の激励がなかったら、そのことを最後までやり遂げられなかっただろう。

010
경고 [경고] 警告
気をつけたり、慎むよう、あらかじめ注意をしてあげること。またはその注意。

[活用構文] 名에게 경고를 하다
名에게 경고를 주다
名에게서 경고를 받다

[活用表現] 경고문 警告文
경고를 무시하다 警告を無視する

[例文] 접근하지 말라는 경고를 무시하고 가까이 다가갔다.
接近するなという警告を無視して、近寄っていった。

의사들은 지나친 다이어트가 건강에 치명적인 악영향을 줄 수 있다고 경고한다.
医者たちは行き過ぎたダイエットが健康に致命的な悪影響を与えことがあると警告する。

011
경향

[경향] 傾向

現象や思想、行動などがある方向に傾くこと。

[活用表現] 새로운 경향 新しい傾向

현실 도피적 경향 現実逃避的傾向

경향을 띠다 傾向を表す

경향을 보이다 傾向を見せる

[例文] 평균 혼인 연령이 과거에 비해 높아지는 경향을 보인다.

平均の結婚年齢が過去に比べて高くなる傾向が見られる。

이 책은 대학 입학 시험의 출제경향을 분석하고 그것에 맞는 공부법을 제시하고 있다.

この本は大学入試の出題傾向を分析して、それにあった勉強法を提示している。

012
고정관념

[고정관념] 固定観念

簡単には変わらない、主に行動を決定している確固とした意識や観念。

[活用表現] 고정관념을 갖다 固定観念を持つ

고정관념을 지니다 固定観念を持つ

고정관념을 깨다 固定観念を破る

고정관념에서 벗어나다 固定観念から抜け出す

[例文] 사람은 저마다 자기중심적인 고정관념을 지니고 살게 마련이다.

人はそれぞれ、自己中心的な固定観念を持って生きているものだ。

남녀의 역할에 대한 뿌리 깊은 고정관념으로 인해 여전히 남녀 역할 분배에 불평등이 존재하고 있다.

男女の役割に対する根深い固定観念によって、いまだに男女の役割分担に不平等が存在している。

013
골치

[골치] 頭

'머리'または'머릿골'の俗語。

[活用表現] 골칫거리 頭痛の種

골치(가) 아프다 頭が痛い(非常に面倒である)

골치가 쑤시다 頭がうずく

골치(를) 앓다 頭を悩ます

골치를 썩이다 頭を痛める

[例文] 쓰레기 문제로 온 동네가 골치를 앓고 있다.

ゴミの問題で町中が頭を悩ませている。

이 일은 골치를 썩인다고 해결될 일이 아니다.

このことは、頭を悩ませたところで解決することではない。

014
교양 [교양] 教養

学問、知識、社会生活を土台として成り立っている品位。または文化に対する幅広い知識。

【活用表現】
교양과목 教養科目
교양서적 教養書籍
교양이 있다 教養がある
교양이 풍부하다 教養が豊富だ
교양을 쌓다 教養をつむ

【例文】
옷은 비록 남루하게 입었으나 그 남자는 대화 속에 분명히 교양과 지성미를 풍기고 있다.
ボロボロの服を着ていたが、その男は会話の中に確かな教養と知性を感じさせた。

교양교육은 지식의 단순한 전수가 아니라 사물에 관한 종합적인 이해, 비판적인 인식에 중점을 두고 있다.
教養教育は知識の単純な傳授ではなく、ものごとに関する総合的な理解と批判的な認識に重点を置いている。

015
구조[1] [구조] 救助

危険な状況に置かれている人を助けて救出すること。

【活用構文】
名을/를 구조하다

【活用表現】
구조대 救助隊
구조 신호 救助信号、SOS
구조 활동 救助活動
인명 구조 人命救助

【例文】
바다에서 표류하던 난민들이 지나가는 배에 구조를 요청했다.
海に漂流していた難民たちが、通り過ぎる船に救助を求めた。

소방관들은 화재가 발생하면 불을 끄랴 사람들을 구조하랴 위험을 무릅쓰고 정신없이 뛰어 다닌다.
消防士たちは、火災が発生したら火を消したり、人々を救助したり、危険を顧みずに走り回る。

016
구조[2] [구조] 構造

部分や要素がある全体を成している。またはそのように成っている仕組み。

【活用表現】
구조물 構造物
구조도 構造図
구조주의 構造主義

[例文] 이 제품은 구조가 간단하여 가격이 싸고 고장이 적다.
この製品は構造が簡単で価格が安く、故障が少ない。

우리는 유리창이 많고 지붕의 경사가 급한 일본식 구조의 기와집에서 살게 되었다.
私達はガラス窓が多く、屋根の傾斜が急な日本式構造の瓦ぶきの家で暮らすことになった。

017
권력 [궐력] 權力

他人を服従させたり支配できるよう、公に認められた権利と力。

[活用表現]
권력자 権力者
권력층 権力層
권력 투쟁 権力闘争
권력이 있다 権力がある
권력을 잡다 権力を掴む

[例文] 이제 인간의 역사에서 권력과 부를 몇 사람이 독점할 수 있는 시대는 지나갔다.
人間の歴史から、権力と富を数人で独占できる時代はもはや過ぎ去った。

옳지 못한 방법으로 권력을 쟁취한 집단은 권력을 유지하기 위해 범죄 집단을 비호하는 경우가 많다.
不正な方法によって権力を手に入れた集団は、権力を維持するために犯罪集団をかばうことが多い。

018
권리 [궐리] 權利

あることや他人に対して、当たり前に要求することができる法的な力や資格。

[活用構文] 動을/ㄹ 권리가 있다

[活用表現]
권리를 가지다 権利を持つ
권리를 행사하다 権利を行使する
권리를 주장하다 権利を主張する
권리를 침해하다 権利を侵害する

[例文] 민주주의 국가에서는 국민의 자유와 권리가 보장된다.
民主主義国家では、国民の自由と権利が保障される。

국민들이 투표에 참여해 소중한 국민의 권리를 행사했다.
国民たちが投票に参加して、国民の大切な権利を行使した。

019
규제

[규제] 規制

規則や規定によって、一定の限度を決めたり、決めた限度を超えないようにすること。

【活用構文】 名이/가 규제되다
名을/를 규제하다

【活用表現】 규제책 規制策
규제가 풀어지다 規制が解かれる
규제를 강화하다 規制を強化する

【例文】 방송에서는 무분별한 외래어 사용을 규제하고 있다.
放送ではむやみな外来語の使用を規制している。

정치 규제를 받아 온 인사들이 이제 자유로운 정치 활동을 할 수 있게 되었다.
政治規制を受けてきた人たちが今度は自由な政治活動ができるようになった。

020
극복

[극뽁] 克服

悪条件や苦労などに打ち勝つこと。

【活用構文】 名이/가 극복되다
名을/를 극복하다

【活用表現】 위기 극복 危機の克服
불황 극복 不況克服
가난 극복 貧困克服

【例文】 그들은 불굴의 정신으로 국난을 극복하여 민족과 국가를 지켰다.
彼らは不屈の精神で国難を克服し、民族と国家を守った。

김 사장은 피나는 노력 끝에 가난을 극복하고 오늘날의 기업을 일으켜 세웠다.
キム社長は血のにじむような努力の末、貧しさを克服しこんにちの企業を起こした。

021
근거

[근거] 1. 根拠　2. 拠り所

1. ある現象が起こる理由や、ある考えをしたり結論を出すことができるようになる理由。

【活用構文】 名에 근거하다
動는 근거가 되다

【活用表現】 근거가 있다 根拠がある
근거를 대다 根拠をつける
근거를 제시하다 根拠を提示する

[例文] 그 정치인이 뇌물을 받았다는 소문은 근거 없는 헛소문이었다.
その政治家が賄賂をもらったという噂は、根拠のないただの噂だった。

2. 活動をするために準備して休む、中心になる場所。ある行動をする時の拠り所となる場所。

[活用表現] 근거지 拠り所の場所、根據地
생활의 근거 生活の拠り所

[例文] 사업이 망해서 집을 파는 바람에 하루아침에 생활의 근거를 잃었다.
事業が失敗して家を売ったことで、一日にして生活の拠り所を失った。

022
기념 [기념] 記念

ある意味深い出来事や立派な人物などを長い間忘れずに心に刻むこと。

[活用構文] 名을/를 기념하다

[活用表現] 기념식 記念式
기념관 記念館
기념품 記念品
결혼기념일 結婚記念日

[例文] 우리의 만남을 기념하기 위해 축배를 들기로 했다.
私達の出会いを記念して、祝杯をあげることにした。

중장년층 남성 가운데 결혼기념일이나 아내의 생일을 한 번도 챙겨 본 적이 없다고 대답한 사람이 꽤 많았다.
中高年層の男性の中で、結婚記念日や妻の誕生日を１度も祝ったことがないと答えた人がかなり多かった。

023
기부 [기부] 寄付

多くの人を助けるために、お金や財産などを出すこと。

[活用構文] 名을/를 기부하다

[活用表現] 기부금 寄付金
기부문화 寄付文化

[例文] 결식아동을 후원하는 재단에 매달 5만원씩 기부하고 있어요.
満足にものを食べられない児童たちを後援する財団に毎月５万ウォンずつ寄付しています。

아무리 부자라도 1억 원이라는 큰돈을 기부하기란 쉬운 일이 아니에요.
どんなにお金持ちでも１億ウォンという大金を寄付するのは簡単なことではありません。

024
기증

[기증] 寄贈

プレゼントや記念として、他人に物を贈ってあげること。

【活用構文】 名을/를 기증하다

名을/를 기증받다

【活用表現】 기증자 寄贈者

기증품 寄贈品

장기 기증 臓器寄贈

시신 기증 遺体提供

【例文】 이 서류는 신체 장기 기증 재단에서 발급한 일종의 서약서였다.
この書類は身体の臓器寄贈財団が発行した一種の誓約書だった。

복지 시설이 들어설 부지는 어느 독지가로부터 기증을 받은 것이다.
福祉施設が入る敷地は、ある篤志家から寄贈をされたものだ。

025
난리

[날리] 1. 戦乱 2. 混乱 3. 混乱

1. 戦争や戦乱。

【活用表現】 난리가 나다 大混乱する

난리가 터지다 大混乱が起きる

난리를 치르다 大騒ぎに巻き込まれる

【例文】 임진왜란 때 경상도 전역이 난리를 치렀다.
壬辰の乱の時、慶尚道全域が大混乱に巻き込まれた。

2. 紛争、災害などで世界が騒ぎ、秩序が乱れた状態。

【活用表現】 난리가 나다 大騒ぎになる

난리를 겪다 大騒ぎに巻き込まれる

난리를 치르다 大騒ぎに巻き込まれる

【例文】 홍수로 집과 가축들이 모두 떠내려가서 난리가 났다.
洪水で家と家畜たちがすべて流されて、大混乱になった。

3. 小さな騒動を比喩的にいった言葉。

【活用表現】 난리가 나다 騒ぎになる

난리를 부리다 騒ぎを起こす

난리를 피우다 大騒ぎする

【例文】 아이는 엄마가 장난감을 사 주지 않는다고 울고불고 난리를 피웠다.
子供がおもちゃを買ってくれないからと言って、泣き叫んで大騒ぎした。

026
납득

[납뜩] 納得

他の人の言葉や行動､現状などをきちんと理解し､肯定して理解すること。

【活用構文】 名이/가 名에/에게 납득되다
名을/를 납득하다
名을/를 납득시키다

【活用表現】 납득이 가다 納得がいく

【例文】 나는 그의 돌출 행동을 납득하기 어려웠다.
私は彼の突出した行動を納得するのが難しかった。

그런 사소한 문제로 자살했다는 사실이 납득이 가지 않았다.
そんな小さな問題で自殺したという事実に納得が行かなかった。

027
노릇[1]

[노른] 1. 職　2. 本分

1. (職業などを表す名詞の後ろに付けて使われ)その職業を俗っぽくいう言葉。

【活用構文】 名 노릇을 하다

【活用表現】 선생 노릇 教師の職
관리 노릇 くそ役人

【例文】 나는 한때 영화감독 밑에서 조수 노릇을 했다.
私は一時､映画監督の下で助手なんかをしていた。

2. (一部の名詞の後ろに使われ)請け負った役目。

【活用構文】 名 노릇을 하다

【活用表現】 사람 노릇 人間としての本分
아버지 노릇 父の本分

【類義語】 구실 役割

【例文】 돈도 벌어야 하고 가정도 잘 이끌어야 하니 한 집안의 가장 노릇을 하기가 그리 쉬운 게 아니다.
お金を稼がないといけないし､大黒柱としての役割もあるし､ひとつの家庭の家長を務めるのもそう容易なものではない。

028
노릇[2]

[노른] こと

(依存的に使われ)(あることの)気の毒な境遇や都合。

【活用構文】 形은/ㄴ 노릇이다
動을/ㄹ 노릇이다

【例文】 지금 기분이 나쁘다고 해서 아까운 직장을 그만두는 것은 어리석은 노릇이다.
今気分が悪いからといって､大事な職場を辞めてしまうのは､愚かなことだ。

아무도 찾을 수 없게 꽁꽁 숨겨 놓았던 패물이 없어지다니 정말 귀신이 곡할 노릇이다.
誰も見つけられないように、念入りに隠して置いた宝物がなくなるなんて、本当に奇妙で不可思議なことだ。

029
님비현상 [님비현상] 地域自己主義

ゴミの焼却場や核廃棄物処理場などの必要性は認めるが、そのような施設が自分の地域に建つことには反対する地域住民の忌避現象。地域自己主義とも言う。

[例文] 님비현상은 자기 지역을 지키기 위한 것이라고도 볼 수 있으므로 이를 단순히 비판만 하기는 어렵다.
地域自己主義は自分の地域を守るためのものだとも言えることから、これを単純に批判ばかりするのは難しい。

정부는 자기 지역에 화장장 건립하는 것을 반대하는 님비현상을 극복하기 위해 여러 가지 대책을 마련 중이다.
政府は自分の地域に火葬場を建立てることに反対する地域自己主義を克服するために、いろいろな対策を練っている最中だ。

030
단골 [단골] 1. 行きつけの店　2. お得意さん

1. いつも決まって取引をする所。「行きつけの店」の略語。

[活用表現] 단골집 行きつけの店
단골 가게 行きつけの店

[例文] 그는 매일 가던 단골집을 오늘은 그냥 지나쳤다.
彼は毎日通っていた行きつけの店を、今日はそのまま通り過ぎた。

2. (商店や業者の中で)いつも決まって取引をしたり、訪ねて行く関係。またはそういう人。

[活用表現] 단골손님 常連客
단골로 가다 お得意先に行く

[例文] 그 식당 아저씨의 친절은 처음 온 손님도 단골로 만들었다.
その食堂のおじさんの親切さは、初めて来たお客さんも常連さんにしてしまった。

031
대비 [대비] 備え

この先起こる、大変なことに対して、あらかじめ準備すること。

[活用構文] 名을/를 대비하다
名에 대비하다

[活用表現] 대비책 防備策、対策

[例文] 갑자기 어려운 일을 당했을 때를 대비하여 저축이 필요하다.
突然、困難にみまわれた時に備え、貯蓄が必要だ。

행사 책임자는 만일의 사태에 대비하여 행사장 곳곳에 경비원을 배치했다.
イベントの責任者は万が一の事態に備えて、イベント会場のあちこちに警備員を配置した。

032
대중화

[대중화] 大衆化

大衆の間に広く浸透すること。

[活用構文] 名이/가 대중화되다
名을/를 대중화시키다

[例文] 그는 대중 가수로서는 드물게 국악의 대중화에 노력을 기울였다.
彼は大衆歌手としては珍しく、伝統音楽の大衆化に力を注いだ。

요즘 여러 지방자치단체에서 자기 지방의 토속주를 대중화시키려는 노력들을 하고 있다.
最近あちこちの地方自治体でその事態方の伝統酒を大衆化させる努力をしている。

033
대책

[대책] 対策

あることに対する計画や手段。

[活用表現] 대책 회의 対策会議
대책이 있다 対策がある
대책을 세우다 対策を立てる
대책을 마련하다 対策を準備する
대책을 강구하다 対策を講じる

[例文] 연료난을 해소하기 위한 대책을 강구했다.
燃料不足を解消するための対策を講じた。

이번 지진으로 인한 피해를 최소화하기 위해 해당 관계자들이 모여 대책 회의를 가졌다.
今回の地震による被害を最小化するために、該当する関係者たちが集まって、対策会議を行った。

034
덜미

[덜미] 1. 首筋 2. 首根っこ

1. 首の後ろの部分と、その下の周り。

[活用表現] 목덜미 うなじ、首筋
뒷덜미 うなじ、首筋

[例文] 뒷머리를 짧게 잘랐더니 목덜미가 시리다.
後ろの髪の毛を短く切ったので、首筋が冷える。

2. 体にすごく近い後ろ側。

【活用表現】 덜미를 잡다 首根っこを掴む

덜미를 낚아채다 首根っこを引っつかむ

덜미를 잡히다 ばれる

【例文】 김 과장은 회사의 기밀 서류를 경쟁 회사에 넘겨주려다가 상사에게 덜미를 잡혔다.

キム課長は会社の機密書類をライバル会社に流そうとしていたところ、上司にばれた。

035
등장 [등장] 登場

舞台や演壇などに出てくる、小説などの人物を表す。

【活用構文】 名이/가 名에 등장하다

【活用表現】 등장인물 登場人物

【反意語】 퇴장 退場

【例文】 요즘 광고에는 동물들도 많이 등장한다.

最近の広告には動物たちもたくさん登場する。

그 배우는 관객들의 환호와 박수 속에 무대 위로 등장했다.

その俳優は観客達の歓声と拍手の中、舞台の上に登場した。

036
마련 [마련] 準備、備え

推し量って準備すること。

【活用構文】 名이/가 名에/에게 마련되다

名을/를 마련하다

【例文】 나는 그에게 일자리를 마련해 주었다.

私は彼に働き口を準備してあげた。

아파트 단지 곳곳에 놀이터 시설이 마련되어 있다.

アパート団地のあちこちに公園施設が備えられている。

037
마찰 [마찰] 1. 摩擦、こすり合わせること　2. 摩擦

1. 2つの物体がお互いに振れて、こすられたりすること。

【活用構文】 名이/가 마찰되다

名을/를 마찰하다

【例文】 조난자들은 두 손을 마찰하여 체온을 유지하려고 했다.

遭難者たちは、2つの手をこすり合わせて体温を維持しようとした。

2. 2人の間で考えが合わず、中が悪くなったり衝突すること。

【活用表現】 마찰을 빚다 摩擦が生じる

마찰을 피하다 摩擦を避ける

마찰을 일으키다 摩擦を起こす

[例文] 임금 협상에서 노사 간에 마찰이 빚어졌다.
賃金の協議で雇い主し側と雇われる側の間で摩擦が生じた。

038
매너

[매너] マナー

行動する姿勢や方式。日常生活での礼儀。

[活用表現] 매너가 있다 マナーがある
매너가 없다 マナーがない
매너가 좋다 マナーが良い
매너가 나쁘다 マナーが悪い

[例文] 저 선수는 경기하는 매너가 참 좋다.
あの選手は競技をする時のマナーがすごくいい。

마구잡이로 옆 차선에 끼어드는 매너 없는 운전자가 많다.
向こう見ずに横の斜線に割り込むマナーのないドライバーが多い。

039
매장1

[매장] 売り場

物を売る場所。

[活用表現] 가구 매장 家具売り場
주류 매장 お酒売り場
전문 매장 専門売り場、専門店街
매장이 들어서다 売り場が入る
매장을 열다 売り場を開く

[例文] 백화점의 1층에는 주로 잡화 매장이 들어서 있다.
デパートの1階には主に雑貨売り場が入っている。

요즘 와인이나 속옷 등 한 가지 품목만 파는 전문매장들이 많아졌다.
最近ワインや下着など、ひとつの品目だけを扱う専門売り場が多くなった。

040
매장2

[매장] 1. 土葬 2. 埋葬、抹消 3. 埋蔵

1. 死体や遺骨などを土の中に埋めること。

[活用構文] 名이/가 名에 매장되다
名을/를 名에 매장하다

[例文] 옛날에는 자신이 죽은 후 화장하는 것을 꺼리고 매장을 원하는 사람이 절대적으로 많았으나 요즘에는 화장을 하겠다는 사람이 점점 늘고 있다.
昔は自分が死んだ後、火葬することをいやがり、土葬を望む人が絶対的に多かったが、最近は火葬をしたいという人も少しずつ増えてきている。

2. ある人を社会的な活動ができなくしたりすることを、比ゆ的に言う言葉。

[活用構文] 名이/가 (名에서) 매장되다

名을/를 (名에서) 매장시키다

[例文] 그렇게 비열한 인간은 사회에서 매장을 시켜야 한다.

あれほど卑劣な人間は社会から抹殺しなければならない。

3. 地下資源や鉱物などが土の中に埋まること。

[活用構文] 名에 매장되다

[例文] 지구에 매장되어 있는 지하자원은 결코 무궁무진하지가 않다.

地球に埋蔵されている地下資源は決して無限にあるわけではない。

041
모집

[모집] 募集

条件に合う人やものを集める。または寄付金などを広い範囲で集めること。

[活用構文] 名이/가 모집되다

名을/를 모집하다

[活用表現] 모집 인원 募集人員

모집 광고 募集広告

[例文] 우리 회사에서는 중국어에 능통한 신입사원을 모집하고 있다.

我が社では、中国語に精通している新入社員を募集している。

저출산 현상으로 초등학생의 수가 감소함에 따라 초등 교원을 양성하는 교육 대학에서도 신입생 모집 정원을 축소하고 있다.

少子化現象で小学生の数が減少するにつれ、小学校の教員を養成する教育大学でも新入生の募集定員を縮小している。

042
무작정

[무작쩡] むやみに、無差別に

あらかじめ決めたことや計画がないこと。後先を考えないこと。

[例文] 그는 아무런 계획 없이 무작정으로 집을 나왔다.

彼は何の計画もなしに、無鉄砲に家を飛び出した。

우리 오빠는 뚜렷한 목적도 없이 무작정의 기대로 서울로 갔다.

私の兄ははっきりとした目的もなく何も考えずにただの期待でソウルへ行った。

043
바이러스

[바이러쓰] 1. ウイルス　2. ウイルス

1. 生きている細胞にだけ付着して生きる流行性の風邪。小児麻痺などの病原体になり、特別な顕微鏡でだけみることができるとても小さな微生物。

[例文] 면역력이 약한 아이들은 바이러스에 감염되기 쉽다.

免疫力が弱い子供たちは、ウイルスに感染しやすい。

2. 自分自身を複製することができる機能をもっており、コンピュータープログラムや実行可能な部分を変形させて、そこに自身、または自身の変形をコピーしておくプログラムの総称。

[例文] 컴퓨터 바이러스를 막기 위해 백신 프로그램을 설치했다.
コンピュータウイルスを防ぐため、ウイルス対策プログラムをインストールした。

044
바자회

[바자회] バザー

公共、または社会事業の資金を集めるために開かれる市場。

[活用表現] 바자회가 열리다 バザーが開かれる
바자회를 열다 バザーを開く
바자회를 개최하다 バザーを開催する

[例文] 바자회를 열거나 바자회에 참여해 본 적이 있습니까?
バザーを開いたり、バザーに参加したことがありますか？

백화점 지하 매장에서 불우 이웃 돕기 바자회를 개최합니다.
デパートの地下の売り場で、恵まれない人を助けるバザーを開催します。

045
반응

[바능] 反応

ある刺激や作用に対応して起きること。またはそのような現象。

[活用構文] 名이/가 名에 반응하다

[活用表現] 반응이 있다 反応がある
반응이 빠르다 反応が早い
반응을 보이다 反応を見せる

[例文] 선생님의 농담이 재미가 없었는지 학생들이 아무런 반응을 보이지 않았다.
先生の冗談がおもしろくなかったのか、学生達は何の反応も示さなかった。

눈동자에 불빛을 비추어 보아도 아무 반응이 없는 걸 보니 이 고양이는 이미 죽은 것 같다.
瞳に光を当ててみても、何の反応もないことからして、この猫はすでに死んでいるようだ。

04 연습문제

[1-12] 다음 밑줄 친 부분과 의미가 비슷한 것을 고르십시오.

下線を引いた部分と同じような意味を持つものを選びなさい。

1. 다른 사람의 사생활에 지나치게 (　　　)을/를 하면 불쾌감을 줄 수 있다.

❶ 가상　　❷ 경고　　❸ 경쟁　　❹ 간섭

2. 다양한 산업용 로봇이 (　　　)하면서 많은 노동자가 일자리를 잃게 되었다.

❶ 경쟁　　❷ 등장　　❸ 가입　　❹ 변화

3. 자본 시장이 외국에 대폭 (　　　)됨에 따라 국내 시장의 잠식이 우려되고 있다.

❶ 개최　　❷ 개방　　❸ 규제　　❹ 보존

4. 공무원은 정당, 기타 정치 단체의 결성에 관여하거나 이에 (　　　)할 수 없다.

❶ 대비　　❷ 등장　　❸ 가입　　❹ 중재

5. 새 국제법이 발효됨으로써 국제적 (　　　)을/를 해소하고 협력을 촉진할 수 있게 되었다.

❶ 모순　　❷ 고정관념　　❸ 이해관계　　❹ 갈등

6. 사기도박을 벌인 일당이 검찰에 (　　　)을/를 잡혔다.

❶ 덜미　　❷ 머리　　❸ 약점　　❹ 주도권

7. 김 부장은 사표 쓸 (　　　)을/를 하고 사장님께 반대 의견을 냈다.

❶ 결정　　❷ 각오　　❸ 고민　　❹ 가정

8. 오늘날 범죄는 점점 지능화되는 (　　　)이/가 있다.

❶ 분위기　　❷ 경향　　❸ 상황　　❹ 전략

9. 아이들이 잘 못하더라도 부모님들이 ( )을/를 해준다면 아이들은 더욱 힘을 내고 자신감을 가지게 될 것이다.

❶ 격려 ❷ 치료 ❸ 해결 ❹ 보상

10. 환경 보호를 위하여 일회용품의 사용을 ( )하고 있다.

❶ 기증 ❷ 장려 ❸ 확대 ❹ 규제

11. 나는 그 공장의 사원 ( )에 응시하기로 마음먹었다.

❶ 모집 ❷ 경쟁 ❸ 수집 ❹ 수용

12. 알레르기란 특별한 질병이 없으면서도 외부 자극에 민감하게 ( )해서 체질적 장애를 일으키는 것을 말한다.

❶ 치료 ❷ 반응 ❸ 대비 ❹ 규제

[13-16] 다음 ( )에 들어갈 말로 알맞지 않은 것을 고르십시오.

次の( )に当てはまるものとして相応しくないものを選びなさい。

13. 이 운동화는 바닥의 충격을 ( ) 장치가 설계되어 있다.

❶ 완화시키는 ❷ 단축시키는 ❸ 흡수하는 ❹ 감소시키는

14. 인터넷이 ( )되면서 정보의 양은 급격하게 많아지기 시작하였다.

❶ 일반화 ❷ 보편화 ❸ 산업화 ❹ 대중화

15. 여성학 강의를 들으면서 여자에 대한 나의 ( )이/가 완전히 깨졌다.

❶ 편견 ❷ 개념 ❸ 선입견 ❹ 고정관념

16. 결혼 날짜를 잡으면 여자 쪽 집에서는 혼수를 ( )하느라 바쁘기 마련이다.

❶ 대비 ❷ 준비 ❸ 장만 ❹ 마련

[17-20] 다음 밑줄 친 부분과 의미가 비슷한 것을 고르십시오.
下線を引いた部分と同じような意味を持つものを選びなさい。

17. 최근 수출이 늘어나서 경기가 회복됨에 따라 실업률이 감소하고 있다.

❶ 축소되다 ❷ 증가하다 ❸ 낮아지다 ❹ 짧아지다

18. 이 소설은 청소년들이 친구들과의 갈등을 극복하는 과정을 감동적으로 보여 주고 있다.

❶ 이겨내다 ❷ 처리하다 ❸ 제거하다 ❹ 감수하다

19. 아무리 변호사라지만 큰 범죄를 저지른 죄인을 감싸고도는 그의 행동은 정말 납득할 수가 없다.

❶ 이해 ❷ 설명 ❸ 찬성 ❹ 인정

20. 그는 차남이지만 형이 외국에 나가 있어서 형 대신 맏아들 노릇을 하고 있다.

❶ 준비를 하다 ❷ 책임을 지다 ❸ 역할을 하다 ❹ 흉내를 내다

[21-22] 다음 밑줄 친 부분이 잘못된 것을 고르십시오.
下線を引いた部分が間違っているものを選びなさい。

21.

❶ 오늘 학교에서 화재에 대비한 가상 훈련을 했다.
❷ 생일은 한 생명이 태어난 것을 기념하고 축하하는 날이다.
❸ 불법 어로 행위를 하는 자는 법에 따라 처벌한다는 충고가 적혀 있었다.
❹ 달리 해결 방법이 없는 문제를 가지고 온종일 생각에 잠긴 김 대리는 점점 골치가 아파왔다.

22.

❶ 노사 간의 갈등이 파업으로 발전되었다.
❷ 그는 선배의 권유로 학교 운동부에 가입하였다.
❸ 평균 결혼 연령이 과거에 비해 높아지는 경향을 보인다.
❹ 채소 장수 할머니는 평생 모은 돈을 모두 고아원에 기증했다.

[23-24] 다음 중 제시된 술어를 공통적으로 사용할 수 있는 것을 고르십시오.
次の中から、四角の中にある述語を共通して使えるものを選びなさい。

23.

강구하다	마련하다	세우다	협의하다

❶ 규제　❷ 대책　❸ 근거　❹ 권리

24.

있다	없다	높다	떨어지다

❶ 근거　❷ 마찰　❸ 가치　❹ 권력

[25-27] 다음에 제시된 단어의 관계가 다른 것을 하나 고르십시오.
次の単語の関係が、他のものと違うものをひとつ選びなさい。

25. ❶ 노릇–구실　❷ 갈등–극복　❸ 매너–예의　❹ 매장–파는 곳

26. ❶ 개방–폐쇄　❷ 등장–퇴장　❸ 감소–증가　❹ 의무–책임

27. ❶ 마련–준비　❷ 교양–과목　❸ 님비–현상　❹ 단골–손님

[28-29] 밑줄 친 부분의 의미가 다른 것을 하나 고르십시오.

下線を引いた部分の意味が違うものをひとつ選びなさい。

28.

❶ 바다에서 표류하던 난민들이 지나가는 배에 구조를 요청했다.

❷ 화재 현장에 출동한 119 구조 요원들이 신속한 구조 활동을 벌였다.

❸ 물에 빠져 허우적대던 아이가 신고를 받고 출동한 경찰에 구조되었다.

❹ 내가 어렸을 때 살던 집은 방 둘에 조그마한 욕실이 달린 간단한 구조의 빨간 기와집이었다.

29.

❶ 그 녀석은 꼬마들을 동네에 다 모아들여 골목대장 노릇을 하곤 했다.

❷ 왕이 어린 나이로 즉위하자 왕실의 웃어른이 왕의 후견인 노릇을 했다.

❸ 내가 아무리 설명해도 아이가 자기 고집을 꺾지 않으니 답답한 노릇이다.

❹ 그는 차남이지만 형이 외국에 나가 있어서 대신 맏아들 노릇을 하고 있다.

[30-34] 다음 (　　)에 공통적으로 들어갈 단어를 쓰십시오.

次の(　　)に共通して当てはまる単語を書きなさい。

30.

❶ 컴퓨터에 (　　　　)이/가 침투해 전산 업무가 마비되었다.

❷ 강력한 항생제가 나온 뒤로 사람들의 관심은 훨씬 고치기 어려운 (　　　　)에 의한 질병이나 암에 쏠렸다.

31.

❶ 이 기계는 (　　　　)이/가 간단하여 가격이 싸고 고장이 적다.

❷ 우리 회사는 유통 (　　　　)을/를 개선하여 생산성을 향상시키고자 애를 쓰고 있다.

32.

❶ 그렇게 비열한 인간은 사회에서 (   )을/를 시켜야 한다.
❷ 이곳에는 많은 양의 원유와 천연가스가 (   )되어 있다.
❸ 장례식이 끝난 후 할아버지의 시신은 선산에 (   )되었다.

33.

❶ 홍수가 크게 나서 온 동네에 (   )이/가 났다.
❷ 같은 부서의 동료들이 나더러 승진을 했으니 한턱내라고 (   )이다.
❸ 할아버지께서는 (   )이/가 나는 바람에 가족들과 생이별하게 된 이야기를 내게 자주 들려주셨다.

34.

❶ 양국 간에 무역 (   )이/가 점점 커지고 있다.
❷ 딱딱한 두 물체가 (   )하면 불꽃이 일기도 한다.
❸ 여당과 야당이 사소한 일로 의견이 (   )하는 바람에 정국이 경색되었다.

[35-36] 다음 글을 읽고 질문에 답하십시오.
次の文章を読み､問題に答えなさい。

> 요즘 텔레비전을 켜면 출연자들이 영어를 우리말처럼 자주 쓰는 모습을 심심찮게 볼 수 있다. 이에 따라 문화체육관광부에서는 방송에서의 무분별한 영어 사용을 (㉠)하기 위한 (㉡)을/를 (㉢)하기로 했다.

35. ㉠에 알맞은 것을 고르십시오.

❶ 촉진　　❷ 격려　　❸ 비난　　❹ 규제

36. ㉡과 ㉢에 알맞은 것을 고르십시오.

❶ 대책-마련　　❷ 방안-개최　　❸ 실험-시행　　❹ 훈련-실시

명사 Ⅱ

05

名詞 Ⅱ

05 명사 Ⅱ

001
배려 [배려] 配慮

関心を持って、面倒を見てあげ、気を使うこと。

【活用構文】 名을/를 배려하다

【活用表現】 배려를 아끼지 않다 配慮をおしまない

【例文】 친구가 세심한 배려를 아끼지 않아 이 곳 생활은 아무런 불편이 없다.
友達があれこれ細かい配慮をしてくれるので、ここでの生活に何の不便もない。

그 당시 등록금이 없었던 그는 스승의 배려로 공부를 계속할 수 있었다.
その当時、学費がなかった彼は、師匠の配慮で勉強を続けることができた。

002
배출[1] [배출] 排出

不必要なものを外に出すこと。

【活用構文】 名이/가 名으로/로 배출되다
名을/를 名으로/로 배출하다
名을/를 名으로/로 배출시키다

【活用表現】 배출구 排出口
노폐물 배출 老廃物の排出

【例文】 폐수를 함부로 하천에 배출한 업체가 적발되었다.
排水をむやみに河川に排出した業者が摘発された。

쓰레기 종량제가 실시되자 쓰레기의 배출이 크게 줄었다.
ゴミ捨ての従量制が実施されるなり、ゴミの排出がかなり減った。

003
배출[2] [배출] 輩出

人材を育てて、社会に送り出すこと。

【活用構文】 名이/가 名으로/로 배출되다
名을/를 名으로/로 배출하다
名을/를 名으로/로 배출시키다.

【例文】 훌륭한 인재를 배출하는 것이 우리 학교의 목표이다.
立派な人材を輩出することが、我が校の目標だ。

육군 사관 학교는 초급 장교를 배출하는 군사 교육 기관이다.
陸軍士官学校は初級の将校を輩出する軍事教育機関だ。

004
보급 [보급] 普及

あることをまんべんなく、いろいろなところまで浸透させること。

[活用構文] 名이/가 보급되다
名을/를 보급하다
名을/를 보급시키다

[活用表現] 보급률 普及率

[例文] 텔레비전이 보급되기 전에는 라디오 연속극이 대단한 인기를 끌었다.
テレビが普及する前は、ラジオでの連続劇がものすごい人気を得ていた。

전문가들은 주택난 해소를 위해서는 저렴한 임대 주택 보급이 시급하다고 보고 있다.
専門家達は住宅難解消のためには、割安な賃貸住宅の普及を急ぐべきだと考えている。

005
보람 [보람] 甲斐

あることをした後に得る、良い結果や満足感。または自信や自負心を持たせてくれることの価値。

[活用構文] 名이/가 보람되다
動은/ㄴ 보람이 있다
動은/ㄴ 보람을 느끼다

[活用表現] 보람차다 やりがいがある

[例文] 그 동안 노력한 보람도 없이 계획은 실패했다.
ずっと努力してきた甲斐もなく、計画は失敗した。

부모님들은 자식들이 잘 사는 모습을 보면서 고생한 보람을 느낍니다.
両親たちは、子供達が幸せに暮らす姿を見ながら、苦労してきた甲斐を感じます。

006
보상 [보상] 1. 補償 2. 補償

1. (法で定められた通り)損失や損害に値したお金などで返すこと。

[活用構文] 名을/를 보상하다
名을/를 보상받다

[活用表現] 보상금 補償金
피해 보상 被害補償

[関連語] 배상 賠償

[例文] 승용차를 도난당했을 때는 그 사실을 경찰서에 신고해야만 보상을 받을 수 있다.
乗用車を盗まれた時は、その事実を警察署に申告することで補償を受けることができる。

2. 身体的、または精神的に劣等感を感じる時、他のことをうまくやることで、それをカバーすること。

[活用構文] 名을/를 보상받다

[活用表現] 보상 심리 補償心理

[例文] 지나친 교육열의 바탕에는 부모들이 자신이 이루지 못한 것들을 아이를 통해 보상받고자 하는 심리가 있다.
行き過ぎた教育熱の根底には、親たちが自分の成し遂げられなかったことを、子供を通して補償しようという心理がある。

007
복제 [복쩨] コピー、複製

本来のものと同じものを作ること。または同じように作られたもの。

[活用構文] 名이/가 복제되다
名을/를 복제하다

[活用表現] 복제품 複製品
복제인간 クローン人間
불법복제 違法コピー

[関連語] 복사 コピー

[例文] 불법 소프트웨어들이 대량으로 복제되어 유통되고 있다.
違法なソフトウェアが大量に複製されて流通している。

우리나라의 연구팀에서 세계 최초로 애완견을 복제하였다.
我が国の研究チームで、世界初のペットの犬のクローンを作った。

008
분리 [불리] 分離

分けて別々にすること。

[活用構文] 名이/가 분리되다
名을/를 분리하다
名을/를 분리시키다

[例文] 기업의 소유와 경영은 분리되는 것이 바람직하다.
企業の所有権と経営権は別々になってことが望ましい。

환경보호를 위해 재활용할 수 있는 쓰레기를 분리해서 버려야 한다.
環境保護のためにリサイクルできるゴミを分別して捨てなければならない。

009
분석 [분석] 分析

絡まっていたり、複雑なものを解いて、個別の要素や性質に分けること。

[活用構文] 名이/가 (名으로) 분석되다
名을/를 분석하다

[活用表現] 분석력 分析力
심리 분석 心理分析
원인 분석 原因分析

[例文] 공업용 폐수가 하천 오염의 주된 원인으로 분석되었다.
工業排水が河川汚染の主な原因として分析された。

같은 작품에 대한 분석이 비평가에 따라 달라질 수 있다.
同じ作品に対する分析が批評家によって違うことがある。

010
비난

[비난] 非難

他人の失敗や欠点を咎めて､悪く言うこと。

[活用構文] 名을/를 비난하다

[活用表現] 비난이 일다 非難がおこる
비난이 거세다 非難が激しい
비난이 쏟아지다 非難が殺到する
비난을 받다 非難される

[反意語] 칭찬 称賛

[例文] 부실공사를 한 건설 회사에 비난이 쏟아졌다.
欠陥工事をした建設会社に非難が殺到した。

남을 비난하기는 쉬워도 자신을 반성하기는 어렵다.
他人を批判するのは簡単でも､自分を反省するのは難しい。

011
빈곤

[빈곤] 1. 貧困　2. 乏しい

1. 貧乏で生きていくのに困ること。

[活用表現] 빈곤하다 貧困だ
빈곤한 살림 貧困な暮らし
빈곤한 생활 貧困な生活
빈곤에 시달리다 貧困に苦しむ

[類義語] 가난 貧乏
궁핍 ひどい貧乏

[例文] 많은 나라가 경제적 빈곤에서 벗어나려고 노력하고 있다.
多くの国が経済的な貧困から抜け出そうと努力している。

2. 内容などが充実していなかったり､足りなかったりして抜けていること。

[活用表現] 빈곤하다 乏しい
빈곤한 지식 乏しい知識
빈곤한 상상력 乏しい想像力

[類義語] 부족 不足

빈약 貧弱

[例文] 그 회사는 기술력이 빈곤하여 제품개발에 실패했다.
その会社は技術力が乏しくて、製品開発に失敗した。

012
사교육

[사교육] 私教育

個人や私設団体が私的に施す教育。

[活用表現] 사교육비 私教育費

사교육 시장 私教育市場

사교육을 받다 私的な教育を受ける

사교육을 시키다 私的な教育をさせる

[反意語] 공교육 公教育

[例文] 사교육비의 증가로 자녀수가 곧 재력의 상징으로 통하는 시대가 왔다.
私教育の増加で子供の数が財力の象徴となる時代が来た。

공교육에 만족하지 못하는 부모들 때문에 사교육 시장이 점점 커지고 있다.
公教育に満足できない親たちのせいで、私教育市場が少しずつ大きくなっている。

013
사례[1]

[사례] 事例

あることが以前に実際に起きた例。

[活用表現] 사례가 있다 事例がある

사례가 많다 事例が多い

사례를 들다 事例を上げる

[例文] 전에 이런 사례는 없었기 때문에 어떻게 처리해야 할지 모르겠어요.
以前にこのような事例がなかったために、どうやって処理すればいいかわからない。

일부 업체들이 경비 절감을 이유로 폐수와 매연을 불법 배출하는 사례가 적지 않다.
一部の業者たちが、経費の節減を理由に排水と排気ガスを違法に排出する例が少なくない。

014
사례[2]

[사례] 謝礼

相手に感謝の気持ちを言葉や行動、または財物で表すこと。

[活用表現] 名에게 사례하다

名에게서 사례를 받다

[活用表現] 사례금 謝礼金

[例文] 혼사가 이루어지면 중매쟁이는 상당한 사례를 받기도 한다.
縁組が成立すれば、仲人はそれに相当する謝礼をもらったりもする。

사례하는 뜻으로 점심이라도 사고 싶은데, 시간 좀 내 주십시오.
お礼の意味で昼ごはんでもご馳走したいので、少し時間を作って下さい。

015
사이트 [사이트] サイト

情報を集めておくところ、ウェブサーバーに情報を保存しておく集合体。

【活用表現】 웹 사이트 ウェブサイト
게임 사이트 ゲームサイト
인터넷 사이트 インターネットサイト
사이트에 접속하다 サイトに接続する

【例文】 자주 접속하는 인터넷 사이트가 있나요?
よく接続するインターネットサイトがありますか？

관심 있는 사이트들은 즐겨찾기에 저장해놓으면 편리해요.
興味のあるサイトは、お気に入りに追加しておくと便利です。

016
상황 [상황] 状況

様子や成り行き。

【活用構文】 形/動는/은/ㄴ 상황에 처하다

【活用表現】 상황실 シチュエーションルーム
한계상황 限界の状況
상황이 어렵다 状況が厳しい
상황이 불리하다 状況が不利だ

【例文】 겨울철에 등산할 때는 눈사태와 같은 돌발적인 상황에 대비해야 한다.
冬に登山する時は、雪崩のような突発的な状況に備えなければならない。

학생들의 교육 환경과 그들이 처한 상황을 점차적으로 개선시켜야 한다.
学生達の教育環境と、彼らが直面する状況を随時改善させなければならない。

017
생계 [생계] 生計

日々暮らしていく方法。または現在の暮らしている様子。

【活用表現】 생계비 生活費
생계가 어렵다 生計が苦しい
생계를 잇다 生計をつなぐ
생계를 꾸리다 くらしをやりくりする
생계를 유지하다 生計を維持する

【例文】 밀가루 값과 쌀값이 오르자 서민층은 생계에 큰 타격을 입었다.
小麦粉の値段とお米の値段が上がるなり、庶民層は生計に大きな打撃を受けた。

군고구마를 팔아 어렵게 생계를 잇던 모자가 교통사고를 당해 생계가 막막하다고 한다.
焼き芋を売って何とか生計をつないで親子が交通事故にあって、生計が成り立たないという。

018
생명력

[생명녁] 1. 生命力　2. 生命力

1. 生物たちが生命を維持していく力。

[活用表現]
강인한 생명력　強じんな生命力
끈질긴 생명력　粘り強い生命力
왕성한 생명력　(活発で)旺盛な生命力
생명력이 강하다　生命力が強い

[例文]
이 식물은 생명력이 강해서 아무 데나 뿌리를 내리고 자란다.
この植物は生命力が強くて、どんなところにでも根を張って育つ。

2. ものごとや現状の本質的な機能を維持していく力。

[例文]
그 가수는 타고난 가창력에다가 성실함까지 지니고 있어서 생명력이 긴 듯싶다.
その歌手は生まれつきの歌唱力に加えて、誠実さまで兼ね備えているので、長く生き残りそうだ。

019
선입견

[서닙껸] 先入観

ある対象に対してすでに心の中に抱いている固定的な観念や観点。

[活用表現]
선입견을 품다　先入観を抱く
선입견을 가지다　先入観を持つ
선입견을 버리다　先入観を捨てる

[例文]
관찰자는 미리 어떤 선입견을 가지고 관찰에 임해서는 안 된다.
観察者はあらかじめいかなる先入観を持って観察に臨んではならない。

다른 나라의 문화를 연구할 때는 선입견이나 편견 없이 해야 한다.
他の国の文化を研究する時は、先入観や偏見なしに行わればならない。

020
선정

[선정] 選定

いくつかの中からある目的に合う人やものを選ぶこと。

[活用構文]
名이/가 名으로/로 선정되다
名을/를 名으로/로 선정하다

[活用表現]
작품 선정　作品の選定
사업자 선정　事業者選定

[例文]
회장은 정리 해고 문제를 우선 처리 사안으로 선정하였다.
会長はリストラ問題をまず処理すべき案件として選定した。

각 군마다 한 마을씩 시범 마을로 선정하면 정부가 이를 적극 지원한다고 했다.
各郡がひとつずつ、モデルとなる村を選定すれば、政府が積極的に支援すると言った。

021
설립

[설립] 設立

団体や機関などを新しく立てること。

[活用構文] 名이/가 설립되다

名을/를 설립하다

[活用表現] 설립자 設立者

설립연도 設立年度

[例文] 유니세프는 전 세계 어린이들을 돕기 위해 설립되었다.
ユニセフは全世界の子供達を助けるために設立された。

부자들 중에는 자선단체를 설립해서 운영하는 사람이 많다.
お金持ちの中には、慈善団体を設立して運営している人が多い。

022
성향

[성향] 性向、傾向

ある一方に傾いている性質や心の傾向。

[活用構文] 名적인 성향이 있다 ~のような傾向がある

名적인 성향이 강하다 ~の傾向が強い

動는 성향이 있다 ~する傾向がある

動는 성향이 강하다 ~する傾向が強い

[例文] 그는 보수적인 성향을 지닌 정치가였다.
彼は保守的な傾向を持った政治家だった。

그녀는 외동딸로 귀엽게 자라 애정을 독차지하려는 성향이 강하다.
彼女は一人娘としてかわいがられて育ったので、愛情を独占しようする傾向が強い。

023
소신

[소신] 所信、信念

自分が信じて主張していること。

[活用表現] 소신껏 信念のままに

소신대로 信念のままに

소신을 가지다 信念を持つ

소신을 밝히다 所信を明らかにする

소신을 굽히다 所信を曲げる

[例文] 그 사람은 소신도 없는 단순한 기회주의적 출세주의자이다.
その人は所信もない単純な機会主義的な出世主義者だ。

내 동생은 다른 사람의 눈치를 보지 않고 자신의 소신대 일하는 사람이다.
私の弟は他人の目を気にせずに、自分の信念のままに仕事をする人だ。

024
수명 [수명] 1. 寿命 2. 寿命

1. 生物が生きている期間。

[活用表現] 평균 수명 平均寿命
수명이 길다 寿命が長い
수명이 짧다 寿命が短い
수명이/을 다하다 寿命を全うする
수명을 연장하다 寿命を延ばす

[例文] 의료 기술의 발달은 인구 증가의 결정적 요인이 되었고, 또 평균 수명의 연장에 크게 이바지하였다.
医療技術の発達は人口増加の決定的な要因になり、また平均寿命の延長に大きく貢献した。

2. (ものや施設などが)使用できる期間。

[活用表現] 수명이 길다 寿命が長い
수명이 짧다 寿命が短い
수명이/을 다하다 寿命になる

[例文] 신제품은 기존 제품보다 수명이 5년은 더 길다.
新製品は既存の製品より、寿命が5年は長い。

025
시도 [시도] 試み

何かを試しにしてみること。

[活用構文] 名이/가 시도되다
名을/를 시도하다

[活用表現] 시도를 꾀하다 試みを企てる

[例文] 1958년에 국내에서 최초로 로켓 발사시험이 시도되었다.
1958年に国内で最初のロケット発射試験が試みられた。

우리는 문제를 해결하기 위해 여러 가지 방법을 시도해 보았으나 모두 헛수고였다.
私達は問題を解決するために、いろいろな方法を試してみたが、どれも無駄になった。

026
시련 [시련] 試練

とても辛い苦難。

[活用表現] 시련이 닥치다 試練が迫る
시련을 겪다 試練を経験する

시련을 당하다 試練にあう

시련을 극복하다 試練を克服する

시련에 부딪치다 試練にぶち当たる

[類義語] 고난 苦難

역경 逆境

[例文] 우리의 앞길에 어떠한 시련이 닥쳐도 이겨낼 수 있을 것이다.
私達の行く手にいかなる試練が待ち受けていても、克服できるはずだ。

할머니의 얼굴은 많은 시련을 겪으며 살아온 듯 잔주름이 가득했다.
おばあちゃんの顔はたくさんの試練を経験して生きてきたかのように、深いしわでいっぱいだった。

027
시설

[시설] 施設

多くの人達が共同で便利に使用したり、多くの人の便利のために作られた大きな規模の装置や道具、またはそれを作っておくこと。

[活用表現] 시설물 施設

편의시설 便利施設

오락시설 娯楽施設

교육시설 教育施設

시설을 갖추다 施設を揃える

[例文] 우리 병원은 최첨단의 시설과 기술을 자랑한다.
我が病院は最先端の施設と技術を誇っている。

그 건물은 주차시설뿐만 아니라 각종 편의시설을 갖추고 있어서 편리하다.
その建物は駐車施設だけではなく、各種のサービス施設も揃っていて便利だ。

028
안목

[안목] 見る目

ものごとの価値を判断したり、分別する能力や見識。

[活用表現] 안목이 있다 見る目がある

안목이 높다 見る目が高い

안목이 뛰어나다 見る目が優れている

안목을 기르다 見る目を養う

안목을 가지다 見る目を持つ

[例文] 그림을 보는 그의 안목은 듣던 대로 탁월했다.
絵を見る彼の目は、聞いていた通り卓越していた。

뭔가 큰 결정을 내릴 때는 눈앞의 이익만 보지 말고 장기적인 안목으로 신중히 판단해야 한다.
何か大きな決定を下す時は、目の前の利益だけ見るのではなく、長期的な目で慎重に判断しなければならない。

029
안정[1]

[안정] 安定

変えたり変わったりせず、一定の状態を維持する。

【活用構文】 名이/가 안정되다
名을/를 안정시키다

【活用表現】 안정세 安定した動き
물가 안정 物価の安定
안정을 이루다 安定を成す

【反意語】 혼란 混乱

【例文】 거품이 빠진 부동산 경기가 안정을 되찾고 있다.
バブルが弾けた不動産の景気が安定を取り戻している。

정부에서는 가을에 쌀을 사들여 봄에 내놓음으로써 쌀값을 안정시키는 데 힘쓰고 있다.
政府では秋に米を買い入れて、春に売り出すことで、米の価格を安定させることに力をいれている

030
안정[2]

[안정] 安定

肉体的、または精神的に平和で静かなこと。

【活用構文】 名을/를 안정시키다

【活用表現】 (신경)안정제 (神経)安定剤
안정하다 安静だ
안정을 취하다 安静を取る
마음의 안정을 잃다 心の安定を失う

【例文】 응급실에 있는 저 환자는 절대적인 안정이 필요합니다.
救急室にいる、その患者は絶対安静が必要です。

시험 생각만 하면 마음이 안정되지 않아 잠을 이룰 수 없었다.
試験のことばかり考えていたら、心が落ち着かず、眠れなかった。

031
앨범

[앨범] 1. アルバム 2. アルバム

1. 写真を貼って整理・保存するための本、写真入れ。

【活用表現】 졸업 앨범 卒業アルバム
결혼 앨범 結婚アルバム

앨범을 펴다 アルバムをひろげる

[例文] 그녀는 죽은 남편이 그리울 때면 앨범을 뒤적이곤 한다.
彼女は死んだ夫が恋しくなると、アルバムを引っ張り出して見たりする。

2. ある個人や集団の音楽を集めたもの。レコード。

[活用表現] 가요 앨범 歌謡アルバム
앨범을 내다 アルバムを出す
앨범을 제작하다 アルバムを製作する

[例文] 그들은 당분간 방송 활동을 중단하고 재충전의 시간을 가진 후 앨범 제작에 나설 계획이라고 한다.
彼らはしばらくテレビに出るのを中断し、充電期間をとった後、アルバムの製作にとりかかる計画だという。

032
엉망 [엉망] めちゃくちゃ

仕事やものが、ごちゃごちゃになり、すごく乱雑で慌しい状態。

[活用表現] 엉망진창 はちゃめちゃ
엉망으로 めちゃくちゃに
엉망이다 めちゃくちゃだ
엉망이 되다 ぐちゃぐちゃになる

[例文] 일찍 내린 서리로 농사가 하루아침에 엉망이 되고 말았다.
普段より早く降りた霜によって、畑が1日でめちゃくちゃになってしまった。

건설 회사가 아파트 공사를 엉망으로 하는 바람에 이곳저곳에서 하자가 발생하자 주민들이 이 회사를 상대로 손해배상 청구소송을 제기했다.
建設会社がアパートの工事をめちゃくちゃにしたせいで、あちこちで欠陥が見つかると、住人達がこの会社を相手に損害賠償を請求する訴訟を起こした。

033
여건 [여껀] 与件、条件

あることをする時、出発点として与えられた条件。

[活用表現] 생활 여건 生活条件
경제적인 여건 経済的な条件
여건이 허락하다 条件が許す
여건을 갖추다 条件を満たす
여건을 마련하다 条件を満たす

[例文] 경제적 여건만 허락되면 공부를 계속 할 생각입니다.
経済的に許されるならば、勉強を続けようと思います。

그는 어려운 여건 속에서도 좌절하지 않고 열심히 살았다.
彼は厳しい条件の中でも挫折せず、一生懸命生きた。

034
열의 [여리] 熱意

ある仕事を成すために、すべての情熱をささげる心。

[活用構文] 名에 대한 열의가 있다
名에 대한 열의가 높다
名에 대한 열의가 대단하다
名에 대한 열의를 보이다

[例文] 그는 학문에 대한 열의가 대단히 높은 사람이다.
彼は学問に対する熱意がかなり高い人だ。

똑똑한 사람이지만 일에 대한 열의가 없다는 게 큰 단점이다.
賢い人だけれど、仕事に対する熱意がないというのが大きな短所だ。

035
예외 [예외] 例外

普通の例から外れていること。一般的な規則や常識から逸脱していること。

[活用表現] 예외 규정 例外の規定
예외적 현상 例外的な現状
예외적 상황 例外の状況
예외없이 例外なく
예외로 처리하다 例外として処理する

[例文] 환경 문제는 선진국이나 후진국이나 예외가 있을 수 없다.
環境問題は先進国も発展途上国も、例外は有りえない。

농촌의 황폐화 바람은 이 지역도 예외로 남겨두지 않았다.
農村の荒廃化の風潮は、この地域も例外ではなかった。

036
오염 [오염] 汚染

空気や水などがきたなくなること。

[活用構文] 名이/가 오염되다
名을/를 오염시키다

[活用表現] 환경오염 環境汚染
대기오염 大気汚染
수질오염 水質汚染
토양오염 土壌汚染
오염물질 汚染物質

[例文] 수질오염으로 인한 산소 부족으로 물고기가 떼죽음을 당했다.
水質汚染による酸素不足で、魚が群れを成して死んだ。

오염물질을 대기 중으로 배출하는 업체는 의무적으로 공해 방지 시설을 갖춰야 한다.
汚染物質を大気中に排出する業者は義務として、公害防止施設を備えなければならない。

037
온라인 [온라인] オンライン
コンピューターの端末機が中央処理装置と通信回線で繋がっていて、情報を伝送し、中央処理装置の直接的な制御をうけている状態。

[活用表現] 온라인 행정 オンライン行政
온라인 시스템 オンラインシステム
온라인으로 송금하다 オンラインで送金する

[例文] 요즈음에는 거의 모든 은행에 온라인 시설이 갖추어져 있어서 돈을 받을 사람의 통장 번호만 알면 쉽게 보낼 수 있다.
最近はほとんどすべての銀行にオンライン施設が敷かれていて、お金を受け取る人の口座番号さえわかれば、簡単に送金することができる。

저희가 추천하는 시스템을 구축하면 시간과 공간의 제약을 받지 않고 온라인으로 정보를 제공받을 수 있습니다.
私達が推薦するシステムを構築すれば時間と、空間の制約を受けずにオンラインで情報の提供を受けることができます。

038
요구 [요구] 1. 要求 2. 要求
1. もらわなければならないことを、必要に応じてもらうこと。

[活用構文] 名이/가 요구되다
名을/를 요구하다

[活用表現] 요구액 要求金額
요구 사항 要求事項
요구 조건 要求する条件

[関連語] 청구 請求

[例文] 노동자들은 다음과 같은 요구 조건을 걸고 농성을 시작하였다.
労働者たちは、次のような要求条件を掲げて、座り込みを始めた。

2. ある行動をしようとすること。またはそれを期待すること。

[活用構文] 名이/가 요구되다
動으라고/라고 요구하다
名을/를 요구하다

[活用表現] 요구서 要求書
요구에 응하다 要求に応える

[関連語] 요청 要請

[例文] 경찰이 증인에게 목격한 것을 진술하라고 요구하였다.
警察が証人に目撃したことを供述するよう、要求した。

039
운명[1]

[운명] 運命

人間を含めたすべてを支配すると考える、必然的で超越的な力。またはそれによってすでに定められている命や境遇。

[活用構文] 動을/ㄹ 운명이다
動을/ㄹ 운명을 타고 나다

[活用表現] 운명론 運命論
운명의 장난 運命のいたずら
타고난 운명 生まれつきの運命

[例文] 사람이 늙어서 죽는 것은 피할 수 없는 운명이다.
人が老いて死ぬことは、避けることのできない運命だ。

둘은 곧 헤어져야만 할 운명이라는 사실을 잘 알고 있었다.
2人はもうすぐ別れなくてはならない運命だということをよく分かっていた。

040
운명[2]

[운명] 殞命、落命

人の命が尽きる事。

[活用構文] 名이/가 운명하다

[例文] 아버님께서는 운명하시기 전에 공평하게 유산을 배분해 주셨다.
父は命が尽きる前に、公平に遺産を分配してくれた。

그는 병원에서 임종하는 가족도 없이 간암으로 쓸쓸히 운명을 했다.
彼は病院で臨終を見守る家族もなしに、肝臓癌でさみしくこの世を去った。

041
위기

[위기] 危機

危険な峠、すれすれの瞬間。

[活用構文] 名이/가 위기에 빠지다
名이/가 위기에 처하다

[活用表現] 위기감 危機感
위기를 넘기다 危機を切り抜ける
위기를 극복하다 危機を克服する

[例文] 그는 뛰어난 말재주로 위기를 모면할 수 있었다.
彼はぬきんでた話術で危機を免れることができた。

금융 위기가 닥치자 우리 회사는 존폐의 위기에 처하게 되었다.
金融危機がせまるなり、我が社は存続の危機に立たされた。

042
위협

[위협] 脅威

ある目的を達成するために、力づくで相手に恐怖を与え、脅迫すること。

[活用構文] 名을/를 위협하다
名에게 위협을 주다
名에게서 위협을 받다
名에게서 위협을 당하다

[例文] 대기 오염의 심화로 인간의 생존이 위협을 받고 있다.
大気汚染の深刻化によって、人間の生存が脅かされている。

미세 먼지는 눈에 보이지 않지만 우리의 건강을 위협하는 것이므로 집안 곳곳을 걸레로 자주 닦는 것이 좋다.
細かい埃は目には見えないが、私達の健康を脅かすので、家のあちこちを雑巾でしょっちゅう拭くと良い。

043
유전

[유전] 遺伝

身体的、精神的な特徴が次の世代に伝わって現れる現象。

[活用構文] 名이/가 名에게 유전되다
名이/가 名에게 유전하다

[活用表現] 유전자 遺伝子
유전병 遺伝の病
유전 공학 遺伝工学

[例文] 현장에 남겨진 혈흔의 유전자를 감식하여 범인을 찾았다.
現場に残された血痕の遺伝子を鑑識して、犯人を見つけた。

생물의 변이가 자손에게 유전한다고 가정해야 진화를 설명할 수 있다.
生物の変異が子孫に遺伝すると仮定すれば、進化(論)を説明することができる。

044
장르

[장르] 1. ジャンル 2. ジャンル

1. 分野という意味の外来語。種類、部類。

[例文] 이번 음악제는 오페라, 교향곡 등 다양한 장르의 작품이 연주될 예정이다.
今回の音楽祭はオペラ、交響曲など多様なジャンルの作品が演奏される予定だ。

2. 文芸作品の形態上の分類による、詩、小説、エッセイ、喜劇、評論、童話などの種類。

[例文] 이 작가는 시, 소설, 희곡 등 장르를 불문하고 다양한 작품들을 내놓고 있다.
この作家は、詩、小説、喜劇など、ジャンルを問わず多様な作品を出している。

045
재충전 [재충전] 再充電

蓄電器などに電気エナジーを蓄電する意味や、休養などによって力や実力を蓄え、リフレッシュすることを比喩的に言う時にも使われる。

[活用表現] 재충전을 하다 再充電する

재충전의 시간을 갖다 リフレッシュする時間を持つ

[例文] 재충전할 수 있는 배터리들은 보통 전자 제품에 사용되는데 특히 휴대용 기기에 흔히 사용된다.
再充電できるバッテリーは普通電化製品に使用されるが、特に携帯用機器によく使用される。

새해 첫 평가전을 치룬 축구 대표팀은 며칠 동안 쉬면서 재충전에 들어갔습니다.
新年初の試合に挑んだ、サッカー代表チームは、何日間か休んでリフレッシュしています。

05 연습문제

[1-10] 다음 (　　　)에 알맞은 것을 고르십시오.

次の(　)に当てはまるものを選びなさい。

1. 눈앞의 이익만 보지 말고 장기적인 (　　　)으로/로 신중히 판단해야 한다.

❶ 분석　　❷ 안목　　❸ 의도　　❹ 시야

2. 남북분단은 한국 사람들에게 엄청난 (　　　)을/를 가져다주었다.

❶ 시련　　❷ 소신　　❸ 상황　　❹ 비난

3. 우리나라 소비자가 인터넷을 통한 상품 구매 (　　　)이/가 세계적으로 매우 높다는 설문 조사 결과가 나왔다.

❶ 형편　　❷ 성향　　❸ 안목　　❹ 가치관

4. 태권도 관계자들은 태권도를 전 세계에 (　　　)하기 위해 애쓰고 있다.

❶ 시도　　❷ 설립　　❸ 가입　　❹ 보급

5. 정부는 이번 홍수로 농부들이 입은 피해에 대하여 가구당 천만 원 씩 (　　　)해 주기로 결정했다.

❶ 비난　　❷ 선정　　❸ 보상　　❹ 요구

6. 나는 논문을 쓰기 위해 그 작가의 작품을 세밀하게 연구하고 (　　　)하였다.

❶ 해결　　❷ 판결　　❸ 분석　　❹ 시도

7. 아버지가 돌아가신 후 어머니의 적은 수입으로 어렵게 (　　　)을/를 이어가고 있다.

❶ 생계　　❷ 생활　　❸ 생명　　❹ 현실

8. 한국 음식은 무조건 다 매울 거라는 (　　　)을/를 가진 외국인들이 적지 않다.

❶ 관념　　❷ 선입견　　❸ 철학　　❹ 이론

9. 이제 우리는 고령화 사회에 걸맞게 노인들을 (　　　)하는 사회 환경을 만들어 나가야 한다.

❶ 격려　　❷ 배려　　❸ 배출　　❹ 요구

10. 나는 어떤 고난이 닥쳐도 내 (　　　)을/를 굽히지 않겠다.

❶ 자부심　　❷ 결정　　❸ 마음　　❹ 소신

[11-13] 다음 (　　　)에 들어갈 말로 알맞지 않은 것을 고르십시오.
次の(　)に当てはまるものとして相応しくないものを選びなさい。

11. 헬렌 켈러는 불굴의 정신으로 (　　　)을/를 극복하여 전 세계 장애인들에게 희망을 주었고, 다양한 활동으로 '빛의 천사'로도 불렸다.

❶ 장애　　❷ 시련　　❸ 한계　　❹ 여건

12. 그 회사는 기술력이 (　　　)하여 제품개발에 실패했다.

❶ 가난　　❷ 부족　　❸ 빈곤　　❹ 빈약

13. 수원 화성은 1997년에 세계문화유산으로 (　　　)되었다.

❶ 등록　　❷ 지정　　❸ 선정　　❹ 지시

[14-17] 다음 밑줄 친 부분과 의미가 비슷한 것을 고르십시오.
下線を引いた部分と同じような意味を持つものを選びなさい。

14. 살인 누명을 쓰고 10년 동안이나 억울하게 감옥살이를 했던 사람이 국가에 손해배상을 요구했다.

❶ 문의　　❷ 갈구　　❸ 청구　　❹ 신청

15. 이 장학재단은 돌아가신 회장님의 유언에 따라 1995년에 설립됐다.

❶ 세워지다　　❷ 생산되다　　❸ 제시되다　　❹ 건설되다

16. 엄청난 양의 공장 폐수가 정화되지 않은 채 강으로 배출되고 있다.

❶ 흘러가다 ❷ 버려지다 ❸ 유출되다 ❹ 내보내지다

17. 아직 시골에서는 오염되지 않은 신선한 공기를 마실 수 있다.

❶ 정화되다 ❷ 더러워지다 ❸ 물들다 ❹ 규제되다

[18-19] 다음 밑줄 친 부분이 잘못된 것을 고르십시오.
下線を引いた部分が間違っているものを選びなさい。

18.

❶ 사람이 늙어서 죽는 것은 피할 수 없는 운명이다.
❷ 핵무기는 인류의 안전에 큰 위협이 아닐 수 없다.
❸ 십중팔구라는 말은 열에 여덟이나 아홉 정도로 거의 예외가 없음을 뜻한다.
❹ 영국의 한 연구소에서 동물의 복사 실험에 성공해 인간의 질병을 치료할 수 있는 가능성을 열었다.

19.

❶ 그는 바쁘다는 핑계로 방을 엉망으로 해 놓고 다녔다.
❷ 우리 팀은 연패를 기록하여 예선 탈락의 위기에 놓이게 되었다.
❸ 둥지를 벗어난 아기 새는 몇 번의 시도 끝에 하늘로 날아올랐다.
❹ 민수는 그녀에게 강한 열의를 느꼈지만 차마 표현은 못하고 있다.

[20-21] 다음 중 제시된 술어를 공통으로 사용할 수 있는 것을 고르십시오.
次の中から、四角の中にある述語を共通して使えるものを選びなさい。

20.

하다	당하다	받다

❶ 비난 ❷ 시련 ❸ 오염 ❹ 시도

21.

있다	높다	뛰어나다	기르다

❶ 체력 ❷ 재력 ❸ 안목 ❹ 생명력

[22-23] 다음 중 제시된 술어를 사용할 수 없는 것을 고르십시오.

次の述語を使用できないものを選びなさい。

22.

갖추다

❶ 여건 ❷ 자격 ❸ 생계 ❹ 시설

23.

시키다

❶ 오염 ❷ 배출 ❸ 요구 ❹ 보급

[24-26] 다음 밑줄 친 부분과 의미가 반대인 것을 고르십시오.

下線を引いた部分と反対の意味を持つものを選びなさい。

24. 유럽 국가들은 각국의 경제권을 통합하여 강대국의 경제적 위협을 견제하고자 했다.

❶ 흡수 ❷ 분리 ❸ 정리 ❹ 분석

25. 모든 사람이 그를 이구동성으로 칭찬한다.

❶ 배려 ❷ 보상 ❸ 위협 ❹ 비난

26. 요즘 학원에 보내거나 과외를 시키는 부모들이 늘어감에 따라 사교육에 드는 비용도 점점 증가하고 있다.

❶ 공교육 ❷ 수업 ❸ 상담 ❹ 학원

[27-32] 다음 ( )에 공통적으로 들어갈 단어를 쓰십시오.

次の( )に共通して当てはまる単語を書きなさい。

27.

❶ 뜻밖의 일이 한 사람의 ( )을/를 뒤바꿀 수도 있다.

❷ 삼촌은 모든 것이 사람의 노력과 관계없이 ( )에/에게 달려 있다고 생각하는 사람이다.

28.

❶ 아직도 세계 곳곳에는 평화와 ( )을/를 위협하는 요인들이 도사리고 있다.

❷ 이번 국무회의에서는 치솟는 물가를 잡기 위해 물가 ( )을/를 당면 과제로 다루었다.

29.

❶ 신생 독립 국가들은 경제가 발전하지 못해서 ( )에 허덕이고 있다.

❷ 모임이 있을 때마다 화제의 ( )으로/로 대화가 잘 이루어지지 않는다.

❸ 현대인은 옛날 사람들에 비해 물질적으로는 풍요하지만 정신적으로는 무척 ( )하다.

30.

❶ 봉사 활동은 힘이 드는 반면에 ( )을/를 느낄 수 있다.

❷ 누구든지 자기의 삶에서 뜻과 ( )을/를 찾을 수 있어야 한다.

❸ 두 시간이나 기다린 ( )도 없이 사장과는 면접도 못하고 사무실에서 쫓겨나고 말았다.

31.

❶ 요즘 운동선수들의 약물 복용 (   )이/가 늘고 있다.
❷ 이런 (   )은/는 없었기 때문에 어떻게 처리해야 할지 모르겠다.
❸ 여행객들이 귀금속을 몰래 국내에 반입하는 (   )이/가 해마다 늘고 있다.
❹ 업체들이 경비 절감을 이유로 폐수와 매연을 불법 배출하는 (   )이/가 적지 않다.

32.

❶ 플라스틱 제품은 (   )이/가 반영구적이다.
❷ 의학 기술의 발달로 인간의 평균 (   )이/가 늘어났다.
❸ 모든 기계는 험하게 사용할수록 (   )이/가 짧아지는 법이다.
❹ 이 세탁기 개발자의 말에 따르면 새로 나온 이 세탁기는 기존의 제품보다 (   )이/가 5년 쯤 더 길 거라고 한다.

명사 Ⅲ

06

名詞 Ⅲ

06 명사 Ⅲ

001
재테크 [재테크] 財テク

'財務テクノロジー'を略した言葉で、企業または個人が金融収益を得るための財務活動のことを指す。

【活用表現】 재테크를 하다 財テクをする

재테크에 능하다 財テクに通じる

【例文】 재테크의 3대 원칙은 안정성, 수익성, 유동성이다.

財テクの３大原則は安全性、収益性、流動性です。

이번 세미나는 부동산 등 재테크시장의 전망을 알아보고 올바른 투자전략을 어떻게 세울지 모색해 보는 기회가 될 것이다.

今回のセミナーは不動産など財テク市場の展望について知り、正しい投資戦略をどうやってたてるか、模索してみる機会になるだろう。

002
재활용 [재화룡] リサイクル

廃品などを用途を変えたり、加工して、また使用すること。

【活用構文】 名을/를 名으로/로 재활용하다

名이/가 名으로/로 재활용되다

【活用表現】 재활용품 リサイクル品

【例文】 폐휴지를 재활용해서 공책과 신문 등을 만들기도 한다.

廃紙を再利用して、ノートや新聞などを作ったりもする。

플라스틱 통과 우유 곽을 재활용해서 장난감을 만들었다.

ペットボトルと牛乳パックをリサイクルしておもちゃを作った。

003
쟁점 [쟁쩜] 争点

論争の中心となる事項や分野。

【活用表現】 주요쟁점 重要争点

최대의 쟁점 最大の争点

정치적 쟁점 政治的争点

쟁점으로 떠오르다 争点として浮かび上がる

쟁점으로 부각되다 争点として浮き彫りになる

【例文】 이 문제는 사회과학 전반에서 하나의 쟁점으로서 계속 논쟁의 대상이 되어 왔다.

この問題は社会科学全般でひとつの争点として、ずっと論争の対象になってきた。

노사 양측은 지금까지 쟁점이 되었던 문제들을 건설적으로 해결해 나가기로 했다.
労使ともに、今まで争点となってきた問題を建設的に解決して行くことになった。

004
적성 [적썽] 適性

あることに相応しい性質や適応能力。またはそのような資質や性格。

[活用表現] 적성검사 適性検査
적성에 맞다 適性に合う
적성을 살리다 適性を生かす

[例文] 자동차 운전이 그의 적성에 딱 맞는 일이었다.
自動車の運転が彼の適性にピッタリ合う仕事だった。

대학에 진학할 때는 자신의 적성에 맞는 전공과를 선택해야 한다.
大学に進学する時は、自分の適性に合った専攻を選ばなければならない。

005
전략 [절략] 1. 戦略 2. 戦略

1. 戦争の目的を果たすための手段や方策。

[活用表現] 전략적 후퇴 戦略的後退
전략적 요충지 戦略的な要地
전략적 가치 戦略的な価値
전략을 짜다 戦略をたてる
전략을 꾸미다 戦略を謀る

[例文] 전쟁에서 이기고 지는 것은 전략을 얼마나 잘 세우냐에 달려 있다.
戦争の勝敗は戦略をどれだけうまくたてるかどうかにかかっている。

2. あることに対する目的の達成のための手段と方策。

[活用表現] 판매 전략 販売戦略
전략 상품 戦略商品
전략을 펴다 戦略を展開する
전략을 세우다 戦略をたてる

[例文] 우리 회사는 제품을 연령층에 따라 다원화하는 판매 전략을 새로 세웠다.
我が社は製品を年齢層によって多元化する販売戦略を新しく打ち出した。

006
전망 [전망] 1. 展望 2. 予測(見通し)

1. 遠くに見える風景。

[活用表現] 전망대 展望台
전망이 좋다 眺めが良い

전망이 좋지 않다 眺めが良くない

[例文] 그 아파트는 큰 건물이 앞을 가리고 있어 전망이 좋지 않다.
そのアパートは大きな建物が前を塞いでいて、眺めが良くない。

2.あらかじめ予想する将来。

[活用構文] 名이/가 名으로/로 전망되다
名이/가 名을/를 전망하다

[活用表現] 전망이 밝다 展望が明るい
전망이 어둡다 展望が暗い
전망을 살피다 展望を探る

[例文] 한국의 국제 수지 전망은 무조건 낙관할 수만은 없다.
韓国の国際収支の展望は、無条件に楽観することはできない。

007
제약 [제약] 制約

条件をつけて内容を制限すること。

[活用表現] 제약이 있다 制約がある
제약이 많다 制約が多い
제약을 하다 制約する
제약을 받다 制約を受ける
제약을 가하다 制約を加える

[例文] 각국의 보호무역으로 수출에 제약이 많다.
各国の保護貿易による輸出の制約が多い。

단체 생활에는 여러 가지 제약이 있기 마련이다.
団体生活にはいろいろな制約があるものだ。

008
좌절 [좌절] 挫折

意思ややる気などが折れてしまうこと。またはある計画や物事が成し遂げられず、むなしく終わること。

[活用構文] 名이/가 좌절당하다
名이/가 名을/를 좌절시키다

[活用表現] 좌절감 挫折感
좌절하다 挫折する
좌절을 겪다 挫折を経験する

[例文] 좌절을 이겨나가는 사람이 인생의 승리자라는 것을 명심해야 한다.
挫折に打ち勝っていく人が人生の勝者だということを、心に刻まなければならない。

아버지께서는 경기 침체로 인한 사업의 좌절로 큰 충격을 받으셨다.
父は景気沈滞による事業の挫折に、大きな衝撃を受けた。

009
중독

[중독] 1. 中毒　2. 中毒

1. 薬品や毒物などの有毒成分のせいで､命が危険にさらされたり､身体に異常をきたすこと。

[活用構文] 名에 중독되다
名이/가 중독을 일으키다

[例文] 구내식당에서 돼지고기를 먹은 사람들이 집단 중독 상태에 빠졌다.
構内食堂で豚肉を食べた人達が集団食中毒状態に陥った。

2. お酒や麻薬などを継続して服用し､これなしには生活や活動ができなくなる病的な状態。

[活用構文] 名에 중독되다

[活用表現] 중독자 中毒者
마약 중독 麻薬中毒
카페인 중독 カフェイン中毒
알코올 중독 アルコール中毒

[例文] 그는 날마다 술을 마시더니 알코올 중독이 되고 말았다.
彼は毎日お酒を飲んでいたかと思うと､アルコール中毒になってしまった。

010
지름길

[지름낄] 1. 近道　2. 近道

1. 遠回りせず､目的地まで最短距離で行ける道。

[活用表現] 지름길로 가다 近道を行く
지름길을 이용하여 가다 近道を利用して行く

[例文] 우리는 가까운 지름길을 놔두고 다른 길로 돌아갔다.
私たちは近道を行かずに､他の道で帰った。

2. 早く簡単に成し遂げられる方法。

[活用表現] 출세의 지름길 出世の近道
성공의 지름길 成功への近道

[類義語] 첩경 近道､早道

[例文] 실업 사태를 해결할 수 있는 지름길은 중소기업을 육성하는 것이다.
失業事態を解決できる近道は中小企業を育成することだ。

011
지원[1]

[지원] 支援

精神的に､物質的に､または行動で助けてあげること。

[活用構文] 名이/가 지원되다
名을/를 지원하다

[活用表現] 지원금 支援金

지원이 끊기다 支援が途絶える

지원을 아끼지 않다 支援を惜しまない

[例文] 실업자에 대한 제도적 지원이 필요하다.
失業者に対する制度的支援が必要だ。

정부는 건실한 중소기업에 운영 자금을 지원하기로 하였다.
政府は堅実な中小企業に運営資金を支援することにした。

012
지원² [지원] 志願

あることや組織に加わることを望むこと。

[活用構文] 名이/가 名에 지원하다

[活用表現] 지원병 志願兵

지원서 志願書

지원자 志願者

[例文] 회사 지원 자격을 고졸 이상으로 한정하였다.
会社への志願資格を高卒以上に限定した。

내 친구는 교사의 길을 걷겠다며 교대에 지원했다.
私の友達は教師の道を行くといって、教育大学に志願した。

013
지지 [지지] 1. 支持 2. 支持

1. (他人の考えを)正しいと捉えて見方につくこと。

[活用構文] 名을/를 지지하다

[活用表現] 지지자 支持者

지지를 받다 支持を受ける

지지를 얻다 支持を得る

[例文] 조합원들은 조합장의 연설을 듣고 열광적인 박수로써 그에 대한 지지를 나타냈다.
組合員たちは組合長の演説を聞いて熱狂的な拍手でもって、彼に対する指示を示した。

2. 大きなものを支えること。

[活用構文] 名이/가 지지되다

名을/를 지지하다

[例文] 지진 때문에 그 건물을 지지하던 기둥들이 넘어지게 되어 건물이 모두 무너졌다.
地震によって、その建物を支えていた柱が倒れて、建物がすべて崩れた。

014
짐작

[짐작] 推測、見当

事情や状況などを見当つけて推し量る。

[活用表現] 짐작하다 推測する

짐작이 가다 見当がつく

짐작이 들다 推測できる

[関連語] 추측 推測

추정 推定

[例文] 그가 나를 속이고 도망갈 줄은 짐작조차 못했다.
彼が私をだまして逃げるとは、思いもよらなかった。

경찰은 그를 이번 사건의 범인으로 짐작하고 있는 듯했다.
警察は彼を今回の事件の犯人だとみなしているようだった。

015
찌꺼기

[찌꺼기] 1. かす、屑 2. かす、屑

1. 液体がすべてなくなった後、底に残るもの。

[例文] 한약을 짜고 난 찌꺼기를 거름으로 쓰면 식물이 잘 자란다.
韓方薬をしぼった残りかすを、肥料として使うと、植物がよく育つ。

2. 使えるものや、価値があるものを選んだ後の残りもの。

[活用表現] 음식물 찌꺼기 食べ残し

기름 찌꺼기 油かす

[例文] 날씨가 더워지자 음식 찌꺼기가 썩으면서 악취를 뿜어내기 시작하였다.
気温が暑くなるや、残飯が腐って悪臭を放ち始めた。

016
차원

[차원] 次元

あることをしたり考える時の基礎となる立場、またはその程度や水準。

[活用表現] 개인적 차원 個人的次元

사회적 차원 社会的次元

국가적 차원 国家的次元

차원이 높다 次元が高い

차원이 다르다 次元が違う

[例文] 환경오염을 줄이기 위해서는 개개인의 노력도 필요하지만 국가 차원의 정책도 마련되어야 한다.
環境汚染を減らすためには、個々人の努力も必要だが、国家的次元の政策も用意されなければならない。

생활고를 비관하여 자살하는 사람들의 문제를 개인적 차원의 문제로만 볼 게 아니라 사회 구조적 차원에서의 접근도 필요하다.
生活苦を悲観して自殺する人達の問題を個人的次元の問題としてだけ見るのではなく、社会構造次元からのアプローチも必要だ。

017
체험

[체험] 体験

自分が体で経験すること。またはそのような経験。

[活用表現] 체험 수기 体験手記
체험을 하다 体験をする
체험을 쌓다 体験を積む
체험을 살리다 体験を活かす

[例文] 이 책은 저자 자신의 체험을 그대로 쓴 것이다.
この本は著者自身の体験をそのまま書いたものだ。

전쟁을 체험한 세대는 전쟁이 얼마나 무서운지 잘 안다.
戦争を経験した世代は、戦争がどれほど恐ろしいもか、よく知っている。

018
추세

[추세] 成り行き、傾向、趨勢、動向

ある現状が一定の方向に向かっている傾向。

[活用構文] 名 추세를 보이다

[活用表現] 증가 추세 増加の趨勢
세계적 추세 世界的趨勢
일반적 추세 一般的趨勢
추세를 따르다 趨勢に従う

[例文] 결혼을 늦게 하는 것이 요즘의 추세이다.
結婚を遅くするのが、最近の趨勢だ。

올 들어 수출은 계속 증가 추세를 보이고 있다.
今年に入って、輸出はずっと増加の趨勢をみせている。

019
측면

[측면] 側面

横の面。物事や現状のひとつの部分、またはひとつの面。

[活用表現] 긍정적 측면 肯定的な側面
교육적 측면 教育的側面
실용적 측면 実用的な側面
장기적인 측면 長期的な側面
측면을 공격하다 側面を攻撃する

[例文] 이번 골은 측면 돌파에 의한 멋진 골이었습니다.
今回のゴールはサイド突破による､かっこいいゴールだった。

너무 한 쪽 측면만 보지 마시고 전체를 봐 주시기 바랍니다.
あまりにもひとつ側面だけをご覧にならないで､全体を見てくださるようお願いします。

020
칼럼 [칼럼] コラム

新聞､雑誌などでいろいろな分野の専門家が､時事的なことや社会風俗に対する考えを書いた文章。

[活用表現] 시사 칼럼 時事コラム
칼럼니스트 コラムニスト
칼럼을 쓰다 コラムを書く
칼럼을 기고하다 コラムを寄稿する

[例文] 나는 신문의 시사 칼럼을 즐겨 읽는다.
私は新聞の時事コラムを楽しんで読んでいる。

그 칼럼은 어느 기사보다도 주목도가 높고 영향력이 큰 칼럼이다.
そのコラムはどんな記事よりも注目度が高く､影響力の大きいコラムだ。

021
캠페인 [캠페인] キャンペーン

大衆を相手にして､組織的で持続的に繰り広げられる運動。

[活用表現] 자연보호 캠페인 自然保護キャンペーン
캠페인을 벌이다 キャンペーンを繰り広げる
캠페인을 전개하다 キャンペーンを展開する

[例文] 청소년 보호 단체가 폭력 추방 캠페인을 벌이고 있다.
青少年保護団体が暴力追放キャンペーンを繰り広げている。

여러 단체가 음주 운전 퇴치 캠페인을 펼친 후 음주 운전 사망자가 상당히 줄어들었다.
いろいろな団体が飲酒運転撲滅キャンペーンを繰り広げた後､飲酒運転での死亡者がかなり減った。

022
클럽 [클럽] 1. クラブ　2. クラブ

1. 趣味や親睦を深めるために組織された団体。

[活用表現] 사교 클럽 社交クラブ
봉사 클럽 ボランティアクラブ
독신자 클럽 独身者のクラブ
클럽을 만들다 クラブを作る
클럽 활동에 참가하다 クラブ活動に参加する

【例文】 이번 클럽 대항 축구 대회에는 50개 클럽이 참가했다.
今回のクラブ対抗サッカー大会には50チームが参加した。

2. 趣味や親睦を深めるために集まる団体のための場所。

【活用表現】 헬스클럽 フィットネスクラブ、ジム
나이트클럽 ナイトクラブ
클럽에 모이다 クラブに集まる

【例文】 나는 요즘 살도 뺄 겸 체력도 기를 겸 집 근처의 헬스클럽에 열심히 운동하러 다닌다.
私は最近、ダイエットしつつ体力もつけようと、家の近所のジムに一生懸命運動しに通っている。

023
탓

[탇] 1. せい　2. せい

1. 主に否定的な現状が起きた理由や原因。

【例文】 남편은 회사일로 며칠 무리를 한 탓에 과로로 눕고 말았다.
夫は会社の仕事で何日か無理をしたせいで、過労で寝込んでしまった。

2. 口実や言い訳にして、恨んだり責めたりすること。

【活用構文】 名탓이다
名을/를 탓하다
名탓으로 돌리다

【例文】 어머니는 형과 내가 싸우면 항상 내 탓으로 돌리신다.
母は兄と私がけんかすると、いつも私のせいにする。

024
투기

[투기] 投機

大きな利益を得ようと、リスクを取ってお金を一度に投資すること。

【活用表現】 투기꾼 投機屋
투기과열지구 投機加熱地区
투기를 하다 投機をする

【例文】 아파트 재개발은 부동산 투기를 조장하는 부작용을 낳았다.
アパートの再開発は不動産投機を助長する副作用を生んだ。

투기가 투자와 다른 점은 기회를 틈타 부당한 방법으로 큰 이익을 보려고 한다는 점이다.
投機が投資と違う点は、機に乗じて、不当な方法で大きな利益を得ようとする点だ。

025
투자

[투자] 1. 投資　2. 投資

1. 利益を得る目的である事業にあらかじめお金をかけること。

【活用構文】 名에 名을/를 투자하다

[活用表現] 투자자 投資者
투자비 投資費用
주식 투자 株式投資

[例文] 지금 여러 나라에서 우주 연구에 막대한 연구비를 투자하고 있다.
今いろいろな国で、宇宙の研究に膨大な研究費を投資している。

2. 利益が生じる見込みのあることに時間や努力やお金をかけること。

[活用構文] 名에 名을/를 투자하다

[例文] 최근에는 자녀들의 교육에 엄청난 투자를 하는 사람이 많아졌다.
最近、子女教育にとほうもない投資をする人が増えた。

026
틀

[틀] 1. 型 2. 型 3. 型

1. 物をつくる時、形をつくるもの。

[活用表現] 틀로 찍다 型で抜く
틀에 넣다 型に入れる

[例文] 어머니는 밀가루 반죽을 틀에 넣어 과자를 구워내셨다.
母は小麦粉の生地を型に入れて、お菓子を焼いた。

2. あるものを縁取ったり、構造となるもの。

[活用表現] 창틀 窓枠
사진틀 写真を入れる額、写真立て
틀을 짜다 型を組む

[例文] 뒷문 윗벽에 걸린 두 개의 사진틀이 장식물의 전부였다.
後ろのドアの上壁にかかっている2つの額縁だけが装飾品だった。

3. (社会の)一定の格式や形式、限定された構造。

[活用表現] 틀이 잡히다 様になってきた
틀을 잡다 型にはめる
틀에 맞추다 型に合わせる
틀에 갇히다 型に入れられる
틀에 박히다 型にはまる

[例文] 친구와 둘이서 시작한 회사가 이제는 제법 틀이 잡혔다.
友達と2人で始めた会社が、今ではけっこう堂に入っている。

027
틈

[틈] 1. 隙間 2. 暇 3. ひび 4. 隙 5. 仲

1. 広がることによって出来た空間。

[活用表現] 틈이 생기다 隙間ができる

[例文] 창문 틈으로 햇빛이 들어오고 있다.
窓の隙間から日差しが入ってきている。

2.時間的な余裕。

[活用表現] 틈이 있다 暇がある

틈이 없다 暇がない

틈이 나다 暇ができる

틈을 내다 暇を見つける、暇をつくる

[例文] 그는 틈만 나면 손톱을 깨무는 버릇이 있다.
彼は暇さえあれば、爪を噛む癖がある。

3. (人間関係において)関係が悪くなること。

[活用表現] 틈이 생기다 ひびが入る

틈이 벌어지다 ひびが入る

[例文] 여태껏 가깝게 지내던 두 사람 사이에 틈이 벌어지기 시작했다.
今まで親しく付き合っていた2人の間に、ひびが入り始めた。

4. ある行動をするに値するチャンス。

[活用表現] 틈을 타다 隙をつく、機に乗じる、機械を利用する、つけ込む

틈을 노리다 隙を狙う

틈을 엿보다 隙をうかがう

[例文] 한 죄수가 감시가 소홀한 틈을 타 도망쳤다.
ひとりの囚人が、監視がゆるくなった隙をついて逃げた。

5. 集まっている人の中。

[活用表現] 틈에 끼다 中に混じる

[例文] 어른들도 아이들 틈에 끼어 인형극을 구경했다.
大人達も子供たちの中に混じって、人形劇を観た。

028
티[1] [티] 1. ちり 2. きず

1. ほこりの様に、とても小さいかす。

[例文] 아이가 눈에 티가 들어갔는지 눈을 계속 깜빡거리고 있었다.
子供が目に埃が入ったのか、目をずっとパチパチさせている。

[関連語] 티끌 ほこり

2. 小さなきずや、欠点。

[活用表現] 옥에 티 : 나무랄 데 없이 훌륭하거나 좋은 것에 있는 사소한 흠을 이르는 말.
玉にきず : 文句のつけようがなく立派だったり良かったりするものにある、小さな欠点をさす言葉。

[例文] 요즈음에는 기술이 날로 발전해서 얼굴의 티나 흠집 같은 것은 물론 얼굴의 윤곽까지도 마음대로 고칠 수가 있다.
最近は技術が日増しに發展し、顔のきずや欠点はもちろん、顔の輪郭までも思い通りに直すことができる。

029
티² [티] ふり、素振り

ある態度や気配。

[活用表現] 촌티 田舎くささ、田舎っぽさ

어른 티 大人っぽさ

티가 나다 気配がする

티를 내다 ふりをする

티를 벗다 ~ぽさがめける

[例文] 영수는 몸이 아파도 좀처럼 티를 내지 않는다.
ヨンスは体の調子が悪くても、めったにそんな素振りを見せない。

그 소년은 키는 어른만 하지만 목소리는 아직 어린 티를 벗지 못하고 있다.
その少年は背丈は大人ぐらいあるのに、声はまだ子供っぽさが抜けない。

030
파견 [파견] 派遣

一定の任務を与えて、人を送ること。

[活用構文] 名이/가 名으로/로 파견되다

名을/를 名으로/로 파견하다

[活用表現] 파견대 派遣隊

파견 근무 派遣勤務

[例文] 그 사람들은 우리 회사에서 파견한 해외 근로자들이다.
その人達は、我が社から派遣した海外勤労者たちだ。

이 문제의 협상을 위해 그 나라로 사절단을 파견하는 것은 현 단계에서는 시기상조이다.
この問題の協議のために、その国へ使節団を派遣することは現段階では時期尚早だ。

031
파괴 [파괴] 1. 破壊　2. 破壊

1. あるものを叩いて壊したり、砕いたりして捨てる。

[活用構文] 名이/가 파괴되다

名을/을 파괴하다

名을/를 파괴시키다

[活用表現] 파괴력 破壊力

[反意語] 건설 建設

[例文] 온 나라가 지진으로 파괴된 도시를 복구하는 데 총력을 기울였다.
国中が、地震で破壊された都市の復旧に、全力を傾けた。

2. 組織、秩序、関係などを瓦解させたり、崩すこと。

【活用構文】 名이/가 파괴되다
名을/를 파괴하다
名을/를 파괴시키다

【活用表現】 파괴력 破壊力
파괴자 破壊者

【例文】 전쟁은 인간의 감정을 황폐화시켜서 인간성을 파괴해 버린다.
戦争は人間の感情を荒廃化させ、人間性を破壊してしまう。

032
편견 [편견] 偏見

一方に傾いて、客観的ではなく、公平でない考え。

【活用表現】 편견이 심하다 偏見がひどい
편견을 가지다 偏見を持つ
편견을 버리다 偏見を捨てる
편견에 사로잡히다 偏見にとらわれる
편견에서 벗어나다 偏見から抜け出す

【例文】 그 영화는 흑인들을 아주 야만적으로 묘사해 인종적 편견을 드러내었다.
その映画は黒人達をとても野蛮に描写し、人種的偏見を露にした。

지역감정이란 일정한 지역에 살고 있거나 그 지역 출신의 사람들에게 가지는 좋지 않은 생각이나 편견을 말한다.
地域感情とは、一定の地域に住んでいたり、その地域出身の人達に対して持っている、良くない考えや偏見のことをいう。

033
폐쇄 [폐쇄] 1. 閉鎖 2. 閉鎖

1. 開かれていたものを閉めたり、通じていたものを塞いでしまうこと。

【活用構文】 名이/가 폐쇄되다
名을/를 폐쇄하다
名을/를 폐쇄시키다

【反意語】 개방 開放

【例文】 회사 측의 작업장 폐쇄로 노조원들은 집회를 가질 수가 없었다.
会社側の会社作業場の閉鎖により、労働組合員たちは集会を持つことができなかった。

2. 外部との交流を閉ざすこと。

【活用構文】 名이/가 폐쇄되다
名을/를 폐쇄하다
名을/를 폐쇄시키다

【活用表現】 폐쇄성 閉鎖性

폐쇄적이다 閉鎖的だ

【反意語】 개방 開放

【例文】 그 나라는 패쇄성이 강해서 그 나라 국민들의 대부분은 국제 정세에 대해 어두웠다.

その国は閉鎖性が強く、その国の国民達の大部分は国際情勢について疎かった。

034
피해

[피해] 被害

生命や身体、財産、名誉などに損害を受けること。

【活用表現】 피해자 被害者

피해액 被害額

피해를 입다 被害をこうむる

피해를 보다 被害にあう

피해를 주다 被害を与える

【反意語】 가해 加害

【関連語】 손해 損害

【例文】 이번 비행기 추락으로 많은 인명 피해가 발생했다.

今回の飛行機の墜落により、多くの人命に被害が発生した。

경찰은 화재 원인을 방화로 보고 재산 피해액을 약 수천만 원으로 추산했다.

警察は火災原因を放火と見ており、財産被害額は約数千万ウォンだと見積もった。

035
핑계

[핑계] 言い訳

気が向かない事態を避けたり、事実を隠そうとして、かわりに他のことを持ち出したり、失敗に対してあれこれ遠まわしに言う粗末な弁明。

【活用表現】 핑계삼다 かこつける

핑계를 대다 言い訳する

【関連語】 구실 口実

변명 弁明

【例文】 그는 바쁘다는 핑계로 모임에 참석하지 않았다.

彼は忙しいことを言い訳に、集まりに参加しなかった。

발표자는 곤란한 질문을 받으면 적당한 핑계를 대고 대답을 하지 않았다.

発表者は難しい質問を受けると、適当にごまかして、質問に答えなかった。

036
허용

[허용] 1. 許容　2. 許容

1. あることを許して受け入れること。

[活用構文] 名이/가 허용되다

名을/를 허용하다

[反意語] 금지 禁止

[関連語] 허락 承諾

[例文] 이 거리는 차량 통행은 안 되고 보행만이 허용되는 번화가이다.

この通りは車両の通行はできず、歩行だけが許容されている繁華街だ。

2. <運動・娯楽>主に競技で、防がなければならないことを、防げずにやられてしまうこと。またはそのようなこと。

[活用構文] 名이/가 허용되다

名을/를 허용하다

[例文] 축구 결승전에서 우리 팀은 아깝게도 경기 종료 3분 전에 동점 골을 허용하고 말았다.

サッカー決勝戦で、我がチームは惜しくも競技終了３分前に同点ゴールを許してしまった。

037
현상[1]

[현상] 現象

人間が視覚することができる、物事の姿や状態。

[活用表現] 노화 현상 老化現象

황사 현상 黄砂現象

생리적인 현상 生理的な現象

현상이 나타나다 現象が現れる

현상이 일어나다 現象が起こる

[例文] 농촌 사회에서는 고령화 현상이 더욱 두드러지고 있다.

農村社会では、高齢化現象が顕著に現れている。

이 지점은 두 개 차선으로 줄어드는 곳으로 병목 현상이 심하다.

この地点は車線が２つに減る所なので、道路の幅が狭くなり急に道が込む。

038
현상[2]

[현상] 現状

現在の状態。今の成り行き。

[活用表現] 현상을 극복하다 現状を克服する

현상을 유지하다 現状を維持する

현상을 파악하다 現状を把握する

[例文] 지금 같은 불경기에는 현상을 유지하는 것만도 힘이 든다.

今のような不景気には、現状を維持するだけでも大変だ。

관객이 많아야 백 명 정도였으니 악극단의 현상 유지는커녕 단원들의 끼니마저 걱정할 형편이었다.
観客が多い時ですら100人くらいだったので、オーケストラの現状維持どころか団員たちの生活すら心配な状態だった。

039
협력 [혐녁] 協力
力を合わせてお互いを助けること。

[活用表現] 협력자 協力者
협력 관계 協力関係
협력하다 協力する
협력을 구하다 協力を求める
협력을 요청하다 協力を要請する

[関連語] 협동 協同

[例文] 두 정상은 양국 간 경제 교류 협력 방안을 모색했다.
両首脳は両国間の経済交流の協力方案を模索した。

직원들이 모두 협력해서 열심히 일해야 회사가 발전할 수 있다.
社員たちがすべて協力して、一生懸命働いてこそ、会社が発展することができる。

040
혜택 [혜택] 恵み、サービス、恩恵
社会の制度や事業が、人々に与える利益や助け。

[活用表現] 할인 혜택 割引サービス、ディスカウントサービス
문명의 혜택 文明の恵み
혜택을 받다 サービスを受ける
혜택을 주다 サービスする
혜택을 누리다 恵みを享受する

[例文] 우리는 과학의 발달로 인해 많은 문명의 혜택을 누리고 있다.
私達は科学の発達によって、多くの文明の恩恵を享受している。

훈민정음의 창제로 양반층이 독점해 온 문자의 혜택을 일반 백성들도 누리게 되었다.
訓民正音の創製によって、両班(昔の韓国での上流階級)層が独占してきた文字の恩恵を一般民衆たちも享受するようになった。

041
화해 [화해] 和解
お互い争っていた人達が、お互いを理解し、また仲良くなること。

[活用構文] 名과/와 화해하다

[活用表現] 화해를 청하다 和解を請う

화해를 시키다 和解させる

[例文] 우리는 화해한 후 반에서 둘도 없는 단짝이 되었다.
私達は仲直りした後、クラスで1番の仲良しになった。

1991년 소련이 붕괴되면서 냉전이 종식되자 세계는 비로소 냉전 시대에서 화해의 시대로 전환됐다.
1991年、ソ連が崩壊し冷戦が終息するなり、世界はようやく冷戦の時代から和解の時代に転換した。

042
활기 [활기] 活気

元気にあふれていること。またはそのような力。

[活用構文] 名에 활기를 불어넣다

[活用表現] 활기차다 活気に満ちる

활기가 넘치다 活気が溢れる

활기를 띠다 活気をおびる

활기를 되찾다 活気を取り戻す

[例文] 경기가 회복되어 수출이 활기를 띠고 있다.
景気が回復して、輸出が活気をおびていた。

봄이 되면 자연은 활기차고 생명감이 넘쳐흐르게 된다.
春になると、自然は活気に満ちて生命感に満ち溢れるようになる。

043
회의 [회의/회이] 懐疑

疑いを抱くこと。または心の中にかかえている疑い。

[活用表現] 회의론자 懐疑論者

회의적이다 懐疑的だ

회의가 들다 疑問がわく

회의를 품다 疑問を抱く

회의를 느끼다 疑問を感じる

[例文] 과연 내가 그 일을 해 낼 수 있을까하는 회의가 든다.
果たして私がその仕事を成し遂げられるのかが疑問だ。

나의 계획에 대해 회의를 품은 친구들이 많았으나, 난 결국 성공했다.
私の計画に対して疑いを抱く友達が多かったが私は、結局成功した。

044
훼손 [훼손] 1. 毀損 2. 破壊

1. 体面、名誉、価値などを損傷すること。

[活用構文] 名이/가 훼손되다

名을/을 훼손하다

名을/를 훼손시키다

[活用表現] 명예훼손 名誉毀損

[例文] 전 사원이 훼손된 회사 이미지를 바꾸기 위해 총력을 기울였다.
全社員が傷つけられた会社のイメージを変えるために、全力を傾けた。

2. 力まかせに扱って、使えなくしてしまうこと。

[活用構文] 名이/가 훼손되다
名을/을 훼손하다
名을/를 훼손시키다

[例文] 인류의 무분별한 개발로 원시림이 마구 훼손되어 가고 있다.
人類の無差別な開発によって、原始林がむやみやたらと破壊されつつある。

045
흉내

[흉내] 真似

他人の言葉や行動を、そのまま真似すること。

[活用構文] 名이/가 名을/를 흉내 내다

[例文] 그는 흉내를 잘 낸다고 해서 원숭이라는 별명을 얻었다.
彼は物まねがうまいので、猿というあだ名をもらった。

그 코미디언은 넉살스럽게 바보 흉내를 내서 사람들을 웃긴다.
そのコメディアンは堂々とバカの真似をして、人々を笑わせる。

046
흔적

[흔적] 痕跡、跡形

ある現象や実体がなくなったり、過ぎ去った後に残る跡。

[活用表現] 흔적이 남다 痕跡が残る
흔적을 남기다 痕跡を残す
흔적을 없애다 痕跡をなくす
흔적을 지우다 痕跡を消す
흔적도 없이 사라지다 跡形もなく消える

[類義語] 자국 跡
자취 跡形

[例文] 그녀의 얼굴에는 눈물을 흘린 흔적이 남아 있었다.
彼女の顔には涙を流した跡が残っていた。

어젯밤 내린 눈이 아침 햇볕에 녹기 시작하여 흔적조차 없어지고 말았다.
昨晩降った雪が朝の日差しによって解けはじめ、跡形もなくなってしまった。

047
희생

[희생] 犠牲

他人やあることのために、自分の体や財産、利益などの貴重なものを捧げる。

[活用構文]

名이/가 희생되다

名을/를 희생하다

[活用表現]

희생자 犠牲者

희생정신 犠牲精神

희생당하다 犠牲にされる

[例文]

이번 폭탄 테러로 인한 희생자 수가 백 명을 넘었다고 한다.
今回の爆弾テロによる犠牲者数は、百名を超えたそうだ。

대통령은 평화를 위해서는 어떤 희생도 감수하겠다는 의지를 보였다.
大統領は平和のためには、どのような犠牲も甘んじて受け入れるという意思を見せた。

06 연습문제

[1-13] 다음 (   )에 알맞은 것을 고르십시오.

次の( )に当てはまるものを選びなさい。

1. 내 동생이 늘 어린아이 같았는데 사춘기가 지나더니 이제 제법 어른 (   )이/가 난다.

❶ 티 ❷ 분위기 ❸ 향기 ❹ 흉내

2. 정부는 소규모로 농사를 짓는 농민들에게 세금 감면의 (   )을/를 주고 있다.

❶ 은혜 ❷ 혜택 ❸ 자유 ❹ 변화

3. 외국 기업과의 기술 제휴가 일반적이지만 국내 기업들 사이의 기술 제휴도 증가하는 (   )을/를 보이고 있다.

❶ 현실 ❷ 전망 ❸ 전략 ❹ 추세

4. 어젯밤에 과로를 한 (   )인지 몸이 무겁고 머리까지 아파온다.

❶ 덕분 ❷ 탓 ❸ 이유 ❹ 핑계

5. 당국의 지나친 통제로 취재진의 접근이 (   )되지 않았다.

❶ 인정 ❷ 수용 ❸ 허용 ❹ 통과

6. 국가나 집단을 위하여 개인을 (   )하기란 쉬운 일이 아니다.

❶ 제약 ❷ 희생 ❸ 훼손 ❹ 지지

7. 우리 회사에서는 우수한 신입 사원들을 해외 지사로 (   )하여 국제적인 감각을 익히게 하고 있다.

❶ 선발 ❷ 파견 ❸ 전파 ❹ 배송

8. 많은 청소년들이 인터넷 게임에 (   )되어 있다고 한다.

❶ 집중 ❷ 구속 ❸ 중독 ❹ 감염

9. 무분별한 개발로 인한 생태계의 (　　　)으로/로 인류의 생존이 위협을 받고 있다.

❶ 파괴　❷ 제거　❸ 파멸　❹ 피해

10. 대통령의 이번 유럽 순방은 경제적 (　　　)에 큰 비중을 두고 있다.

❶ 측면　❷ 방법　❸ 수단　❹ 현상

11. 자유로운 공장 설립을 (　　　)하는 각종 규제가 철폐되었다.

❶ 촉진　❷ 제약　❸ 후원　❹ 공격

12. 대학의 기부금 입학 문제가 요즘 우리 사회의 주요 (　　　)으로/로 논란의 대상이 되고 있다.

❶ 주제　❷ 전략　❸ 쟁점　❹ 투쟁

13. 작가는 이 소설을 통해 동성애에 대한 (　　　)을/를 바꿔 보고자 했다.

❶ 제약　❷ 의견　❸ 편견　❹ 가치관

[14-15] 다음 (　　　)에 들어갈 단어를 순서대로 알맞게 짝지은 것을 고르십시오.

次の(　　)に当てはまる単語が順序通りに書かれているものを選びなさい。

14. 신도시 (　　　)에 필요한 강모래의 수요가 폭발적으로 증가해 지나친 모래 채취로 인한 환경 (　　　)이/가 우려되고 있다.

❶ 개발--보호　❷ 건설--파괴　❸ 공사--오염　❹ 공급--붕괴

15. 환경 보호를 위해 (　　　)되었던 등산로가 다음달부터 (　　　)된다고 한다.

❶ 폐쇄--개방　❷ 폐쇄--통제　❸ 보존--개방　❹ 복구--공개

[16-18] 다음 (　　　)에 들어갈 말로 알맞지 않은 것을 고르십시오.

次の(　)に当てはまるものとして相応しくないものを選びなさい。

16. 생산성을 높이고 불량률을 낮추는 것이야말로 이윤을 극대화시키는 (　　　)이다.

❶ 첩경　❷ 규칙　❸ 지름길　❹ 가장 쉽고 빠른 방법

17. 말투로 보아 군인으로 (　　　)되는 중년의 남자가 전화를 받고 있었다.

❶ 예상　❷ 추측　❸ 추정　❹ 짐작

18. 우리는 수많은 실패에도 (　　　)하지 않고 다시 일어섰기 때문에 성공의 기쁨을 맛보게 되었다.

❶ 낙심　❷ 좌절　❸ 포기　❹ 기절

[19-23] 다음 밑줄 친 부분과 의미가 비슷한 것을 고르십시오.

下線を引いた部分と同じような意味を持つものを選びなさい。

19. 배낭여행의 좋은 점은 그 나라 사람들의 생생한 생활상을 여행자 자신이 직접 경험할 수 있다는 것이다.

❶ 보험　❷ 실험　❸ 체험　❹ 관람

20. 두 회사는 제품 개발에 긴밀하게 힘을 합하여 서로 돕기로 합의했다.

❶ 협력하다　❷ 협찬하다　❸ 협상하다　❹ 협의하다

21. 그 코미디언의 우스꽝스러운 몸짓과 표정은 아무도 따라할 수 없으리만치 독특하고 기발했다.

❶ 상상하다　❷ 설명하다　❸ 흉내 내다　❹ 인정하다

22. 우연히 발견한 동굴에는 사람이 살았던 자취가 군데군데 남아 있었다.

❶ 체취　❷ 자리　❸ 모습　❹ 흔적

23. 독실한 기독교 신자였던 삼촌은 사고를 당한 후에 신의 존재에 대하여 의심을 갖기 시작했다.

❶ 믿음을 갖다　❷ 회의를 품다　❸ 궁금해 하다　❹ 부정을 하다

[24-25] 다음 중 밑줄 친 명사의 쓰임이 잘못된 것을 고르십시오.

下線を引いた名詞の使い方が間違っているものを選びなさい。

24.

❶ 그 칼럼은 정치적인 쟁점을 날카롭게 분석하고 있다.
❷ 부모님이 우리의 결혼을 허용해 주실 때까지 기다리기로 했다.
❸ 수출입이 자유로워짐에 따라 무역 업계는 활기를 되찾고 있다.
❹ 지난해 은행에서 금을 사고 파는 골드뱅킹이 가능해지면서 금이 새로운 재테크 수단으로 떠올랐다.

25.

❶ 비행기 추락으로 많은 인명 피해가 발생했다.
❷ 나는 요즘 내가 하고 있는 일에 회의를 느끼고 있다.
❸ 범행 현장에는 언제나 범인의 흔적이 남아 있기 마련이다.
❹ 돈을 무조건 저축하기보다는 무엇인가 배우고 교양을 쌓는 데에 투기하고 싶다.

[26-28] 다음 중 제시된 단어를 공통적으로 사용할 수 있는 것을 고르십시오.

次の中から、四角の中にある述語を共通して使えるものを選びなさい。

26.

검사	맞다	찾다	살리다

❶ 적성 ❷ 전공 ❸ 경력 ❹ 전략

27.

있다	차다	띠다	넘치다

❶ 활력 ❷ 열정 ❸ 열기 ❹ 활기

28.

하다	들다	품다	생기다

❶ 열정 ❷ 생기 ❸ 회의 ❹ 의문

29. 다음에 제시된 단어의 관계가 다른 것을 하나 고르십시오.
次の単語の関係が、他のものと違うものをひとつ選びなさい。

❶ 할인--혜택 ❷ 노화--현상 ❸ 마약--중독 ❹ 흔적--자국

30. 다음 단어에서 밑줄 친 부분의 의미가 다른 것을 하나 고르십시오.
次の単語の中から、下線部の意味が違うものをひとつ選びなさい。

❶ 재테크 ❷ 재활용 ❸ 재방송 ❹ 재등록

31. 다음에 제시된 술어를 공통으로 사용할 수 없는 단어를 고르십시오.
次の中から、四角の中にある述語を共通して使えないものを選びなさい。

하다	당하다	시키다

❶ 희생 ❷ 파괴 ❸ 좌절 ❹ 화해

[32-36] 다음 ( )에 공통적으로 들어갈 단어를 쓰십시오.

次の( )に共通して当てはまる単語を書きなさい。

32.

❶ 이 카페는 높은 언덕에 자리 잡고 있어서 ( )이/가 아주 좋다.

❷ 서비스직은 사회가 발달함에 따라 더욱 각광을 받을 것으로 ( )된다.

33.

❶ 그 회사는 ( ) 자격을 고졸 이상으로 한정하였다.

❷ 이번 입시에서 우리 학교는 ( )하는 사람이 적어 다른 학교보다 경쟁률이 낮았다.

34.

❶ 농촌 사회에서는 고령화 ( )이/가 더욱 두드러지고 있다.

❷ 이 세상에는 과학적으로 설명되지 않는 ( )이/가 많이 존재한다.

35.

❶ 높은 천장은 네 개의 큰 기둥에 의해서 ( )되고 있다.

❷ 그 교수의 학설은 다른 많은 학자들에 의해 ( )을/를 받았다.

❸ 그는 국민들의 전폭적인 ( )을/를 얻어서 대통령에 당선되었다.

36.

❶ 경찰이 방심한 ( )을/를 노려 범인이 도망쳤다.

❷ 요즘은 너무 바빠서 새벽부터 밤중까지 쉴 ( )이/가 없다.

❸ 기자 회견장은 취재 기자들로 가득 차서 발 디딜 ( )도 없었다.

❹ 그는 많은 사람들 ( )에서 친구를 찾으려고 사방을 두리번거렸다.

[37-39] 다음을 읽고 물음에 답하십시오.

次の文章を読み、問題に答えなさい。

18세기 영국의 산업 혁명이래 전 세계적으로 산업화가 급속히 진행되면서 이와 더불어 무분별한 개발도 이뤄지고 있다. 그리하여 그 부작용으로 자연 환경도 심각하게 (㉠)되고 오염되고 있다. 이 문제를 해결하기 위해 정부 (㉡)의 노력도 필요하거니와 국민 각자가 스스로 할 수 있는 다양한 방법도 모색해야 한다. 그 방법 중 대표적인 것은 가정에서 먹을 만큼만 조리해서 음식 쓰레기를 줄이는 것과 병이나 종이 등을 (㉢) 하는 것이다. 아울러 환경 단체들도 환경보호 (㉣)을/를 꾸준히 전개해 나가야 할 것이다.

37. ㉠에 알맞은 것과 그것의 반대말로 짝지어진 것을 고르십시오.

❶ 파멸--회복 ❷ 파괴--건축 ❸ 훼손--보호 ❹ 규제--재생

38. ㉡에 알맞은 것을 고르십시오.

❶ 시도 ❷ 차원 ❸ 기준 ❹ 측면

39. ㉢과 ㉣에 들어갈 알맞은 말로 짝지어진 것을 고르십시오.

❶ 재테크－전략 ❷ 재활용－캠페인 ❸ 투자－지원 ❹ 허용－운동

형용사 I

07

形容詞 I

07 형용사 I

001
각별하다

[각뻐라다] 1. 格別だ　2. 特別だ

1. すごく特別だ。

[例文] 공적인 전화를 주고받을 때는 각별히 예의를 지켜야 한다.
公的な電話をやり取りする時は、格別に礼儀を守らなければならない。

2. お互い特別に親しい。

[活用表現] 사이가 각별하다 特別な仲だ

[例文] 처음부터 각별한 사이는 아니었으나 이웃하여 살면서 가까워지기 시작했다.
最初から特別な仲ではなかったが、近所で暮らすうちに、親しくなり始めた。

002
거창하다

[거창하다] 巨大だ、壮大だ

規模や大きさが、ものすごく大きい。

[活用表現] 계획이 거창하다 計画が壮大だ
사업이 거창하다 事業が巨大だ

[例文] 광고는 거창하나 실제로 약의 효과를 보았다는 사람은 별로 없다.
広告ではすごく大きく宣伝していたが、実際に薬の効果を実感した人はあまりいない。

그 사람은 거창하게 자신의 계획을 밝혔는데 현실성은 거의 없는 것 같다.
その人は壮大に自分の計画を明かしたが、実現性はほとんどなさそうだ。

003
거칠다

[거칠다] 1. 荒い　2. 荒い　3. 荒い　4. 荒れる　5. 粗末だ　6. 荒っぽい

1. 物体の表面やきめなどが、きれいでなくザラザラしている。

[活用表現] 손이 거칠다 手がガサガサだ
피부가 거칠다 肌がゴワゴワだ

[例文] 어머니의 거친 손바닥에 못이 박여 있었다.
母のガサガサな手平に、たこができていた。

2. 仕事をしっかりと細かくせず、適当に力任せにする。

[活用表現] 솜씨가 거칠다 (仕事などの)作業が荒い
운전이 거칠다 運転がすごく荒い

[例文] 그 사람은 일솜씨가 거칠어서 다시 내가 뒷손질을 해야 한다.
その人は仕事が荒いので、私が後始末をしなければならない。

3. 行動や性格に野蛮で攻撃的な面がある。

[活用表現] 성격이 거칠다 性格が荒っぽい

행동이 거칠다 行動ががさつだ

[例文] 그는 성격이 거칠어 걸핏하면 싸움하기가 일쑤였다.
彼は性格が荒いので、ちょっとしたことでしょっちゅう喧嘩した。

4. 水の流れ、波、天気などが激しい。

[活用表現] 파도가 거칠다 波が荒れる
바람이 거칠다 風が荒れる

[例文] 날씨가 거칠어 모든 선박의 출입이 금지되었다.
天気が荒れていて、すべての船舶の出入りが禁止された。

5. 食べ物がおいしくなく、栄養分が少なく、やわらかくない。

[例文] 우리는 거친 음식으로 간신히 끼니를 이어 갔다.
私達は粗末な食べ物で、かろうじて食い繋いでいった。

6.文章や言葉が洗練されておらず、品がない。

[例文] 내가 주책을 떨거나 저속하고 거친 말을 쓰면 아버지는 점잖게 나무라셨다.
私が分別のないことをしたり、低俗で荒い言葉を使うと、父は穏やかに私を叱った。

004
건전하다

[건전하다] 健全だ

行動、態度、心などに間違ったところがなく、完璧だ。

[活用表現] 정신이 건전하다 精神が健全だ

[例文] 적당한 운동은 신체를 발달시키고, 체력을 길러주며, 건전한 정신을 갖게 해 줍니다.
適度な運動は身体を発達させ、体力をつけ、健全な精神を養ってくれます。

어른들은 청소년이 올바르고 건전하게 자랄 수 있도록 그들의 세계를 인정해주고 교육적인 환경을 만들어 주어야 한다.
大人達は青少年が正しく健全に育つように、彼らの世界を認めてあげ、教育的な環境を作ってあげなければならない。

005
격렬하다

[경녈하다] 激しい、激烈だ

言葉や行動が激しくて荒い。

[活用表現] 논쟁이 격렬하다 論争が激しい
싸움이 격렬하다 喧嘩が激しい
운동이 격렬하다 運動が激しい

[例文] 권투와 같은 격렬한 격투기를 운동 삼아 하는 사람들이 늘어나고 있다.
ボクシングのような激しい格闘技を、運動の一環として取り組む人達が増えている。

시위가 격렬해짐에 따라 경찰은 시위대를 해산시키려고 최루탄을 사용했다.
デモが激しくなるにつれて、警察はデモ隊を解散させようとして催涙弾を使用した。

006
경이롭다 [경이롭따] 驚異的だ
ビックリするし、不思議だ。

[活用表現] 경이로운 사실 驚くべき事実
경이로운 사건 驚くべき事件

[例文] 이집트의 피라미드는 경이로운 건축물 중 하나이다.
エジプトのピラミッドは驚異的な建築物のひとつだ。

'생활의 달인'이라는 TV 프로그램은 한 가지 일을 열심히 해서 경이로운 수준에 도달한 사람들을 보여 준다.
'生活の達人'というテレビ番組は、ひとつのことを一生懸命した結果、驚くべき水準に到達した人達を見せてくれる。

007
고소하다 [고소하다] 小気味がいい、いい気味だ
(憎たらしい人が失敗するのを見て)すっきりして、愉快だ。

[例文] 영수 씨도 이번 시험에 떨어졌다는 말을 듣고 미선 씨는 고소해 하는 표정을 지었다.
ヨンスさんも今回の試験に落ちたと聞いて、ミソンさんはニンマリした。

다른 사람들은 내가 소장에게 당하고 있는 것이 고소하다는 듯이 킬킬대고 있었다.
他の人達は私が所長にいじめられるのを、いい気味だとでもいうようにクスクス笑っていた。

008
곤란하다 [골란하다] 困難だ
事情がすごく複雑で厳しく、困難だ。

[活用表現] 곤란한 형편 苦しい生計
곤란한 질문 難しい質問
처지가 곤란하다 始末に負えない

[例文] 병원 응급실에서는 호흡이 곤란한 환자에게 산소마스크를 씌웠다.
病院の応急室では呼吸困難の患者に酸素マスクをさせた。

발표자는 곤란한 질문을 받으면 적당한 핑계를 대고 대답을 하지 않았다.
発表者は難しい質問を受けると、適当にごまかして、質問には答えなかった。

009
과감하다 [과감하다] 果敢だ、思い切りがいい

決心が早く、勇敢だ。

[活用表現] 과감한 결정 思い切りのいい決断

[例文] 남에게 뒤처지지 않으려면 새로운 변화를 받아들이는 데 과감해야 한다.

他人に置いていかれないためには、果敢に新しい変化を受け入れなければならない。

선배는 든든한 후원자가 되어 줄 테니 소신을 갖고 과감하게 사업을 시작하라고 나를 격려했다.

先輩が頼もしい後援者になってやるから、信念を持って果敢に事業を始めるよう、私を励ました。

010
굉장하다 [굉장하다] 1. 莫大だ　2. ものすごい

1.ものすごく大きい。

[活用表現] 크기가 굉장하다 大きさが凄まじい

[例文] 올림픽 대회를 치르려면 굉장한 규모의 운동 경기 시설이 필요하다.

オリンピックを行うには、莫大な規模の運動競技施設が必要だ。

2. かなりすごい。

[活用表現] 능력이 굉장하다 能力がものすごい

용기가 굉장하다 勇気が凄まじい

비바람이 굉장하다 雨風が凄まじい

[例文] 그 남자의 부인은 소문대로 굉장한 미인이었다.

その男の妻は、噂通り、ものすごい美人だった。

011
교만하다 [교만하다] 傲慢だ

えらぶって、横柄で生意気だ。

[活用表現] 교만한 태도 傲慢な態度

교만하게 굴다 傲慢な態度をとる

[例文] 재벌 2세인 김 사장은 직원들을 교만한 태도로 대해서 평판이 좋지 않았다.

財閥2世のキム社長は社員達に傲慢な態度をとるので評判が良くない。

재주만 뛰어나고 그 재주에 어울리는 덕성을 갖추지 못한 사람은 교만해지기 쉽다.

才能だけがあって、その才能にふさわしい道徳性を持ち合わせていない人は、傲慢になりやすい。

012
굳다

[굳따] 1. 固い　2. 固い

1. 揺れたり変わったりしないくらい、力や意思が固い。

[活用表現] 굳은 결심 固い決心
굳은 약속 固い約束
굳은 의지 固い意志
굳게 맹세하다 固く誓う
입을 굳게 다물다 口を固く閉ざす

[例文] 영수는 다음 달부터 담배를 끊으리라 굳은 결심을 했다.
ヨンスは来月からたばこをやめようと、いう固い決心をした。

2. 緊張して柔軟でなく、固い。

[活用表現] 굳은 표정 固い表情

[例文] 칭찬을 하실 거라고 기대했던 선생님한테서 꾸지람을 듣자 그의 얼굴은 곧 굳어버렸다.
褒めてくれるだろうと期待していた先生からお叱りを受けて、彼の顔は固まってしまった。

013
귀하다

[귀하다] 1. 高貴だ　2. 大切だ　3.尊い　4. 稀少だ

1. 身分や地位が高い。

[例文] 몇년 전까지만 해도 우리는 종종 만나서 한잔하곤 했지만 그가 높은 자리에 올라서 귀한 몸이 된 후부터는 만나기가 아주 어렵다.
何年か前までは、よく会って酒を飲み交わしていたが、彼が高い地位について高貴な身になってからは、全然会えなくなってしまった。

2. (主に'귀하게', '귀한'の形で使われ)尊敬するに値する。

[活用表現] 귀한 손님 大切なお客さま
귀하게 자라다 温室で育つ
귀한 걸음을 하다 大切に歩む

[例文] 귀한 손님이 오셨으니 정성껏 잘 모셔야 된다.
大切なお客様が来られたので、誠心誠意お出迎えしなければならない。

3. すごく貴重で大切だ

[例文] 사람의 생명보다 더 귀한 것이 또 있을까?
人の命よりも尊いものがあるだろうか？

4. 手に入れることが、とても大変で珍しい。

[例文] 할아버지의 말씀에 의하면 우리 집안은 대대로 자손이 귀한 집안이었다고 한다.
祖父によれば、我が家の家系は子孫が少ない家系だったとそうだ。

014
그윽하다 [그으카다] 1. 奥深い 2. 心ゆかしい 3. ほのかだ

1. 奥深く、穏やかで静かだ。

[例文] 이곳은 바다와 산에 둘러싸여 있고 골짜기는 그윽하여 쉽게 훼손되지 않을 듯싶다.
ここは海と山に囲まれていて谷間は奥深いので簡単には自然が破壊されないと思う。

2. 心が深くて落ち着く。

[活用表現] 그윽한 눈빛 ほのぼのとした目つき
그윽한 목소리 聞き心地のいい声

[例文] 그는 아리따운 그녀의 얼굴을 그윽한 시선으로 바라보았다.
彼は美しい彼女の顔を心ゆかしい視線で見つめた。

3. 与える印象や感じが何気ない。

[活用表現] 그윽한 향기 ほのかな香り

[例文] 그 꽃은 우아하고 향기도 그윽하다.
その花は上品で香りもほのかだった。

015
급급하다 [그끄파다] 余裕がない

ひとつのことだけに気を使い、他の事をする心の余裕がない。

[活用構文] 名에 급급하다
動기에 급급하다
動는 데에 급급하다

[例文] 예전에는 당장 먹고 사는 데에 급급했기 때문에 주위를 돌아볼 여유가 없었다.
昔は食べて行くことで精一杯だったので、周囲に気を配る余裕がなかった。

우리 편 선수는 상대 선수의 공격을 방어하기에만 급급해서 공격을 제대로 펼치지 못하고 있었다.
見方の選手は相手選手の攻撃を防ぐのに精一杯で、まともな攻撃ができずにいた。

016
급작스럽다 [급짝스럽따] 突然、だしぬけに

(状況が変わるのが)すごく急である。

[活用表現] 급작스러운 사고 突然の事故
급작스럽게 일어나다 突然起こる

[例文] 모든 일이 한꺼번에 급작스럽게 일어나서 당황스러웠다.
すべてのことが一度に突然起こったので、慌てふためいた。

옛날에는 재해나 일식, 월식 같은 급작스러운 자연 현상의 변화가 보이면 임금의 덕이 부족해서 그런 것이라고 보았다.
昔は災害や、日食、月食のような自然現象が突然の変化が起るのは、王様の徳が不足しているからだと思っていた。

017
기막히다

[기마키다] 1. あきれる　2. 素晴らしい

1. あることがすごく驚くべきことだったり、すごくあきれたりする。

[例文] 나는 그의 제안이 너무 기막혀 아무 말도 못했다.
私は彼の提案にあきれ果てて、ものも言えなかった。

2. どうであるか、説明できないほど良い。

[例文] 그들은 동화처럼 기막히게 아름다운 집에 살고 있었다.
彼らは童話のように素敵な美しい家に住んでいた。

018
꺼림칙하다

[꺼림치카다] 気にかかる

心がすっきりしない。

[例文] 아이를 그렇게 먼 곳까지 혼자 보내기가 꺼림칙했으나 어쩔 수 없었다.
子供をあんなに遠いところまで、ひとりで行かせるのは気が引けたが仕方なかった。

얼마 전 드라마에서 거울을 깨뜨린 후 안 좋은 일이 일어나는 장면을 보았는데 아침에 잘못해서 거울을 깨뜨리고 나니 하루 종일 마음이 꺼림칙하다.
少し前にドラマで鏡が割れた後、良くないことが起る場面を見たのだが、朝、間違えて鏡を割ってしまったので１日中そのことが気にかかっている。

019
끈질기다

[끈질기다] 1. しぶとい　2. しつこい、根強い

1. 何かがうまく切れず、丈夫だ。

[例文] 호박은 줄기보다 잎사귀가 끈질겨서 쉽게 찢어지지 않는다.
かぼちゃは、幹よりも葉っぱが堅いので、簡単には割れない。

2. ある目的を達成しようと、簡単に諦めずにずっとそれにこだわる。

[活用表現] 끈질긴 노력　根強い努力
끈질긴 추적　しつこい追跡

[例文] 경찰관의 끈질기고 집요한 추궁에 범인으로 의심을 받던 그 사람이 결국 자백을 했다.
警察官のねばり強く執拗な追及により、犯人だと疑われていたその人が結局自白をした。

020
끊임없다 [끄니멉따] 絶え間ない

ずっと続く。

[活用表現] 끊임없는 노력 絶え間ない努力

끊임없는 연구 絶え間ない研究

끊임없이 絶え間なく

[例文] 그들은 끊임없는 연구와 투자로 신제품을 개발하였다.

彼らは絶え間ない研究と投資によって、新製品を開発した。

올해에도 우리 주위에는 크고 작은 사건들이 끊임없이 발생했다.

今年も私達の周りでは、大きかったり小さかったりするいくつもの事件が絶え間なく発生した。

021
날카롭다 [날카롭다] 1. 鋭い 2. 鋭い 3.鋭い 4. 鋭い 5. 鋭い

1. 突き刺さってしまいそうなくらい、歯が立っていたり尖っている。

[活用表現] 날카로운 칼 鋭い刀

이빨이 날카롭다 歯が鋭い

손톱이 날카롭다 爪が鋭い

[例文] 호랑이는 날카로운 이빨을 드러내며 으르렁거리고 있었다.

虎は鋭い歯をむき出しにして、吠えていた。

2. 目つきなどに情がなく冷たい。

[活用表現] 눈매가 날카롭다 目つきが鋭い

눈빛이 날카롭다 目つきが鋭い

[例文] 수염이 덥수룩하고 입은 옷은 엉망이었으나 그들의 눈초리는 한결같이 날카로웠다.

髭はボサボサで、着ている服もボロボロだったが、彼らの目つきは一様に鋭かった。

3. 物事を認識する能力がすごく早くて正確だ。

[例文] 그의 날카로운 질문에 난 잠시 말문이 막혔다.

彼の鋭い質問に私は一瞬言葉につまってしまった。

4. 神経などが、過度に刺激を受けやすい。

[例文] 병상에 있는 사람은 평상시와는 다르게 신경이 날카로우니까 말을 조심해야 한다.

病床にいる人は普段とは違い、神経が過敏になっているので、言葉に気をつけなければならない。

5. 音がとても高く、裂けそうだ。

[例文] 지진으로 건물이 심하게 흔들리자 날카로운 비명과 함께 흩어져 달아나는 사람들의 어지러운 발소리가 들려 왔다.

地震で建物がひどく揺さぶられ、甲高い悲鳴と共に散らばって逃げる人々の乱れた足音が聞こえてきた。

022
넉넉하다

[넝너카다] 1. 十分だ　2. 豊かだ

1. ある基準を満たしてもなお余る。不足がない。

[活用表現] 시간이 넉넉하다 時間に余裕がある

먹을 것이 넉넉하다 食べ物が豊富だ

[例文] 평일에는 기차의 좌석이 넉넉해서 원하는 자리에 앉을 수 있다.
平日は電車の空席が十分にあるので、好きな席に座れる。

2. 暮らしに余裕がある。物質的に豊かだ。

[活用表現] 살림이 넉넉하다 暮らしが豊かだ

생활이 넉넉하다 生活が豊かだ

[例文] 그녀는 친정이 넉넉해서 경제적인 도움을 많이 받는다.
彼女は実家が裕福なので、経済的な助けをたくさん受けている。

023
느긋하다

[느그타다] のんびりしている

心に余裕があって、せかせかしていない。

[活用表現] 성격이 느긋하다 性格がのんびりとしている

태도가 느긋하다 態度がのんびりしている

[反意語] 조급하다 せわしない

[例文] 나는 시험이 끝나고 느긋한 마음으로 오랜만에 친구들과 한잔했다.
試験が終わって、久しぶりにのんびりした気持ちで友達と一杯やった。

그 사람은 성격이 워낙 느긋해서 웬만해서는 당황하지 않는다.
その人は性格が元々のんびりしているので、ちょっとしたことでは慌てない。

024
능통하다

[능통하다] 精通する、詳しい

ある分野の技術、機能、知識を完全に備えていて、その能力が秀でている。

[活用表現] 외국어에 능통하다 外国語に精通している

국제법에 능통하다 国際法に精通している

[例文] 그 학생은 국제회의에서 통역을 할 수 있을 정도로 영어와 한국어에 능통하다.
その学生は国際会議で通訳できる程、に英語と韓国語に精通している。

조선시대의 학자였던 박지원의 작품은 한문으로 쓰여졌는데 한자에 능통한 한문학자들조차도 그의 작품을 읽기가 매우 어렵다고 한다.
朝鮮時代の学者であったパク・ジウォンの作品は漢文で書かれているのだが、漢字に詳しい漢文学者たちでさえも、彼の作品を読むのが非常に難しいという。

025
단단하다

[단단하다] 1. 堅い　2. 頑丈だ　3. しっかりしている　4. 堅い
5. しっかりしている

1. 力を加えても簡単にその形が変わらなかったり、壊れたりしない状態にある。

【活用表現】 단단한 바위 堅い石
단단하게 얼다 かちかちに凍る

【例文】 나무 재질이 단단해야 가구를 만드는 데 쓸 수 있다.
木の材質が堅ければ、家具を作るのに使える。

2. やわらかくなく、がっしりしていて丈夫だ。

【活用表現】 근육질의 단단한 몸 筋肉質の頑丈な体

【例文】 그는 최근 몇 년 동안 감기 한 번 안 걸렸을 정도로 단단한 사람이다.
彼は最近何年もの間、風邪に一度もかからなかった程、頑丈な人だ。

3. ぶかぶかに緩んでおらず、頑丈である。

【例文】 나사가 풀어지지 않도록 단단하게 조여라.
ネジが緩まないように、しっかりと締めろ。

4. 意図や考えが揺れることなく、強い。

【活用表現】 단단한 결심 堅い決心

【例文】 그렇게 단단하게 마음을 먹고 일을 시작했는데 결국 실패하고 말았다.
あれほど堅く心を決めて、仕事を始めたのに結局失敗してしまった。

5. 学問や事業などの基盤が丈夫だ。

【例文】 그는 나이 40에 이미 단단한 기반을 갖춘 사업가가 되어 있었다.
彼は40歳でもうしっかりした基盤を持った実業家になっていた。

026
독특하다

[독트카다] 独特だ

他のものと似ておらず、特別違う。

【活用表現】 취향이 독특하다 好みが独特だ
냄새가 독특하다 匂いが独特だ.
개성이 독특하다 個性が独特だ

【例文】 최근에 세계 각국의 독특한 풍습을 소개하는 책이 많이 출판되었다.
最近、世界各国の独特な風習を紹介する本が、たくさん出版された。

그는 현대 물리학을 동양 사상과 접맥해서 독특한 이론을 만들어 내었다.
彼は現代物理学を東洋思想と合わせて独特な理論を作り出した。

027
독하다

[도카다] 1. きつい　2. きつい　3. 非情だ　4. きびしい

1. 生命、健康に害を与えたり、強い刺激を与える毒気がある。

[例文] 오늘 과학실에서 플라스틱 녹이는 실험을 했는데 그 냄새가 독해서 머리가 어지럽고 속이 메스꺼웠다.
今日科学室でプラスチックを溶かす実験をしたのだが、その匂いがきつくて、頭がクラクラして気分が悪かった。

2. 味や匂いなどが、あまりにも刺激的で強すぎる。

[活用表現] 독한 술 きつい酒
독한 담배 きついタバコ

[関連語] 독주 毒酒
독설 毒舌

[例文] 보드카나 위스키 같은 독한 술을 자주 마시면 간이 손상되기 쉽다.
ウォッカやウィスキーのようなきついお酒をしょっちゅう飲んでいると、肝臓が悪くなりやすい。

3. 心や性格に人情がなく、むごい。

[活用表現] 성미가 독하다 気性が激しい
독하게 마음먹다 心を鬼にする

[例文] 여러 번의 사업 실패를 교훈으로 삼아 이번엔 독하게 마음을 먹고 시작하려고 한다.
何回にもわたる事業の失敗を教訓として、今回は心を鬼にして始めようと思う。

4. 程度が激しすぎる。

[例文] 혹독하게 맵고 독한 바람은 줄기차게 불어닥쳤다.
猛烈に激しい風が、たゆみなく吹き付けた。

028
드물다

[드물다] 1. ほとんどない　2. 珍しい

1. 何かがしょっちゅう起ったり生じたりしない。

[例文] 요즘 눈 코 뜰 새 없이 바빠서 점심을 제때에 먹는 일이 드물다.
最近は猫の手も借りたいくらい忙しくて、昼食を本来の時間に食べることがほとんどない。

2. ありふれていない。

[例文] 우리 오빠만큼 여러 분야에서 다재다능한 사람도 드물다.
私の兄のように、いろいろな分野で多彩多能な人も珍しい。

029
든든하다

[든든하다] 1. いっぱいだ　2. しっかりしている　3. しっかりしている

1. 食べるものや着るものが十分にあり、物足りない感じがしない。

[例文] 뱃속이 든든해야 무슨 일이든 자신 있게 하는 법이다.
お腹がいっぱいであってこそ、何事も自信を持ってできるものだ。

2. 信じて頼れるくらい、内容がある。

[例文] 아버지는 물려받은 재산도 넉넉했고 사업 기반도 든든해서 평생 돈 걱정 없이 살아오셨다.
父は相続した財産も豊富だったし、事業基盤もしっかりしていて、生まれてこのかた、お金の心配なしに暮らしてきた。

3. 安心して頼れるくらい、信頼性がある。

[例文] 자식 셋이 하나같이 잘 자라서 참으로 든든하고 믿음직스럽다.
子供三人ががみんな立派に育って、本当にしっかりしているし信頼できます。

030
딱딱하다

[딱따카다] 1. 硬い　2. 堅苦しい　3. 硬い

1. とても固くて丈夫だ。

[例文] 떡을 냉동실에 잠깐 넣어 두었을 뿐인데 돌처럼 딱딱해져서 먹을 수가 없다.
お餅を冷凍庫に少し入れておいただけなのに、石のように硬くなって食べられない。

2. (態度、言葉使い、雰囲気などが)やわらかくない。荒っぽくてぎこちない。

[例文] 딱딱한 말투와 태도로 고객을 대하는 사람은 결코 영업 사원으로 성공할 수 없다.
堅苦しい言葉使いと態度でお客さんに接する人は、決して営業社員として成功することはできない。

3. (文章が)感情が豊かでなく、おもしろくなく退屈だ。

[例文] 요즘은 어렵거나 딱딱한 내용을 만화로 만들어 읽기 쉽게 한 책들이 매우 인기가 높다.
最近は難しくて硬い内容を漫画にし、読みやすくした本がすごく人気だ。

031
떠들썩하다

[떠들써카다] 1. 騒々しい　2. 騒ぎ立つ　3. 騒がしい

1. 多くの人が騒いでいてうるさい。

[例文] 시장은 사람들이 물건 값을 흥정하는 소리로 떠들썩했다.
市場は人々が品物の価格をやり取りする声で騒々しかった。

2. 事件や事故によって、雰囲気が取り乱されて、落ち着きがない。

[例文] 정계를 은퇴한다는 그의 폭탄선언 때문에 정치권이 떠들썩하다.
政界を引退するという彼の爆弾発言のせいで、政界が騒ぎ立っている。

3. 噂が広がってひどく騒ぎ立つ。

[例文] 자금부의 김 부장이 회사 돈을 횡령했다는 소문에 회사 안이 떠들썩했다.
資金部のキム部長が会社のお金を横領したという噂に、会社中が騒がしかった。

032
뚜렷하다

[뚜려타다] はっきりする、目立つ

明らかである。他人に分かるくらい確実だ。

[活用表現]
뚜렷한 모습 はっきりとした姿
뚜렷한 사실 明らかな事実
뚜렷한 특징 目立った特徴
근거가 뚜렷하다 根拠が明白だ
주관이 뚜렷하다 主観がはっきりしている

[例文]
큰아버지의 과수원은 공을 들여서 가꾼 흔적이 뚜렷했다.
おじさんの果樹園は、念を入れて手入れした跡がはっきり見てとれた。

그것은 어디까지나 뚜렷한 근거가 없는 짐작일 따름이었다.
それはどこまでも、はっきりとした根拠がない推測でしかなかった。

033
마땅하다

[마땅하다] 1. ちょうどいい　2. 当然だ　3. 気に入る

1. 行動や対象などが一定の条件に相応しい。適当だ。

[活用構文]
名에/에게 마땅하다

[例文]
식당을 하기에 마땅한 자리를 물색 중이다.
食堂を開くのに、ちょうどいい場所を物色中だ。

대학에 입학한 조카에게 무슨 선물을 할까 고민했지만 마땅한 게 떠오르지 않았다.
大学に入学したおいっ子に何をプレゼントするか悩んでいたが、ちょうどいいものが思いつかなかった。

2. そのようにしたり、なったりすることが当然だ。妥当だ。

[例文]
죄를 지은 사람은 벌을 받아 마땅하다.
罪を犯した人は罰を受けるのが当然だ。

농사에 절대적으로 필요한 수리 시설은 철도, 지하철 등과 마찬가지로 국가 재정으로 건설하여 운영함이 마땅하다.
農作業に絶対的に必要な水路などの施設は、鉄道、地下鉄などと同じく、国家財政で建設し運用するのが当然だ。

3. (主に'마땅하지, 마땅치'の形で使われ)気に入って、満足する。

[例文]
나는 그가 하는 짓이 영 마땅치 않다.
私は彼がやることなすこと、気に食わない。

034
만만하다

[만만하다] 容易い

恐れることなく、簡単に扱ったり接ったりできる。

[活用表現]
만만한 상대 容易い相手

만만하게 대하다 甘んじる、みくびる

[例文] 어리다고 그 아이를 만만하게 대하다가는 큰코다친다.
幼いからといって、その子を甘く見ていると痛い目にあう。

이번 축구 대회에서 우리 팀은 만만하다고 생각했던 팀에게 5대 0으로 완패를 당했다.
今回のサッカー大会で、私のチームは容易い相手だと思っていたチームに5対0で完敗した。

035
메마르다 [메마르다] 1. 干からびる 2.かさかさだ 3. 干からびる、ない

1. 土に水気がなく、油っ気もない。

[活用表現] 메마른 땅 干からびた土地

[例文] 오랜 가뭄으로 인해 땅이 메말라 농부들이 어려움을 겪고 있다.
長い日照りによって、土が干からびてしまい、農夫たちが困難に陥っている。

2. 皮膚や唇につやがなく、ガサガサだ。

[活用表現] 메마른 피부 かさかさの皮膚
메마른 입술 かさかさの唇

[例文] 그 여자는 메마르고 갈라진 입술에 약을 발랐다.
その女はかさかさで割れてしまった唇に薬を塗った。

3. 性格や生活のような面において、感情が鈍感で、情緒がない。

[活用表現] 감정이 메마르다 感情が干からびる
인정이 메마르다 人情がない

[例文] 경쟁이 치열해지고 그로 인해 삶이 각박해짐에 따라 우리 사회에서 인간의 정이 점점 메말라가고 있다.
競争が過熱し、それにより生活が厳しくなるにつれて、私達の社会から人間の情が少しずつなくなっている。

036
무분별하다 [무분별하다] 分別がない、みだりに

道理に合った判断をせず、そのような判断力がない。分別する力がない。

[例文] 무분별한 국토 개발로 자연이 훼손되고 있다.
向こう見ずな国土開発によって自然が壊されている。

인터넷 언어를 아무 생각 없이 무분별하게 사용하는 학생들이 늘고 있다.
インターネット用語を、やたらとみだりに使う学生たちが増えている。

037
미세하다 [미세하다] 微細だ

これ以上分けられない程、すごく小さい。

[反意語] 거대하다 巨大だ

[例文] 이 청소기는 흡인력이 좋아 집안 구석구석의 미세한 먼지까지 빨아 들인다.
この掃除機は吸引力があるので、家の中の隅々の細かいほこりまでも吸ってくれる。

거대한 선박에서 미세한 반도체에 이르기까지 한국의 기술력은 세계 수준으 로 발전했다.
巨大な船舶から微細な半導体に至るまで、韓国の技術力は世界水準に発展した。

038
믿음직하다

[미듬지카다] 頼もしい
信じて任せられそうだ。正直だという印象がある。

[例文] 그가 많은 근로자들과 함께 일하는 모습은 정말 믿음직하고 자랑스러웠다.
彼が多くの勤労者たちと一緒に働く姿は本当に頼もしくて誇らしい。

우리가 다음 세대를 위해서 남겨 줄 수 있는 가장 믿음직한 재산은 근면뿐이다.
私達が次の世代のために残せる、一番頼りがいのある財産は勤勉さだけだ。

039
밀접하다

[밀쩌파다] 親密だ、密接だ
お互いとても近い関係だ。

[例文] 급변하는 국제 정세는 국가 간의 밀접한 유대와 협력을 필요로 한다.
日々変化する国際情勢は、国家間の親密なつながりと協力を必要とする。

폐암이 담배와 밀접한 관계가 있다는 보고는 애연가들에게 큰 충격을 주었다.
肺癌がたばこと密接な関係があるという報告は、愛煙家たちに大きな衝撃を与えた。

040
배타적이다

[배타저기다] 排他的だ
他の人や考えなどを、しりぞける傾向がある。

[活用表現] 배타적인 성격 排他的な性格
배타적인 감정 排他的な感情
배타적인 태도 排他的な態度

[反意語] 포용적이다 包容力がある

[例文] 국제화를 위해서는 타문화에 대한 배타적인 태도를 지양하고 포용적인 태도를 가져야 한다.
国際化のためには、他の文化に対する排他的な態度をやめて、包容力のある態度を身に着けなければならない。

다른 종교를 인정하지 않고 자기들만 옳다고 주장하는 종교는 독선적이고 배타적이라는 비판을 받습니다.
他の宗教を認めず、自分たちだけが正しいと主張する宗教はひとりよがりで、排他的だという批判を受けます。

041
부담스럽다 [부담스럽따] 負担になる
ある義務や責任を負わなければならないような気がする。

[例文] 그는 부담스러울 정도로 나에게 호의적이다.
彼は負担になるくらい、私に好意的だ。

부모님의 지나친 관심이 부담스럽고 불편할 때가 있다
両親の行き過ぎた関心が負担となって、息がつまる時がある。

042
분주하다 [분주하다] 慌しい
あれこれ忙しくせわしない。

[例文] 점원은 새로 들어온 상품을 곳곳에 진열하느라 분주했다
店員は新しく入ってきた商品をあちこちに陳列しようと、忙しく働いた。

각 정당의 대표들은 자기 당 후보를 지원하기 위해 지방 유세를 나서는 등 분주한 모습이었다.
各政党の代表たちは、自分の党の候補者を支援するために、地方に演説しに行くなど、慌しい様子だった。

043
불과하다 [불과하다] ~に過ぎない
何かがある状態や程度に達しなかったり、その水準を超えられない。

[活用構文] 名에 불과하다

[例文] 말단 직원이 하루아침에 사장이 되길 바라는 것은 한낱 허황된 꿈에 불과하다.
平社員が一夜にして社長になることを願うのは、荒唐無稽な夢に過ぎない。

지난해까지만 해도 여성 수강자들은 20퍼센트에 불과했으나 이제는 절반을 차지하고 있다.
つい去年まで、女性の受講者たちは20%に過ぎなかったのに、今ではもう半分を占めている。

044
불리하다 [불리하다] 不利だ
条件や立場などが有利でない。

[活用表現] 상황이 불리하다 状況が不利だ
조건이 불리하다 条件が不利だ
입장이 불리하다 立場が不利だ

【反意語】 유리하다 有利だ

【例文】 그 사람은 상황이 불리함에도 불구하고 끝까지 포기하지 않았다.
その人は不利な状況であるにもかかわらず､最後まで諦めなかった。

그는 자기에게 불리한 얘기가 나오자 화제를 다른 것으로 돌리려고 애를 썼다.
彼は自分に不利な話がでると､話題を他のことに向けようと努めた。

07 연습문제

[1-7] 다음 밑줄 친 부분과 의미가 가장 비슷한 것을 고르십시오.

下線を引いた部分と同じような意味を持つものを選びなさい。

1. 미국의 수영 선수인 마이클 펠프스는 베이징 올림픽에서 8개의 금메달을 따내는 <u>놀라운</u> 기록을 세웠다.

   ❶ 드물다 ❷ 든든하다 ❸ 굉장하다 ❹ 경이롭다

2. 공동으로 투자한 사업인데 수익금의 80%를 자기가 갖겠다는 그의 말이 너무 <u>기막혀</u> 말이 안 나올 지경이었다.

   ❶ 독하다 ❷ 교만하다 ❸ 어이없다 ❹ 무분별하다

3. 어떤 가난한 교사가 박봉을 털어서 <u>어려운</u> 처지에 있는 제자를 도왔다.

   ❶ 불리하다 ❷ 곤란하다 ❸ 꺼림칙하다 ❹ 부담스럽다

4. 법정 안은 재판의 결과에 불만을 가진 유족들의 거친 항의로 <u>떠들썩했다</u>.

   ❶ 분주하다 ❷ 격렬하다 ❸ 시끄럽다 ❹ 끊임없다

5. 전력 시설에 과부하가 걸리면 화재가 발생할 수 있으므로 <u>아주 특별한</u> 주의가 필요하다.

   ❶ 각별하다 ❷ 마땅하다 ❸ 뚜렷하다 ❹ 끈질기다

6. 이번 대선에 출마하는 우리 당 후보자가 만족스럽지는 못했지만 <u>마땅한</u> 대안이 없었다.

   ❶ 타당하다 ❷ 건전하다 ❸ 적절하다 ❹ 밀접하다

7. 우리 축구 대표팀과 맞붙은 상대팀을 처음에는 <u>수월한</u> 상대라고 생각했었다.

   ❶ 끈질기다 ❷ 만만하다 ❸ 단순하다 ❹ 까다롭다

[8-12] 다음 밑줄 친 부분과 의미가 반대인 것을 고르십시오.
下線を引いた部分と反対の意味を持つものを選びなさい。

8. 우리 오빠는 성격이 느긋해서 그런지 급한 일이 있을 때도 서두르는 법이 없다.

❶ 과감하다 ❷ 경박하다 ❸ 독특하다 ❹ 조급하다

9. 그 부족 사람들은 외부 세계에 배타적이어서 외부와 교류를 차단한 채 살아가고 있다.

❶ 포용적이다 ❷ 독립적이다 ❸ 개방적이다 ❹ 의존적이다

10. 그 술은 너무 독해서 한 잔만 마셔도 취기가 오르고 어지러웠다.

❶ 연하다 ❷ 흐리다 ❸ 순하다 ❹ 간단하다

11. 정성껏 개간한 결과 황무지였던 그 땅이 기름진 옥토로 변했다.

❶ 축축하다 ❷ 수수하다 ❸ 메마르다 ❹ 풍부하다

12. 요즘은 문서 작성에 컴퓨터를 쓰지 않는 사람이 드물다.

❶ 귀하다 ❷ 흔하다 ❸ 다양하다 ❹ 빈번하다

[13-26] 다음 ( )에 알맞은 것을 고르십시오.
次の( )に当てはまるものを選びなさい。

13. 우리의 청소년들이 폭력적이고 자극적인 컴퓨터 게임에만 빠져 있다고 탓하기 전에 ( ) 놀이 문화의 조성에 힘써야 할 것이다.

❶ 희망찬 ❷ 유쾌한 ❸ 건전한 ❹ 경이로운

14. 경기가 ( ) 부상과 반칙으로 퇴장하는 선수가 속출했다.

❶ 과감해지자 ❷ 격렬해지자 ❸ 무식해지자 ❹ 무분별해지자

15. 그가 술이 취하니 잘난 척하며 남을 깔보는 ( ) 본성이 드러났다.

❶ 교만한 ❷ 메마른 ❸ 날카로운 ❹ 배타적인

16. 차가 끓기 시작하자 온 방 안에 (   ) 차의 향기가 감돌았다.

❶ 독한　❷ 그윽한　❸ 넉넉한　❹ 뚜렷한

17. 이 세상에는 사사로운 이익 추구에만 (   ) 나머지 주위를 돌보지 않는 사람이 있는가 하면 어려운 이웃을 기꺼이 도와주는 사람도 있다.

❶ 급급한　❷ 능통한　❸ 떠들썩한　❹ 급작스러운

18. 대통령의 (   ) 경제 정책으로 경제 개혁이 이루어져서 경기가 되살아나기 시작했다.

❶ 단단한　❷ 마땅한　❸ 무모한　❹ 과감한

19. 정부가 수돗물에 대한 안전성을 적극 홍보하고 나서 인식이 많이 개선되기는 했지만 국민들이 여전히 수돗물을 식수로 사용하는 것을 (   ) 생각하는 것으로 조사됐다.

❶ 마땅하게　❷ 불리하게　❸ 불가능하게　❹ 꺼림칙하게

20. 경찰관들의 (   ) 추적 끝에 도주하던 범인이 결국 잡히고 말았다.

❶ 끈질긴　❷ 격렬한　❸ 밀접한　❹ 든든한

21. 그 사람은 주관이 (   ) 남의 말에 쉽게 동요되지 않는다.

❶ 건전해서　❷ 거창해서　❸ 뚜렷해서　❹ 믿음직스러워서

22. 외국 문화의 (   ) 수입은 우리 문화의 발전을 저해할 수 있으므로 선별적으로 받아들이자는 목소리가 커지고 있다.

❶ 무분별한　❷ 배타적인　❸ 치밀한　❹ 계획적인

23. 그는 이번 사건과 (   ) 관련이 있는 인물이기 때문에 수사 기관의 감시를 받고 있다.

❶ 미세한　❷ 불리한　❸ 밀접한　❹ 굳은

24. 졸업식장은 가족이나 친구들과 사진을 찍는 졸업생들로 (　　　　).

❶ 분주했다　　❷ 끊임없었다　　❸ 부담스러웠다　　❹ 혼잡스러웠다

25. 1850년에 10억에 (　　　　) 세계 인구가 이제는 60억을 넘게 되었다.

❶ 불과하던　　❷ 만족하던　　❸ 밀접하던　　❹ 넉넉하던

26. 우리는 (　　　　) 결혼식을 원하지 않는다. 그저 조용한 가족 행사로 식을 치르려고 한다.

❶ 과감한　　❷ 거창한　　❸ 격렬한　　❹ 든든한

[27-29] 다음 중 형용사의 쓰임이 잘못된 것을 고르십시오.
次の中から形容詞の使い方が間違っているものを選びなさい。

27.

❶ 곱던 아내의 손이 오랜 집안 일로 많이 거칠어졌다.
❷ 험한 일을 오래하다 보면 말과 행동이 거칠어지기 쉽다.
❸ 현미가 많이 든 잡곡밥은 좀 거칠기는 하나 우리 몸의 독소를 없애주는 해독작용을 한다.
❹ 도시화와 산업화로 현대인에게 물질은 많이 풍요로워졌지만 그 만큼 정신은 많이 거칠어졌다.

28.

❶ 콘크리트 벽은 단단해서 못을 박기가 쉽지 않다.
❷ 동네 청년들은 그네를 나뭇가지에 단단하게 묶었다.
❸ 다른 과목과 달리 수학은 기초가 단단해야 잘할 수 있다.
❹ 밥을 잘 먹어 뱃속이 단단해야 무슨 일이든 잘 할 수 있다.

29.

❶ 처음에는 불리하던 상황이 유리하게 역전되었다.
❷ 우리 편은 선수층이 두꺼워서 불리한 경기를 펼쳤다.
❸ 전세가 불리해지자 많은 군인이 최전방으로 증파되었다.
❹ 눈치가 빠른 그는 사태가 자기에게 불리한 것을 곧바로 눈치챘다.

[30-35] 다음 (　　)에 공통적으로 들어갈 단어의 기본형을 쓰십시오.
次の(　　)に共通して当てはまる単語の基本形を書きなさい。

30.

❶ 나물을 무칠 때 참기름을 넉넉하게 넣는 것이 (　　　)은/ㄴ 맛을 내는 비결이다.
❷ 날마다 나를 괴롭히던 영수가 선생님께 야단을 맞는 걸 보니 (　　　)은/ㄴ 기분이 들었다.

31.

❶ 전혀 어울릴 것 같지 않던 가야금과 드럼의 합주가 (　　　)게 아름다웠다.
❷ 그렇게 믿었던 사람이 배신을 하다니 너무나 (　　　)어/아/여 말이 안 나온다.

32.

❶ 날씨가 쌀쌀해져서 옷을 (　　　)게 입고 나왔다.
❷ 보통 바빠서 아침을 거르기가 일쑤였는데 오늘은 아침밥을 잘 먹으니 속이 (　　　).
❸ 처음에 유학 왔을 때는 아는 사람이 없어 외롭고 힘들었는데 이제는 친한 친구들이 많이 생겨서 마음이 (　　　).

33.

❶ (　　　)은/ㄴ 손님이 오셨으니 잘 모셔야 한다.
❷ 사람의 생명보다 더 (　　　)은/ㄴ 것이 또 있을까?
❸ 구하기 힘든 산삼이니 (　　　)게 여기는 것은 당연한 일이다.
❹ 옛날부터 우리 집안은 아들이 (　　　)어서/아서/여서 아들이 태어나면 동네 사람들을 불러 잔치를 벌인다.

34.

❶ 그는 화가 났는지 시종일관 입을 (　　　)게 다물고 있었다.
❷ 큰 충격을 받은 후 그의 표정은 돌처럼 (　　　)어져/아져/여져 있었다.
❸ 꼭 다시 돌아오리라는 그의 (　　　)은/ㄴ 약속은 끝내 지켜지지 않았다.
❹ 그 아이는 나이가 어린데도 의지가 참 (　　　)어/아/여 끝까지 포기하지 않았다.

35.

❶ 나와 시선이 마주치자 그의 표정은 ( )게 굳어졌다.
❷ 이 나무 의자는 ( )어서/아서/여서 오래 앉아 있기가 힘들다.
❸ 우리 사무실 사람들은 사이가 안 좋아서 분위기가 ( )은/ㄴ 편이다.
❹ 이 글은 번역문이라서 그런지 문체가 좀 ( )고 문맥도 부자연스러운 데가 많다.

형용사 Ⅱ

08

形容詞 Ⅱ

08 형용사 Ⅱ

001
불합리하다 [불함니하다] 非合理的だ

合理的でなく、道理に合っていない。

【活用表現】 불합리한 제도 非合理的な制度

불합리한 조건 非合理的な条件

【反意語】 합리적이다 合理的だ

【例文】 이 작품은 당시 사회 제도가 안고 있었던 불합리한 면을 드러내고 있다.

この作品は、当時の社会制度が抱えていた非合理的な面を浮き彫りにした。

단지 전통이라는 이유로, 모든 사람들에게 똑같은 행동을 요구하는 것은 불합리하다.

ただ伝統だという理由で、すべての人達に同じ行動を要求するのは、非合理的だ。

002
빈틈없다 [빈트멉따] 1. 隙間がない 2. 隙がない

1. 空いている間がない。

【例文】 너무 빈틈없이 빡빡하게 하루 계획을 세우면 지키기 힘들다.

あまりにも隙間なくビッシリ1日の計画を立てると、こなすのが大変だ。

2. 粗末だったり不足だったりする点がない。

【例文】 그는 일처리가 빈틈없기 때문에 사장님의 신임을 얻었다.

彼は仕事に隙がないため、社長の信任を得た。

003
빠듯하다 [빠드타다] 1. きちきちだ 2. ぎりぎりだ

1. ある限度を満たしたり、ピッタリ合って、隙間がない。

【例文】 하루 작업 일정이 빠듯하게 짜여졌다.

1日の作業日程が、きちきちに組まれた。

2. (ある限度や数量を満たそうとすると)すごく大変だ。かろうじてやり遂げられる。

【活用構文】 動기에 빠듯하다

【活用表現】 빠듯한 생활비 ぎりぎりの生活費

시간이 빠듯하다 時間がぎりぎりだ

【例文】 지금 받는 월급으로는 저축은 고사하고 학자금 대출 갚느라고 한 달 한 달 생활하기도 빠듯하다.

今もらっている給料では貯金はおろか、学生ローンを返還するために、毎月生活していくだけで精一杯だ。

004
빡빡하다

[빡빠카다] 1. かさかさだ　2. ぎりぎりだ　3. 真面目すぎる
4. ピッタリしすぎる

1. 水気が少なく、やわらかくない。

[例文] 반찬도 없이 맨밥만 먹으려니 빡빡해서 잘 넘어가지 않는다.
おかずもなしに、白いご飯だけを食べようとしても、かさかさしていて、うまく飲み込めない。

2.余裕がない。きちきちだ。

[活用表現] 빡빡한 스케줄 きちきちのスケジュール
용돈이 빡빡하다 お小遣いがぎりぎりだ

[例文] 일정이 빡빡하여 우리는 시내 구경은 꿈도 못 꾸었다.
ぎりぎりの日程なので、市内観光なんて、もってのほかだった。

3.融通が利かず、くそ真面目だ。

[例文] 사람이 너무 빡빡하게 굴면 인심을 얻지 못한다.
あまりに真面目過ぎても、人の心は掴めない。

4. 何かがピッタリとはまり過ぎていて、回らなかったり動かない。

[例文] 이 선풍기는 빡빡하여 잘 안 돌아가니 기름을 좀 쳐야겠다.
この扇風機は、ピッタリはまり過ぎていてうまく回らないので、少し油を差さなければならない。

005
뿌듯하다

[뿌드타다] 満ちている。

満足でいっぱいだ。

[活用表現] 마음이 뿌듯하다 心が満たされている。
가슴이 뿌듯하다 胸がいっぱいだ

[例文] 3년 동안 고생한 끝에 한 권의 책이 나왔을 때 나는 무척 뿌듯했다.
3年間苦労した末に、一冊の本が出来上がった時、満足感でいっぱいになった。

장애인을 돕는 봉사활동을 하고 나니 나도 뭔가 보람 있는 일을 했다는 생각에 가슴이 뿌듯했다.
障害者を援助するボランティアをしてみると、何だかやり甲斐のあることをしたんだな、という想いで胸がいっぱいになった。

006
색다르다

[색따르다] 一風変わっている

同じ種類に属している一般のものとは、違う特徴がある。

[活用表現] 색다른 맛 一風変わった味
색다른 느낌 少し違った感じ
색다른 디자인 一風変わったデザイン
분위기가 색다르다 雰囲気が一風変わっている

[例文] 그 식당은 색다른 맛을 즐기려는 젊은 층에게 그만일 것이다.
その食堂は一風変わった味を楽しもうとする若者層にピッタリだ。

이 책은 한국역사를 독일 사람의 시각에서 색다르게 서술했다.
この本は韓国の歴史をドイツ人の一味違う視点から見て書かれた。

007
선명하다 [선명하다] 鮮明だ

はっきりしていて明確だ。

[例文] 그 남자는 안경을 쓰지 않았으나 콧등에 안경 자국이 선명했다.
その男は眼鏡をかけていなかったが、鼻筋に眼鏡の跡が鮮明に残っていた。

외국 국기와 나란히 펄럭이고 있는 태극기가 매우 선명하게 보였다.
外国の国旗と並んではためいている、太極旗がとても鮮明に見えた。

008
성숙하다 [성수카다] 1. 成熟する 2.成熟する

1. 体と心が大人になる。

[例文] 새로 신입 회원이 된 여대생들은 작년에 여고생이었다고는 도저히 생각되지 않을 정도로 성숙한 모습들을 하고 있었다.
新しく会員になった女子大生達は、去年女子高生だったとはとても考えられないくらい、成熟した姿をしていた。

2.あることが十分に発展して熟している。

[例文] 토론을 통해서만이 진정한 민주주의가 이루어지고 보다 성숙한 사회가 만들어질 수 있다.
討論することによってのみ、本当の意味の民主主義が成り立ち、より成熟した社会を作り出すことができる。

009
소박하다 [소바카다] 素朴だ

飾ったところがなく、地味だ。

[活用表現] 소박한 행복 素朴な幸せ
소박한 생활 素朴な生活
소박한 옷차림 素朴な服装

[例文] 고려자기가 귀족적인 데 비하여 조선의 백자는 서민적이며 소박하다.
高麗時代の磁器が貴族的なのに比べて、朝鮮時代の白磁は庶民的で素朴だ。

비록 선생님의 옷차림은 소박했으나 태도와 말투에서는 품위가 느껴졌다.
先生の服装は素朴だったが、態度と言葉使いから品位が感じ取れた。

010
소중하다 [소중하다] 大切だ

とても貴重だ。

[例文] 나 못지않게 남도 소중하게 여길 줄 알아야 한다.
自分と同じくらい、他人のことも大切に思うことができなければならない。

날이 갈수록 그녀가 내게는 더 사랑스럽고 소중한 존재가 되었다.
時間が経つにつれ、彼女が僕にとってさらに愛らしくて大切な存在になった。

011
속상하다 [속쌍하다] しゃくにさわる、むしゃくしゃする

腹の立つことや、心配によって、心が落ち着かず憂鬱だ。

[例文] 나름대로 공을 들였는데, 일이 제대로 되지 않아 속상하다.
自分なりに念を入れたのに、ことがうまく行かず、むしゃくしゃする。

내 동생은 이번 시험에서 일 등을 놓친 것 때문에 속상해서 집에 돌아와서는 시무룩해 있었다.
私の弟は今回の試験で1位になれなかったので、むしゃくしゃして家に帰ってくるなり、ふてくされていた。

012
수월하다 [수월하다] 容易い

難しかったり大変だったりせず、するのが簡単だ。

[活用構文] 動기가 수월하다

[活用表現] 수월한 일 容易いこと

[例文] 컴퓨터를 십분 활용하면 문서 정리가 훨씬 수월하다.
パソコンを十分に活用すれば、文書を整理するのがずっと簡単だ。

이 도서실은 정리가 잘 되어 있어서 자료 찾기가 수월하다.
この図書室はよく整理されているので、資料を探すのが簡単だ。

013
순진하다 [순진하다] 1. 純真だ　2. 無垢だ

1. 心に飾り気がなく、純粋だ。

[例文] 착하고 순진한 사람을 등쳐먹고 사는 파렴치한 인간도 있다.
優しくて純真な人からお金を巻き上げて暮す、破廉恥な人間もいる。

2. 世の中の世情に疎い。

[例文] 내 친구 영희는 사기꾼의 허풍도 곧이곧대로 믿을 만큼 순진한 사람이다.
私の友達のヨンヒは、詐欺師の言葉もそのまま信じるほどうぶだ。

014
순하다 [순하다] 1.穏やかだ 2. 穏やかだ 3. きつくない

1. 性質や態度が柔らかい。

【活用表現】 순한 사람 おだやかな人
순하게 생긴 얼굴 おだやかな顔
마음이 순하다 心がおだやかだ

【例文】 아이가 순해서 좀처럼 떼를 쓰거나 고집을 부리지 않는다.
子供がおだやかで、滅多に駄々をこねたり、わがままを言ったりしない。

2. 風や波、または拍子などが、やわらかい。

【活用表現】 물살이 순하다 水の流れが穏やかだ
바람이 순하게 불다 風が穏やかに吹く

【例文】 순한 바람을 안고 배는 미끄러지듯 달렸다.
穏やかな風を受けて、船は滑るように走った。

3. 味がきつくない。

【活用表現】 순한 술 まるやかなお酒
순한 담배 きつくないタバコ

【例文】 아무리 순한 담배라도 기관지가 약한 사람에게는 해를 끼칠 수 있다.
いくらきつくないタバコでも気管支が弱い人には害を及ぼすことがある。

015
시끌벅적하다 [시끌벅쩌카다] 騒々しい

すごくゴチャゴチャしていてうるさい。

【例文】 항구는 방금 잡은 생선들을 놓고 많은 사람들이 가격을 흥정하느라 시끌벅적했다.
港は、捕まえたばかりの魚をめぐり、多くの人達が値段をかけあっていて、騒々しかった。

개학날이 되자 학교 운동장은 오랜만에 등교한 아이들이 삼삼오오 모여서 웃고 떠들어대는 소리로 시끌벅적했다.
始業式の日になると、学校の運動場は久しぶりに登校した子供たちが集まって、笑ったりふざけたりする声で騒々しかった。

016
신중하다 [신중하다] 慎重だ

あることをする時、すごくよく考えて、注意深い

【活用表現】 신중한 자세 慎重な姿勢
신중한 태도 慎重な態度
신중하게 검토하다 慎重に検討する
신중하게 대처하다 慎重に対処する

[例文] 출제 위원들은 시험 문제의 적정성을 여러모로 신중하게 검토하였다.
出題委員たちは試験問題の適正性を、多角的に慎重に検討した。

우리 부장님은 매사에 빈틈없고 신중하기 때문에 실수를 별로 하지 않으신다.
うちの部長は、何事にも隙がなく慎重なので、あまりミスをしない。

017
썰렁하다

[썰렁하다] 1. 寒気がする　2. ひんやりする　3. シーンとする

1.気持ちがよくないくらいに、涼しかったり、冷たかったり、寒い。

[例文] 난방이 들어오지 않는 방안은 썰렁하게 추웠다.
暖房が入っていない部屋の中は寒気がするほど寒かった。

2. 冷たい感じがして、心寂しい。

[例文] 식구들이 모두 외출하고 나자 집이 썰렁하고 허전하게 느껴졌다.
家族たちが全員外出してしまうと、家がひっそりとして心寂しく感じた。

3. 雰囲気が突然冷たくなって、ぎこちない。

[例文] 아버지가 벌컥 화를 내시자 방안 분위기는 다시 썰렁해졌다.
父がカッとなって腹を立てたとたん、部屋の中の雰囲気がまたシーンとなった。

018
쓸데없다

[쓸떼업따] 余計だ

使いようがない。何の価値もない。

[活用表現]
쓸데없는 말　つまらないこと
쓸데없는 소리　余計なこと
쓸데없는 걱정　余計な心配
쓸데없는 생각　どうしようもない考え
쓸데없이　どうしようもなく、無意味に

[例文] 쓸데없이 모여서 시간만 낭비하지 말고 하던 일을 계속하자.
無駄に集まって、時間の浪費をしないで、していた仕事を続けよう。

중학교 때 같은 반 친구였던 철수는 수업 시간에 쓸데없는 말을 많이 해서 선생님께 야단을 맞기 일쑤였다.
中学生の時、同じクラスだったチョルスは授業時間に、よく余計なことをしゃべって、先生に叱られていた。

019
쓸쓸하다

[쓸쓸하다] 1. 寂しい　2. 寂しい

1. 寂しくてわびしい。

[例文] 혼자 사는 노인들은 명절 때 한층 더 쓸쓸함을 느낀다.
ひとりで暮らす老人たちは、祭日の時、一層寂しさを感じる。

2. (天気が)ぞくぞくして、うすら寒い。

[例文] 내 남자친구는 찬바람이 부는 쓸쓸한 늦가을에 입대했다.
私の彼氏は冷たい風が吹く、うら寂しい晩秋に入隊した。

020
씁쓸하다

[씁쓸하다] 1. ほろ苦い　2. ほろ苦い

1. 少し苦い味がする。

[例文] 인삼차는 조금 씁쓸한 맛이 나지만 건강에는 아주 좋은 차입니다.
高麗人参茶は少しほろ苦い味がするけれど、健康にはとても良いお茶です。

2. あまり望ましくなくて嫌だったり、少し気分が良くない。

[活用表現] 씁쓸한 표정　渋い表情
씁쓸하게 웃다　にがにがしく笑う

[例文] 며칠 전에 퇴직한 회사 앞을 지나오자니 씁쓸한 기분이 들었다.
何日か前に退職した会社の前を通り過ぎた時、ほろ苦い気分がした。

021
아깝다

[아깝따] 1. 勿体無い　2. 勿体無い　3. 勿体無い

1. 大切に扱っているものを失って、寂しい気持ちがする。

[例文] 사업이 실패로 끝나서 그동안 투자한 돈이 무척 아까웠다.
事業が失敗に終わり、その間投資してきたお金がすごく勿体無かった。

2. ある対象が価値のあるものなので、捨てたり、渡したりしたくない。

[例文] 그가 사 준 케이크는 너무 예뻐서 먹기가 아까웠다.
彼が買ってくれたケーキはすごくきれいだったので、食べるのが勿体無かった。

3. 価値のある対象がその価値を発揮できておらず、勿体無い。

[例文] 경치가 너무 아름다워 나만 혼자 보기가 아깝다.
景色がすごくきれいで、私ひとりでみるのが勿体無い。

022
아쉽다

[아쉽따] 1. 不便だ、欲しい　2. 惜しい

1. 必ずいなければならない人や物がなかったり、足りなかったりして、もどかしくて勿体無い。

[例文] 실업자가 되면 당장 아쉬운 것이 돈이다.
失業者になったとたんに困るのは、お金だ。

2. 勿体無くて寂しい。

[例文] 우리 팀은 지나친 체력 소모로 인해 아쉽게도 우승 문턱에서 주저앉고 말았다.
私のチームは体力を消耗しすぎて、優勝を目の前にして惜しくも敗れてしまった。

023
아슬아슬하다

[아슬아슬하다] ひやひやする

あることや状況が失敗しそうだったり、行き過ぎの状況になりそうだったりして、そわそわする。

[活用表現] 아슬아슬한 장면 はらはらする場面

아슬아슬한 순간 ひやひやする瞬間

[例文] 아슬아슬한 공중서커스는 보는 이들에게 무더위를 잊게 했다.
ひやひやする空中サーカスは、見ているものから蒸し暑さを忘れさせた。

그가 찬 공이 아슬아슬하게 골문을 빗겨 나가자 관중석에서는 아쉬움의 탄성이 일었다.
彼が蹴った球が、すれすれでゴールを外れたとたん、観客席からは嘆きの歓声が上がった。

024
안쓰럽다

[안쓰럽따] 気の毒だ、哀れだ

目下の人や弱者の苦しい立場や暮らしが、気の毒で可愛そうだ。

[例文] 그녀는 처자식 부양에 피곤해하는 남편이 안쓰러웠다.
彼女は妻子を扶養するのに疲れている夫が気の毒だった。

내 병간호를 하느라 고생에 찌든 아내의 얼굴과 거친 손을 보니 안쓰러워 눈물이 났다.
私の看病に苦労している妻の顔と、荒れた手を見たら、すごく気の毒に思えて涙が出た。

025
안타깝다

[안타깝따] やるせない

うまく行っていなかったり、見るのも気の毒で、もどかしい。

[例文] 어렵게 차린 가게를 경영난으로 폐점할 수밖에 없는 것이 안타깝다.
苦労して開いたお店を経営難で閉店するしかないことが、すごくやるせない。

아직 자신의 역량을 어디로 집중해야 할지 몰라 헤매는 젊은 사람이 많아 안타깝다.
まだ自分の力量を、どこに集中させればいいのかわからずに、迷っている若者が多くて、とても残念に思う。

026
알차다

[알차다] 充実している

中身がぎっしり詰まっていて、内容がある。

[活用表現] 내용이 알차다 内容が充実している

프로그램이 알차다 プログラムが充実している

[例文] 읽고 싶었던 책도 많이 읽고 아르바이트도 하면서 방학을 알차게 보냈다.
読みたかった本もたくさん読んで、アルバイトもしながら、充実した夏休み(冬休み)を送った。

벼이삭들은 지난 여름 동안의 햇볕으로 속속들이 알차게 자라서 모두 황금빛으로 물들어 가고 있었다.
稲穂はこの夏の間の太陽の光によって、隅から隅までぎっしり育ち、みんな黄金色に染まってきていた。

027
애매하다 [애매하다] 曖昧だ

ぼんやりして明確ではない。

[例文] 내 질문에 애매하게 대답하지 말고 명확한 대답을 해라.
私の質問に曖昧に答えないで、明確に答えろ。

그 남자는 비웃음 같기도 하고 미소 같기도 한 애매한 표정으로 나를 바라보았다.
その男は嘲笑のようでもあり、微笑みのようでもある、曖昧な表情で私を見つめた。

028
얄밉다 [얄밉따] 憎たらしい

他人の行動や言葉などが、気にいらなかったり憎い。

[活用表現] 얄미운 말 憎たらしい言葉
얄미운 짓 憎たらしいこと
얄미운 행동 憎たらしい行動
얄미운 사람 憎たらしい人

[例文] 그를 막상 만나게 되자 약이 오르거나 얄미운 생각보다는 반가운 생각이 먼저 들었다.
彼にいざ会ってみると、腹が立ったり憎たらしいというよりも、まず会えて嬉しいという思いになった。

내가 그렇게 가족을 위해 희생했는데 고마워하지 않는 식구들이 얄미웠고 심지어 배신당한 느낌마저 들었다.
私があんなに家族のために犠牲になってきたのに、有り難く思っていない家族たちが憎たらしく、ついには裏切られたとまで感じた。

029
어리둥절하다 [어리둥절하다] うろたえる、面食らう

突然のことや、道理に合わない出来事によって、精神が混乱する。

[活用表現] 어리둥절한 표정 うろたえた表情
어리둥절한 얼굴 面食らった顔

[例文] 난데없는 개발 소식에 동네 사람들은 어리둥절한 표정이었다.
突然の地域開発の知らせに、町の人達はうろたえた表情をしていた。

갑자기 웃음을 터뜨리는 나를 가족들은 어리둥절한 눈으로 바라보았다.
突然大笑いした私を、家族たちはあっけに取られた目でみつめた。

030
어리석다

[어리석따] 愚かだ

賢くなく、鈍い。

[活用表現] 어리석은 행동 愚かな行動

어리석은 생각 愚かな考え

어리석은 사람 愚かな人

[例文] 나는 어리석게도 어머니가 내 거짓말에 속을 거라고 생각했다.
私は愚かにも、母が私の嘘にだまされるだろうと思った。

늘 자기가 못났다는 열등감에 빠져 있는 사람은 어리석은 사람이다.
いつも自分がどうしようもない人間だと劣等感を抱いている人は、愚かな人だ。

031
어마어마하다

[어마어마하다] ものすごい

大きさや量、程度などがかなりすごい。

[例文] 야당 후보의 선거 유세에 어마어마한 인파가 몰려들었다.
野党候補の選挙演説に、ものすごい数の人たちが集まった。

지금까지 밝혀진 시장의 비리가 어마어마해서 모두 할 말을 잃었다.
今までに明らかになった市長の不正のすさまじさに、みんな言葉を失った。

032
어설프다

[어설프다] 1. たどたどしい　2. 中途半端だ　3. 生半可だ　4. ぼんやりと

1. することに慣れておらず、手際がよくない。

[例文] 오늘 처음 식당의 주방 일을 시작한 그 여자의 칼질이 어설프고 느렸다.
今日初めて食堂で調理の仕事を始めたその女の包丁さばきは、たどたどしくて遅かった。

2. 組織や知識、行動などが完全でなく、粗末なところがある。

[活用表現] 어설픈 지식 中途半端な知識

어설픈 계획 中途半端な計画

[例文] 이번 여행은 기대를 많이 하고 떠났지만 어설픈 계획으로 여행 도중 고생이 많았다.
今回の旅行はすごく期待して行ったのに、中途半端な計画によって旅行をしながらすごく苦労した。

3. 徹底した準備や慎重な考えをせず、軽率に行動する。

[例文] 잘 알지도 못하면서 남의 일에 어설프게 나서지 마라.
よく知りもしないくせに、他人ごとにむやみ割り込むな。

4. 眠りが深くなかったり、夢がはっきりしておらず、ぼやけている。

[例文] 어설프게 잠이 들었는데 인기척에 잠이 깼다.
うとうとと眠り始めたのに、人の気配がして目が覚めた。

033
어수룩하다

[어수루카다] 1. お人よしだ 2. なまっちょろい

1. 言葉や行動があざとくなく、素朴で情け深い。

[例文] 그 사람은 어수룩한 시골 사람들을 상대로 장사를 해서 많은 돈을 모았다.
その人はお人よしの田舎の人達相手に商売をして、たくさん儲けた。

2. ずるがしこくなく、愚かなところがある。

[例文] 김 과장은 첫인상은 어수룩해 보였지만 알고 보니 결코 만만한 사람이 아니었다.
キム課長は、第一印象ではおめでたい人に見えたが、実は決して侮れないひとだった。

034
어지럽다

[어지럽따] 1.めまいがする　2.混乱している　3. 散らかっている

1. 体をしっかり支えることができず、精神が朦朧としてフラフラする。

[例文] 몇 바퀴나 돌았는지 아이는 다 돌고 나서도 어지러워서 바로 서지를 못했다.
何周まわったのか、その子は回りきった後にも、フラフラして真っ直ぐに立てなかった。

2. 社会が混乱していて秩序がない。

[例文] 세상이 어지러우면 이상향을 제시하는 예언서가 많이 나돈다.
世界が混乱していると、理想郷を提示した預言の書が多く出回る。

3. 物があるべき場所になく、散らばっていてゴチャゴチャだ。

[例文] 길거리에는 사람 하나 없이 낙엽만이 어지럽게 굴러다닐 뿐이었다.
道端には人が1人もおらず、落ち葉散らばっているだけだった。

035
억울하다

[억울하다] 悔しい、無念だ

よくわからずにやられて、憤りを感じ、胸が晴れない。

[例文] 잘못도 없이 아버지에게 꾸중을 듣는 게 너무 억울했다.
間違ったこともしていないのに、父に叱られるのがすごく悔しかった。

영문도 모른채 감옥에 갇힌 그 남자는 모든 수단을 동원해서 억울한 누명을 벗고 진실을 밝히려고 애를 썼다.
理由も分からないまま監獄に閉じ込められたその男は、ありとあらゆる手段の使って、無念なぬれぎぬを晴らし、真実を明らかそうと努力した。

036
엄격하다

[엄껴카다] 厳格だ

言葉、態度、規則などが、すごく厳しく徹底されている。

[活用表現] 엄격한 규율　厳格な規律
엄격한 심사　厳格な審査

엄격한 통제 厳格な統制
엄격하게 말하다 厳格に言う
엄격하게 시행하다 厳格に施行する

[例文] 옛날의 혼례는 그 격식이 매우 엄격하였다.
昔の婚礼は､その格式がすごく厳格だった。

아이들을 너무 엄격하게 다루면 오히려 역효과가 날 수 있다.
子供たちに厳格にしすぎると､むしろ逆効果が現れることがある。

037
엄숙하다 [엄수카다] 1. 厳粛だ 2. 厳粛だ

1. 雰囲気や意識などが､荘厳で静粛だ。

[例文] 운동장에는 애국가가 엄숙하게 울려 퍼지고 있었다.
運動場では愛国歌が厳粛に鳴り響いていた。

2. 言葉や態度などが､威厳があって､丁重だ。

[例文] 아버지는 슬픔을 겨우 참아 내며 엄숙한 자세로 할아버지 영정에 절을 올렸다.
父は哀しみをじっと堪えて､厳粛な姿勢で祖父の遺影にお辞儀をした。

038
엄청나다 [엄청나다] 相当だ､凄まじい

予想や考えよりも量や程度が､かなりのものだ。

[例文] 정부에서 벌이는 이번 사업의 규모가 엄청나다.
政府が繰り広げる今回の事業の規模はかなり大きい。

이번 홍수 피해는 이루 말할 수 없이 엄청났다.
今回の洪水の被害は､とうてい言い表せないほど相当なものだった。

039
역동적이다 [역똥저기다] 躍動的だ

力に溢れていて活動的に動く。

[活用表現] 역동적 현상 躍動的な現象
역동적인 삶 躍動的な人生
역동적으로 활동하다 躍動的に活動する

[例文] 개인의 발전과 사회의 발전은 항상 역동적으로 영향을 주고받는다.
個人の発展と社会の発展は､いつも躍動的に影響を与え合う。

세계 여러 나라 축제 중 가장 역동적인 축제는 브라질의 삼바 축제라고들 한다.
世界のいろいろな国の祭りの中で､一番躍動的な祭りはブラジルのサンバ祭りだという。

040
엷다 [열따] 1. 淡い 2. 薄い 3. うっすら

1. 色が濃くなく、少し薄い。

엷은 색 淡い色

엷은 화장 薄化粧

[例文] 엷은 분홍색 저고리에 연두색 치마를 입은 언니는 마치 새색시 같았다.
淡いピンク色の上着に薄緑色のスカートをはいた姉は、まるで花嫁のようだった。

2. 濃度や密度が濃くない。

[例文] 새벽이 조금씩 밝아 옴에 따라서 엷은 안개가 천천히 피어올랐다.
夜空が少しずつ明るくなってくるにつれて、薄い霧がゆっくり広がった。

3. (主に '엷은, 엷게'の形で使われ)笑い、眠り、感覚があるようでもあり、ないようでもあり、軽い。

[例文] 할아버지께서는 내 얘기를 들으시더니 입가에 엷은 미소를 지으셨다.
祖父は私の話を聞くと、口元にうっすらと笑みを浮かべた。

041
올바르다 [올바르다] 正しい

言葉や考え、行動などが、道理や規範から外れておらず、正しい。

[活用表現] 올바른 말 正しい言葉

올바른 생각 正しい考え

올바른 정신 正しい精神

올바른 태도 正しい態度

[例文] 그는 지금까지 부정한 재물을 탐하지 않고 올바르게 살아왔다.
彼は今まで不正な金銭をむさぼることなく、正しく生きてきた。

내 생각이 옳고 내 행동이 올바르다고 해서 세상이 그대로 받아들이는 것도 아니다.
私の考えが正しく、私の行動が正しいとしても、世の中がそれをそのまま受け入れてくれる訳ではない。

042
우습다 [우습따] 1. 滑稽だ 2. 愚かだ 3. 愚かだ 4. 何か変だ

1. おもしろくて、笑える。

[例文] 나는 그의 행동이 우스워서 웃음을 참을 수가 없었다.
私は彼の行動が滑稽で、笑いを堪えられなかった。

2. 気分がよくなく、気に食わない。

[例文] 사장님의 비위를 맞추려고 그 앞에서 알랑대는 김 대리의 모습은 정말 우습다.
社長の機嫌を取ろうとして、彼の前でこびへつらうキム代理の姿は本当に愚かだ。

3. 大したことでなく、取るに値しない。

[例文] 그의 태도는 마치 나를 우습게 생각하는 것 같아서 기분이 나쁘다.
彼の態度はまるで、私をバカにしているようで、気分が悪い。

4. 何だか意外で変だ。

[例文] 뭐가 잘못되었는지는 몰라도 일이 의도한 대로 되지 않고 아주 우습게 되어 버렸다.
何を間違ってしまったのかわからないが、事が思い通りに行かず、すごく変な感じになってしまった。

043
우아하다 [우아하다] 優雅だ

高尚で品があり、美しい。

[活用表現] 우아한 자태 優雅な姿
우아한 차림새 優雅な装い
우아하게 걷다 優雅に歩く

[例文] 그녀는 우아하고 기품 있는 중년의 여인이 되어 있었다.
彼女は上品で品のある中年女性になっていた。

박물관에 전시된 도자기에서 우아하고 아름다운 곡선미를 느낄 수 있었다.
博物館に展示された陶磁器から、優雅で美しい曲線美を感じることができる。

044
원만하다 [원만하다] 1.穏やかで寛大だ、円満だ　2.円滑だ　3. 円満だ

1. 性格に角がなく、柔軟で寛大だ。

[活用表現] 원만한 성품 円満な性格
성격이 원만하다 性格が寛大だ

[例文] 직장생활에서는 업무능력뿐만 아니라 원만한 대인관계도 아주 중요하다.
職場生活では、業務能力だけでなく、円満な対人関係もとても重要だ。

2. ことの進行が順調だ。

[活用表現] 원만하게 처리하다 円滑に処理する

[例文] 국민들은 여당과 야당이 경색된 정국을 대화를 통해 원만하게 풀어 나가기를 기대한다.
国民たちは与党と野党が梗塞した政局を、対話を通して円滑に解決することを期待している。

3. お互い仲がいい。

원만한 부부 생활 円満な夫婦生活
원만한 관계를 유지하다 円満な関係を維持する

【例文】 그 사람은 워낙 성격이 모가 나서 주위 사람들과의 사이가 원만하지 못하다.
その人はなにしろ性格に角があって、周囲の人達との仲が円満ではない。

08 연습문제

[1-12] 다음 밑줄 친 부분과 의미가 비슷한 것을 고르십시오.
下線を引いた部分と同じような意味を持つものを選びなさい。

1. 나는 세계 최고의 대학에 합격했다는 합격 통지서를 받고 내 자신이 너무 자랑스러운 나머지 가슴이 벅찼다.

   ❶ 기쁘다 ❷ 알차다 ❸ 뿌듯하다 ❹ 엄청나다

2. 해가 뜨자 건물의 윤곽이 점차 선명해졌다.

   ❶ 뚜렷해지다 ❷ 완전해지다 ❸ 화려해지다 ❹ 날카로워지다

3. 그 아이는 자기 또래에 비해 아주 성숙하다.

   ❶ 어설프다 ❷ 든든하다 ❸ 어른스럽다 ❹ 믿음직스럽다

4. 그 방들은 수수하지만 깔끔하게 단장이 되어 있었다.

   ❶ 단순하다 ❷ 썰렁하다 ❸ 소박하다 ❹ 우아하다

5. 한번 저지른 실수는 되돌릴 수가 없으니 매사에 신중해야 한다.

   ❶ 성숙하다 ❷ 원만하다 ❸ 과감하다 ❹ 조심스럽다

6. 한창 뛰어 놀아야 할 어린 나이에 힘든 노동을 하는 아이들을 보니 너무 가엽고 불쌍했다.

   ❶ 서글프다 ❷ 안쓰럽다 ❸ 억울하다 ❹ 우울하다

7. 운전자의 사소한 부주의로 대형 사고가 발생해 참으로 속이 타고 가슴이 아팠다.

   ❶ 괴롭다 ❷ 안타깝다 ❸ 씁쓸하다 ❹ 기막히다

8. 지난 2개월 동안 외국 친구와 언어교환을 통해 언어와 문화를 교류하면서 방학을 알차고 보람 있게 보냈다.

   ❶ 실속 있다 ❷ 색다르다 ❸ 뿌듯하다 ❹ 역동적이다

9. 인색하기로 소문난 우리 사장님이 연말 보너스를 200% 준다는 소식에 회사 직원들은 모두 얼떨떨한 표정을 지었다.

❶ 어설프다 ❷ 씁쓸하다 ❸ 어수룩하다 ❹ 어리둥절하다

10. 나는 그가 왜 어렵게 들어간 회사를 그만두는 바보같은 짓을 했는지 이해할 수가 없다.

❶ 엄청나다 ❷ 얄밉다 ❸ 어리석다 ❹ 안타깝다

11. 그는 이번 시합에 우승함으로써 1,000만 불이라는 굉장한 돈을 상금으로 받게 되었다.

❶ 불합리하다 ❷ 어마어마하다 ❸ 급작스럽다 ❹ 부담스럽다

12. 나는 네가 심사숙고해서 옳은 결정을 내리기를 바란다.

❶ 알차다 ❷ 귀하다 ❸ 소중하다 ❹ 올바르다

[13-16] 다음 밑줄 친 부분과 의미가 것을 고르십시오.

下線を引いた部分と反対の意味を持つものを選びなさい。

13. 이번 판결로 국제간의 범죄자 인도 절차가 한결 수월해질 것이다.

❶ 완전해지다 ❷ 만만해지다 ❸ 까다로워지다 ❹ 부담스러워지다

14. 우리의 빈틈없는 판매 계획은 사업을 성공으로 이끌었다.

❶ 허술하다 ❷ 성숙하다 ❸ 순진하다 ❹ 어리석다

15. 깊고 고요한 밤공기에 실려 어디선지 모르게 엷은 꽃향기가 흘러왔다.

❶ 진하다 ❷ 순하다 ❸ 독하다 ❹ 선명하다

16. 그는 첫인상은 어수룩해 보였지만 막상 일을 같이 해보니 매사에 빈틈없는 사람이었다.

❶ 신중하다 ❷ 교만하다 ❸ 단단하다 ❹ 치밀하다

[17-31] 다음 ( )에 알맞은 것을 고르십시오.
次の( )に当てはまるものを選びなさい。

17. 국가인권위원회가 국회에 제출한 공식 보고서는 인터넷 게재물에 실명을 써야 한다는 정부의 결정은 ( )고 주장하고 있다.

❶ 불공평하다 ❷ 불가능하다 ❸ 불합리하다 ❹ 불필요하다

18. 시의 ( ) 예산 때문에 빈곤층에게 무료로 의료 서비스를 제공하려던 계획은 잠정적으로 연기되었다.

❶ 빠듯한 ❷ 넉넉한 ❸ 무분별한 ❹ 아슬아슬한

19. 그 요리 연구가는 땅콩 버터와 두부, 딸기를 이용해서 아주 ( ) 맛의 아이스크림을 개발해 냈다.

❶ 과감한 ❷ 씁쓸한 ❸ 건전한 ❹ 색다른

20. 우리 아이는 지난번 축구 경기에서 상대팀에게 4 대 0으로 패한 것에 대해 아직도 ( ) 하고 있다.

❶ 두려워 ❷ 곤란해 ❸ 쓸쓸해 ❹ 속상해

21. 그 아이가 처음에는 ( ) 보였지만 시간이 조금 지나자 버릇없는 행동을 해서 다른 사람들을 불쾌하게 만들었다.

❶ 교만해 ❷ 순진해 ❸ 얄미워 ❹ 날카로워

22. 추석 대목을 맞은 시장은 발 디딜 틈도 없이 사람들로 ( ).

❶ 어지러웠다 ❷ 빈틈없었다 ❸ 아슬아슬했다 ❹ 시끌벅적했다

23. 아무리 화려하고 웅장한 궁궐도 주인을 잃으면 폐허처럼 ( ).

❶ 쓸쓸해진다 ❷ 느긋해진다 ❸ 아까워진다 ❹ 엄숙해진다

24. 그날의 농구 경기는 처음부터 끝까지 쫓고 쫓기는 ( ) 경기여서 시합이 끝날 때까지 한시도 긴장의 끈을 놓을 수 없었다.

❶ 무모한 ❷ 안타까운 ❸ 어지러운 ❹ 아슬아슬한

25. 박 과장은 어렵고 곤란한 문제가 생기면 늘 핑계를 대고 자기만 교묘히 빠져 나갔기 때문에 회사 사람들이 모두 그를 ( ) 한다.

❶ 얄미워 ❷ 아쉬워 ❸ 아까워 ❹ 꺼림칙해

26. 피겨 스케이트 선수들이 유연하고 힘을 들이지 않는 듯이 ( ) 동작으로 얼음판 위를 누비고 다녔다.

❶ 끈질긴 ❷ 우아한 ❸ 그윽한 ❹ 역동적인

27. 목격자의 증언으로 결국 무죄인 것이 밝혀졌지만 그녀는 그때 일을 생각하면 ( ) 아직도 속이 부글부글 끓는다고 한다.

❶ 억울해서 ❷ 고소해서 ❸ 어리석어서 ❹ 불합리해서

28. 그의 익살맞은 태도는 ( ) 할 장례식에는 전혀 걸맞지 않았다.

❶ 치밀해야 ❷ 엄격해야 ❸ 엄숙해야 ❹ 빈틈없어야

29. 오늘날 우리는 인터넷을 통해 ( ) 양의 정보를 손쉽게 수집할 수 있다.

❶ 빽빽한 ❷ 엄청난 ❸ 미세한 ❹ 끊임없는

30. 요즘에 나오는 뮤지컬은 다양한 스토리와 ( ) 안무로 그 지평을 넓혀가고 있습니다.

❶ 순진한 ❷ 분주한 ❸ 역동적인 ❹ 시끌벅적한

31. 회사 생활을 잘 하려면 상사와 ( ) 관계를 유지하는 것이 매우 중요하다.

❶ 원만한 ❷ 색다른 ❸ 소중한 ❹ 마땅한

[32-33] 다음 중 형용사의 쓰임이 잘못된 것을 고르십시오.
次の中から形容詞の使い方が間違っているものを選びなさい。

32.

❶ 우리 아이는 양처럼 순해서 좀처럼 보채지도 않고 말도 잘 듣는다.
❷ 요즘은 장마철인데도 비가 순하게 와서 아직까지 홍수 피해가 나지 않았다.
❸ 가벼운 상처를 입었을 때는 순한 비누와 물로 그 부위를 부드럽게 씻어내는 게 좋다.
❹ 카페인은 우리 몸에 들어오면 심장 박동, 혈류, 호흡, 그리고 신진대사를 몇 시간 동안 가속화시키는 순한 흥분제의 역할을 한다.

33.

❶ 모두 퇴근하고 썰렁한 사무실을 나 혼자 지키고 있다.
❷ 아직 초가을이지만 아침저녁으로는 썰렁해서 보일러를 조금씩 돌린다.
❸ 친구 생일 파티가 처음에는 사람이 적어서 썰렁했지만 시간이 지날수록 차츰 분위기가 살아났다.
❹ 혼자 고향에 남아 썰렁하게 살고 계신 어머니를 생각하자 가슴이 저미는 듯 아팠다.

[34-36] 다음 (　　)에 공통적으로 들어갈 단어의 기본형을 쓰십시오.
次の(　　)に共通して当てはまる単語の基本形を書きなさい。

34.

❶ 그는 허탈감에 빠져 혼자 (　　　)게 웃었다.
❷ 나는 (　　　)은/ㄴ 맛을 싫어해서 커피에는 꼭 설탕이나 시럽을 넣어 마신다.
❸ 능력도 없고 비전도 없어 내가 차버렸던 옛날 남자 친구가 출세해서 엄청나게 잘 사는 걸 보니 기분이 (　　　).

35.

❶ 나는 어머니께 (　　　)은/ㄴ 변명을 늘어놓다가 야단만 더 맞았다.
❷ 내 친구는 돈이 된다는 소문만 믿고 (　　　)게 그 사업에 뛰어들었다가 돈만 날렸다
❸ 그 배우는 충분한 연습 없이 무대에 올라 (　　　)은/ㄴ 연기로 극장에서 웃음거리가 되었다.

36.

❶ 현관문이 너무 (   )어서/아서/여서 기름을 좀 칠했더니 많이 부드러워졌다.

❷ 3박 4일의 여행 일정이 다소 (   )다는 의견이 많아 하루를 더 늘리기로 했다.

❸ 죽을 끓일 때 물을 적게 넣으면 (   )어지니/아지니/여지니 물을 넉넉하게 넣으세요.

❹ 남편 월급으로는 아이들 과외비 대기도 (   )어서/아서/여서 시간제로 할 수 있는 일을 찾고 있다.

형용사 Ⅲ

09

形容詞 Ⅲ

09 형용사 Ⅲ

001
웬만하다 [웬만하다] 1. そこそこだ　2. 大概だ

1. 程度や状況が標準に近かったり、それより少し低い。

[例文] 그 학생은 평소 성실했으며, 성적도 웬만했다.
その学生は普段真面目だし、成績もそこそこだった。

2. '웬만하면', '웬만한', '웬만해서는'などの形で使われ、許容される範囲から大きく外れていない状態にある。

[例文] 나는 그동안 여러 가지 사건을 경험해서 웬만한 일에는 눈 하나 깜짝하지 않는다.
私はこれまでいろいろな事件を経験して、大概のことではビクともしない。

002
유리하다 [유리하다] 有利だ

誰かに有利だとか得になる。

[活用構文] 名에/에게 유리하다

[類義語] 이롭다 得だ

[反意語] 불리하다 不利だ

[例文] 기온이 높고 비가 많은 여름 계절풍은 벼농사에 특히 유리하다.
気温が高く雨の多い夏の季節風は、稲作に特に有利だ。

약속을 이미 했다면 그 약속이 자기에게 유리하건 불리하건 간에 반드시 지켜야 한다.
約束をすでにしたのだったら、その約束が自分に有利だろうが、不利だろうが、必ず守らなければならない。

003
유사하다 [유사하다] 類似する

似ている。

[活用構文] 名과/와 유사하다

[活用表現] 유사품 類似品

유사성 類似性

유사 단체 類似団体

[例文] 유사한 사건들이 연일 꼬리에 꼬리를 물고 발생했다.
類似した事件が連日立て続けて発生した。

나는 얼마 전에도 오늘 꾼 꿈과 유사한 꿈을 꾸었었다.
私は少し前にも今日見た夢とよく似た夢を見た。

004
익살스럽다

[익쌀스럽따] こっけいだ

他人を笑わせようと、わざと滑稽なことを言ったり行動したりするところがある。

[活用表現] 익살스러운 말 こっけいな言葉

익살스러운 표정 こっけいな表情

익살스러운 행동 こっけいな行動

[例文] 무대 위에서 광대가 익살스러운 표정을 짓자 관객들이 폭소를 터뜨렸다.

舞台の上で、役者がおどけた表情をするや、観客達が大爆笑した。

시골 장터에서 재미있고 익살스러운 노래가 길게 이어지는 동안 구경꾼들의 박장대소도 끊이지 않는다.

田舎の市場で面白くてこっけいな歌が長く続いている間、見物人の手を叩いての大笑いも途切れることがなかった。

005
잔인하다

[잔인하다] 残忍だ

人情がなく、すごくむごい。

[例文] 이토록 잔인하고도 무자비한 학살을 누가 지시했는가?

これほど残忍で、無慈悲な虐殺を誰が指示したのか？

이제 그만 헤어지자는 그의 말은 나에게 너무나도 잔인했다.

もう別れよう、という彼の言葉は私にとってあまりにも残忍だった。

006
잔잔하다

[잔잔하다] 1. 穏やかだ　2. 穏やかだ　3. 穏やかだ　4. 落ち着いている

1. 風や水波などがおさまってひっそりする。

[活用表現] 잔잔한 호수 穏やかな湖

잔잔한 바다 穏やかな海

잔잔한 수면 穏やかな水面

[例文] 화창한 봄철이어서 바람은 따뜻하고 파도는 잔잔하였다.

のどかな春日和で、風は暖かく、波は穏やかだった。

2. 雰囲気がシンとしていて、平和だ。

[例文] 잔잔하던 집안에 한바탕 큰 소동이 일어났다.

穏やかだった家庭にひとしきり大きな騒動が起った。

3. 態度などが静かで平穏だ。

[活用表現] 잔잔한 눈빛 穏やかな目つき

잔잔한 미소 穏やかな微笑み

[例文] 어머니는 품에 안긴 아기를 바라보며 부드럽고 잔잔한 미소를 지으셨다.

母は胸に抱いた赤ちゃんを見つめて、やわらかく穏やかな微笑みを浮かべた。

4. 音が静かでかなり低い。

[例文] 그는 눈을 지그시 감고 잔잔한 목소리로 이야기를 시작했다.
彼は目を静かに瞑って、落ち着いた声で話を始めた。

007
저렴하다

[저렴하다] 安い

品物などの価格が安い。

[活用表現] 저렴한 물건 安い品物
값이 저렴하다 値段が安い
가격이 저렴하다 価格が安い

[例文] 이 시장은 물건 값이 저렴하여 늘 많은 사람이 모인다.
この市場は品物の値段が安く、いつも多くの人が集まってくる。

라디오가 저렴한 가격으로 전국에 보급된 것은 60년대 초반부터였다.
ラジオ放送の受信機が安い価格で全国に行き渡るようになったのは60年代初めの頃だった。

008
절실하다

[절씰하다] 切実だ

すごく急を要していたり、何かを望む心が切実だ。感情や考えがかなり強烈な状態にある。

[活用表現] 절실한 눈빛 切実な目つき
절실한 과제 切実な課題
절실한 그리움 切実な恋しさ
절실하게 와 닿다 切実に身にしみる
대책 마련이 절실하다 対策の整備が切実だ

[例文] 최근 들어 강한 태풍이 한반도에 자주 영향을 미치므로 이에 대한 대책 마련이 절실하다.
最近になって、強い台風が朝鮮半島にたびたび影響を及ぼすようになったので、これに対する対策の整備が切実である。

그 학생은 입학 시험에 벌써 두 번이나 떨어졌기 때문에 이번 시험에 합격하기를 절실히 원한다.
その学生は入学試験にすでに2回も落ちたため、今回の試験で合格することを切実に願っている。

009
정직하다

[정지카다] 正直だ

心がまっすぐで正しい。

[活用表現] 정직한 사람 正直な人
정직한 행동 正直な行動
정직한 마음 正直な心

정직하게 살다 正直に生きる

[反意語] 부정직하다 不正直だ

[例文] 그는 비록 가난했지만 정직하고 바르게 살려고 노력했다.
彼は貧乏だったが、正直に正しく生きようと努力した。

부정을 저질러 부자가 되기보다는 가난하더라도 명예롭고 정직하게 살고 싶다.
不正をはたらいて金持ちになるよりも、貧しくても誇り高く正直に生きたい。

010
조급하다 [조그파다] 早急だ、焦る

忍耐がなく、すごくせわしない。

[活用表現] 조급한 성격 早急な性格

조급히 서두르다 せっかちに急ぐ

[例文] 그는 시험 날짜가 다가오면서 마음이 점점 조급해지기 시작했다.
彼は試験日が近づいてくると、気持ちが少しずつ焦り始めた。

나는 교통사고로 길이 막혀 비행기를 놓칠까봐 조급한 마음에 택시에서 내려서 공항까지 뛰기 시작했다.
私は交通事故で道が塞がっていて、飛行機に乗り遅れやしないかと焦る気持ちから、タクシーを降りて空港まで走り始めた。

011
주요하다 [주요하다] 主要だ

主なことで重要だ。

[例文] 이것들은 모두 제품 생산에 주요한 시설들이다.
これらはすべて、製品生産に重要な施設だ。

이 시점에서 우리에게 무엇보다 주요한 것은 단결이다.
この時点から私達に何より重要なことは団結だ。

012
중대하다 [중대하다] 重大だ

軽く扱うことができないほど、とても重要で大きい。

[活用表現] 중대한 결정 重大な決定

중대한 문제 重大な問題

[例文] 그는 순간의 실수로 중대한 과오를 범하고 말았다.
彼は一瞬のミスによって、重大な過ちを犯してしまった。

천문학자 허블이 발명한 허블망원경은 천문학 연구에 획기적인 발전을 가져온 매우 중대한 발견이었다.
天文学者ハッブルが発明したハッブル望遠鏡は、天文学の研究に画期的な発展をもたらした、とても重大な発見だった。

013
지겹다

[지겹따] うんざりする

同じことがしきりに繰り返されて、面白くなく、嫌だ、

[例文] 방학동안 너무 놀았더니 이제 노는 것이 지겹다.
夏休み(冬休み)の間に遊びすぎて、もう遊ぶのもうんざりだ。

힘들게 취직했는데 회사에서 매일 똑같은 일을 반복하자니 지겨워 죽겠다.
苦労して就職したのに、会社で毎日まったく同じ仕事を繰り返すと思うと、もううんざりだ。

014
진실하다

[진실하다] 真実だ

嘘ではなく、正しく本当だ。

[活用表現]
진실한 벗 本当の友
진실한 태도 真実味のある態度
진실을 감추다 真実を隠す
진실을 밝히다 真実を明かす
진실성이 있다 真実性がある

[例文] 이번 사건의 진실이 언젠가는 드러나고 말 것이다.
今回の事件の真実が、いつかは暴かれることだろう。

진실한 대화를 통해 서로를 이해하고 더욱 더 가까워질 수 있다.
真剣に真実を語り合うことで、お互いを理解し、もっと親しくなれる。

015
진지하다

[진지하다] 真面目だ、真剣だ

気持ちが入った態度や行動などがまともで着実だ。

[活用表現]
진지한 대화 真剣な対話
진지한 태도 真面目な態度
진지하게 논의하다 真剣に論議する

[例文] 사장은 사원들의 제안을 진지하게 받아들였다.
社長は社員達の提案を真剣に受け止めた。

그는 전혀 농담하는 기색이 없이 진지한 얼굴로 말했다.
彼はまったく冗談を言う素振りもなく、真剣な顔をして言った。

016
짜다

[짜다] ケチだ

お金の使い方が、すごくみみっちい。

[例文] 씀씀이가 짜면 그 주변으로 사람이 안 모이는 법이다.
お金を使う時、ケチだと周りに人が集まらないものだ。

내 친구 민철이는 부자인데도 돈을 내는 일에는 굉장히 짜게 군다.
友達のミンチョルはお金持ちなのに、お金を出すことにはかなりケチ臭い。

017
차분하다

[차분하다] 1. 物静かだ　2. 落ち着いている　3. 落ち着いている

1. 心が落ち着いていて静かだ。

[活用表現] 차분한 성격 物静かな性格

차분한 태도 物静かな態度

마음이 차분하다 心が落ち着いている

[例文] 산을 오르면 마음이 차분하게 가라앉으면서 세속적이고 이기적인 생각들이 다 없어진다.

山に登ると心がゆったりと落ち着いて、世俗的で自己中心的な考えが全部なくなってしまう。

2. 声が高ぶっておらず、低めだ。

[例文] 시험에 또 떨어진 나는 불호령이 떨어질 것이라 예상했지만 의외로 아버지께서는 차분한 목소리로 나를 위로해 주셨다.

試験にまた落ちた私は、かみなりが落ちるだろうと予想していたけれど、意外にも父は落ち着いた声で私を慰めてくれた。

3. 雰囲気が浮かれておらず、静かだ。

[例文] 올해 송년회는 시끌벅적하고 요란했던 작년의 송년회와는 달리 차분한 분위기에서 진행되었다.

今年の送別会はうるさく騒々しかった去年の送別会とは違って、落ち着いた雰囲気の中で進行された。

018
창피하다

[창피하다] 恥ずかしい

(あることや、事実などによって)とても恥ずかしい。

[類義語] 창피스럽다 恥ずかしい

[例文] 나는 여드름이 잔뜩 난 얼굴이 창피해서 고개를 들지 못했다.

私はにきびでいっぱいの顔が恥ずかしくて、顔を上げられなかった。

그녀는 다른 사람들 앞에서 창피한 줄도 모르고 바닥에 주저앉아 엉엉 소리 내어 울었다.

彼女は他人の前で恥ずかしげもなく、床にしゃがみこんでワンワン声を出して泣いた。

019
철저하다

[철쩌하다] 徹底する

あることをする時、とても注意深くて抜け目がなく、完璧だ。

[活用構文] 名에 철저하다

[例文] 이번에 당선된 시장님은 정해진 원리 원칙엔 누구보다 철저하고 예외가 없으셨다.

今回当選した市長は決められた原理原則には誰よりも徹底していて、例外がなかった。

당국은 그 사업의 계획과 시행에 철저하지 못했음을 시인하고 시민들에게 사과하였다.
当局はその事業の計画と施行に徹底しなかったことを認め､市民達に謝罪した。

020
초조하다 [초조하다] いらいらしている
気を揉んでひやひやする。

[活用表現] 초조한 기색 いらいらした素振り
초조한 얼굴 いらいらした表情

[例文] 그 사람은 말로는 큰소리를 치면서도 초조한지 자꾸 시계를 들여다보았다.
その人は口では大きなことを言っておきながら､いらだっているのか､しきりに時計を覗きこんだ。

초조해하거나 불안해하거나 하지 않고 하루하루를 느긋하게 지내는 것이 가장 좋은 장수의 비결이라고들 한다.
いらいらしたり､不安になったりせず､一日一日をのんびりと過ごすことが一番の長寿の秘訣だと言う。

021
촉박하다 [촉빠카다] さし迫る
期限や時間が間近に迫っている。

[例文] 행사 일정이 너무 촉박하게 잡혀 준비를 철저히 하지 못했다.
イベントの日程がすごく切迫して組まれていて､しっかりした準備ができなかった。

국가 대표 축구팀은 대회 개최 일주일 전에 소집되어 대회를 준비하기에는 시간이 촉박했다.
国家代表のサッカーチームは大会開催の1週間前に召集されたので､大会の準備をするには時間が切迫していた。

022
충실하다 [충실하다] 忠実だ
忠誠心があり､誠実だ。

[活用構文] 名에 충실하다
名에게 충실하다

[活用表現] 가정에 충실하다 家庭に忠実だ
직장에 충실하다 職場に忠実だ
자기 자신에게 충실하다 自分に忠実だ

[例文] 그는 가정에 충실할 뿐만 아니라 애처가로도 소문이 나 있다.
彼は家庭に忠実なだけでなく､愛妻家としても有名だ。

자신에게 맡겨진 임무를 충실히 수행하고 매사에 최선을 다 하며 살아가다 보면 언젠가는 꼭 성공할 날이 올 것이다.
自分に任された任務を忠実に遂行し、何事にも最善を尽くして生きていれば、いつかは必ず成功する日がくるだろう。

023
치명적이다 [치명저기다] 1. 致命的だ　2. 致命的だ

1. 病気や傷が生命危険に追い込む程度である。

[活用構文] 名이/가 名에/에게 치명적이다

[例文] 그 사람은 자동차 사고로 치명적인 뇌손상을 입어 사망하고 말았다.
その人は自動車事故で致命的な脳損傷を負い、死亡してしまった。

2. 元に戻せないくらい良くない影響を与える程度である。

[活用構文] 名이/가 名에/에게 치명적이다

[例文] 한창 감수성이 예민한 나이의 학생들에겐 정학이나 퇴학 같은 조치가 치명적일 수도 있다.
感受性が特別敏感な年齢の学生たちにとって、停学や退学のような処置が致命的なこともある。

024
침착하다 [침차카다] 落ち着く

感情に踊らされて興奮せず、行動が正しい。

[活用表現] 침착한 성격　落ち着いた性格
침착하게 행동하다　落ち着いて行動する

[例文] 우리 형은 침착해서 무슨 일에 맞닥뜨려도 당황하지 않는다.
私の兄は落ち着いていて、どんなことに出くわしても慌てない。

지진으로 무너진 건물 더미에 갇힌 상황에서도 그들은 서로를 위로하며 침착하게 구조대가 오기를 기다렸다.
地震で崩れた建物の瓦礫の中に閉じ込められた状態でも、彼らはお互いを励まし、落ち着いて救助隊が来るのを待っていた。

025
캄캄하다 [캄캄하다] 1.真っ暗だ　2. 真っ暗だ　3. 疎い

1. 何も見えないくらい暗い。

[例文] 여름날에도 캄캄한 지하실의 방문을 열면 초겨울의 밤기운과 같은 이상한 한기가 맴돌았다.
夏なのに、真っ暗な地下室のドアを開けると初冬の夜のような、異常な寒気が過巻いていた。

2. 希望がなくお先真っ暗だ。何の方法もない。

[例文] 전 재산을 투자한 회사가 부도가 났다는 말을 듣고 나는 눈앞이 캄캄해져 맥없이 주저앉았다.
全財産を投資した会社に不渡りが出たという言葉を聞いて、私は目の前が真っ暗になり、へなへなと座り込んでしまった。

3. 何かに対して知っていることがほとんどない。

[例文] 그 여자는 세상 물정에 캄캄해서 여러 번 사기를 당했다.
その女は世情に疎くて、何度も詐欺にあった。

026
타당하다 [타당하다] 妥当だ

身の丈にあっていて、適当だ。

[活用表現] 타당한 처사 妥当な処置
타당한 방법 妥当な方法
타당성이 없다 妥当性がない
논리가 타당하다 論理が妥当だ
주장이 타당하다 主張が妥当だ

[例文] 너의 주장은 이 상황에서는 타당하지 않다.
君の主張は、今のこの状況では妥当ではない。

그는 말도 안 되는 논리로 자기 행동이 타당했다고 주장했다.
彼はとんでもない論理で、自分の行動が妥当だったと主張した。

027
탁월하다 [타궐하다] 卓越している

他人よりも技術や能力がかなり秀でている。

[活用表現] 탁월한 선택 卓越した選択

[例文] 그림을 보는 그의 안목은 듣던 대로 탁월했다.
絵を見る彼の目は、聞いていた通り卓越したものだった。

그는 이야기를 재미있게 하는 데 탁월한 능력을 가지고 있다.
彼はおもしろく話すことに、卓越した能力を持っている。

028
투박하다 [투바카다] 1. 不恰好だ 2. 無骨だ

1. 見栄えがよくなく鈍くて、ただ丈夫なだけだ。

[例文] 그 제품은 숙련된 기술자가 아닌 견습생이 서툰 솜씨로 만든 것이어서 거칠고 투박했다.
この製品は熟練した技術者ではない研修生が未熟な腕前で作ったものなので、荒っぽくて不恰好だ。

2. 言葉や行動などが荒っぽくて洗練されていない。

[例文] 그 여자는 조금 전에 쓰던 투박한 사투리 대신 상냥하고 부드럽게 말을 건네고 있었다.
その女性は少し前に使っていた無骨な訛りの代わりに、やわらかくて優しい言葉で話していた。

029
특이하다

[트기하다] 特異だ

普通のものや、普通の状態に比べて目立って違うところがある。

[活用表現]
특이체질 特異体質
특이한 점 特異な点
특이한 성격 一風変わった性格
특이한 현상 特異な現象

[例文] 고등학교 동창인 민수는 특이한 행동을 자주해서 친구들이 그를 괴짜라고 불렀다.
高校の同窓生であるミンスはよく一風変わった行動をよくしていたので、友達たちは彼を変人と呼んだ。

손잡이는 보통 나무나 뿔로 되어 있는 것이 많은데 이것은 특이하게도 양쪽을 은으로 장식했다.
手すりは普通、木や角で出来ていることが多いが、これはすごく変わっていて、両方とも銀で装飾してあった。

030
포근하다

[포근하다] 1. ぽかぽか暖かい　2. ぽかぽかする

1. 肌触りがやわらかくて暖かい

[例文] 아직 2월인데 햇살이 포근하고 바람도 잔잔해서 벌써 봄이 온 것 같았다.
まだ２月なのに日差しがぽかぽか暖かく、風も穏やかで、もう春が来たみたいです。

2. 感情や雰囲気などが、やわらかくて温く、平和な感じがする。

[例文] 어머니가 계신 집은 언제나 따뜻하고 포근하다.
母がいる家はいつも温かい雰囲気に満ちているぽかぽかしている。

031
폭넓다

[퐁널따] 1. 幅広い　2. 広い

1. あることの範囲が、領域が大きくて広い。

[活用表現]
폭넓은 활동 幅広い活動
폭넓은 교제 幅広い教材
폭넓게 다루다 幅広く扱う

[例文] 내 동생은 어렸을 때부터 책을 많이 읽어 폭넓은 지식과 깊이 있는 사고력을 지녔다.
私の弟(妹)は幼い頃から本をたくさん読んで、幅広い知識と深い思考力を持つようになった。

2. 度量が広かったり､包容力がある。

[活用表現] 폭넓은 마음 広い心

[例文] 선생님은 무례한 학생들의 행동에 처음에는 화가 났지만 폭넓은 마음으로 그들을 용서하기로 했다.
先生は無礼な学生たちの行動に､最初は腹を立てていたが広い心で彼らを許すことにした。

032
하찮다

[하찬타] 1.大したことない 2. 大したことない

1. それほど大したことではない。

[活用表現] 하찮은 솜씨 大したことない腕前

[例文] 내가 다니고 있는 직장은 남들 눈에는 하찮아 보이겠지만 내게는 삶의 터전이고 가족을 부양할 수 있게 해 주는 소중한 일터이다.
私が通っている職場は､他人には大したことなく見えるが､私には人生のより所であり､家族を扶養させてくれる大切な職場だ。

2. 大したことじゃない｡重要ではない。

[活用表現] 하찮은 일 取るに足りないこと
하찮게 여기다 軽く扱う

[例文] 어떤 경우에도 사람의 생명을 하찮게 여겨서는 안 된다.
どんな場合にも人の命を軽く考えてはいけない。

033
한결같다

[한결갇따] 1. 一貫した､一途な 2. みんな同じだ

1. 初めから最後まで､変わりなく同じだ。

[活用表現] 한결같은 태도 終始一貫した態度
한결같은 마음 一途な気持ち

[例文] 슬플 때나 화날 때나, 한결같은 모습으로 떡 버티고 있는 저 산을 바라보면 조금은 마음이 가라앉곤 하였다.
悲しい時や腹立たしい時､いつも同じ姿でどっしりと構えているあの山を眺めると､少しは気持ちが落ち着いたものだ。

2.何人かがみんなまったく同じで､まるでひとつのようだ。

[活用表現] 한결같은 반응 みんな同じ反応

[例文] 사람들의 표정은 한결같이 밝았고 흥분에 들떠 있었다.
人々の表情はみんな同じように明るく興奮に浮き立っていた。

034
한심하다

[한심하다] 情けない､嘆かわしい

水準にあまりにも満たないために､気がかりで心配だ。

[例文] 중학생이 구구단도 못 외우다니 참으로 한심스럽다.
中学生が九九も暗記できないなんて､本当に情けない。

대학생이랍시고 공부는 안하고 술이나 마시고 다니다니 정말 한심한 일이다.
大学生だからといって勉強もせずに、お酒ばっかり飲んでいるなんて、本当に嘆かわしいことだ。

035
해롭다

[해롭따] 有害だ
及ぼす影響が良くない。

[活用構文] 名이/가 名에/에게 해롭다

[活用表現] 인체에 해로운 물질 人体に有害な物質
건강에 해롭다 健康に害がある

[例文] 너무 살이 찌면 움직임이 둔할뿐더러 건강에도 해롭다.
太りすぎると、動きが鈍くなるどころか、健康にも悪い。

잠을 지나치게 많이 자는 것은 잠을 적게 자는 것만큼 해롭다는 연구결과가 발표되었다.
寝すぎは、寝不足と同じくらい有害だという研究結果が発表された。

036
황당하다

[황당하다] 荒唐無稽だ
言葉や行動などに真実味がなく、根拠がない。

[活用表現] 황당한 말 荒唐無稽な言葉
황당한 일 荒唐無稽なこと

[例文] 너무 황당한 일이라 그의 말이 사실로 믿기지 않았다.
あまりにも荒唐無稽なことなので、彼の言葉を事実として信じられなかった。

공원에서 만난 어떤 노인이 들려준 옛날이야기는 허황되고 황당한 것이었다.
公園で会ったある老人が聞かせてくれた昔話は、すごく荒唐無稽なものだった。

037
흔하다

[흔하다] 1. ありふれている　2. ありふれている
1. 珍しくなく、すごくたくさんある。

[活用表現] 흔한 일 ありふれたこと
흔한 사건 ありふれた事件
흔한 이름 ありふれた名前

[反意語] 드물다 珍しい、まれだ

[例文] 아이들끼리 놀다 싸우는 것은 흔한 일이다.
子供同士で遊んでいて喧嘩するのは、ありがちなことだ。

2. たくさんあるので、手に入れやすい。

[反意語] 귀하다 貴重だ

【活用表現】 흔한 물건 ありふれたもの

【例文】 휴대 전화는 이제 너무 흔해서 웬만한 학생은 다 하나씩 가지고 있다.
携帯電話は今ではありふれていて、大体の学生はみんな１つずつ持っている。

038
흡사하다

[흡사하다] そっくりだ
ほとんど同じ程度に似ている。

【活用構文】 名과/와 흡사하다

【例文】 그 두 사람은 마치 쌍둥이인 것처럼 생김새가 매우 흡사했다.
その２人はまるで双子のように、見かけがそっくりだ。

이 병은 초기 단계에서는 증상이 감기와 아주 흡사해 사람들이 대수롭지 않게 여겨서 병을 더 키우는 경향이 있다.
この病気は、初期段階の症状が風邪とそっくりなので、大したことないと思ってしまい、病気を進行させてしまう傾向がある。

039
흥미롭다

[흥미롭따] 興味深い
興味を持つに値する。

【活用表現】 흥미로운 이야기 興味深い話
경기가 흥미롭다 競技がおもしろい

【例文】 이 신문에서 연재되고 있는 북한의 문화재에 대한 기사문이 흥미롭다.
この新聞で連載されている、北朝鮮の文化財に対する記事がおもしろい。

어제 치러진 월드컵 결승전은 역전에 역전을 거듭하여서 매우 흥미로웠다.
昨日行われたワールドカップの決勝戦は逆転に逆転を繰り返したので、とてもおもしろかった。

040
희귀하다

[히귀하다] 稀だ
珍しくて貴重だ。

【活用表現】 희귀한 병 珍しい病気
희귀한 일 稀なこと
희귀한 동물 希少動物

【例文】 이 보석은 좀처럼 보기 힘든 희귀한 것이다.
この宝石はめったに見られない、珍しくて貴重なものだ。

그 골동품은 너무 희귀하기 때문에 가격을 따질 수가 없다.
この骨董品はあまりにも貴重すぎて、価格をつけることができない。

041
희박하다

[히바카다] 1.希薄だ　2. 低い　3.希薄だ

1. 気体や液体などの密度や濃度が濃くなく、薄い。

[例文] 사막과 같은 건조 지역, 산지가 많은 지역, 극지방과 같은 추운 지역 등은 인구 밀도가 매우 희박하다.
砂漠のような乾燥地域、山の多い地域、極地方のような寒い地域などは、人口密度がとても低い。

2.あることが起る希望や可能性が少ない。

[活用表現] 확률이 희박하다 確立が低い
가능성이 희박하다 可能性が低い
성공률이 희박하다 成功率が低い

[例文] 공군은 사고 발생 후 실종된 그의 생존 가능성이 희박하다는 결론을 내리고 수색 작업을 중지시켰다.
空軍は事故発生後失踪した者の生存可能性は低いという結論を下し、捜索作業を中止させた。

3. 感情や意思など、精神状態がしっかりしておらず弱い。

[活用表現] 의욕이 희박하다 意欲が希薄だ
자립심이 희박하다 自立心が希薄だ

[例文] 희생정신이 희박한 사람에게 남을 위해 봉사하는 일을 맡겨서는 안 된다.
(自己)犠牲精神が希薄な人に、他人のために奉仕する仕事を任せてはいけない。

042
희한하다

[히한하다] 珍しい

すごく稀で不思議だ。

[活用表現] 희한한 일 珍しいこと
희한한 물건 珍しいもの
희한한 소문 変わった噂

[例文] 황학동 벼룩시장에서는 별의별 희한한 물건을 많이 볼 수 있다.
黄鶴洞ののみの市では、ありとあらゆる珍しい品物をよく見ることができる

바다에서 아주 희한하고도 괴상한 모습을 한 물고기가 발견되어 생물학자들의 비상한 관심을 끌었다.
海でとてもめずらしくて奇怪な姿をした魚が発見され、生物学者たちの非常な関心を引いた。

043
힘겹다

[힘겹따] 手に負えない

手に負えず、真っ向に対処することが難しい。

[活用構文] 動기가 힘겹다

[例文] 몇 년 동안 물가는 자꾸 오르고 월급은 안 올라 먹고 살기가 힘겹다.
何年もの間、ずっと物価が上がり続け、給料は上がらないくて、食べていくのが厳しい。

나는 요즘 회사에서 맡은 일을 해 내기가 너무 힘겨워서 회사를 그만둘까하는 생각까지 했었다.
私は最近､会社で任された仕事をやり遂げるのがとても辛く､会社を辞めようかという考えました。

09 연습문제

[1-10] 다음 밑줄 친 부분과 의미가 비슷한 것을 고르십시오.
下線を引いた部分と同じような意味を持つものを選びなさい。

1. 병사들은 실제 전투와 비슷한 상황에서 훈련을 받는다.

❶ 일치하다 ❷ 한결같다 ❸ 유사하다 ❹ 완전하다

2. 우리 회사 제품의 가격은 타 회사 제품에 비해 30%나 쌉니다.

❶ 알차다 ❷ 저렴하다 ❸ 수월하다 ❹ 정직하다

3. 나는 부모님께 형편없는 성적표를 내놓기가 부끄러웠다.

❶ 어설프다 ❷ 초조하다 ❸ 캄캄하다 ❹ 창피하다

4. 방사능 누출은 환경에 돌이킬 수 없을 만큼 나쁜 영향을 미친다.

❶ 잔인하다 ❷ 중대하다 ❸ 절실하다 ❹ 치명적이다

5. 그는 뛰어난 외교술을 발휘하여 협상을 유리하게 이끌었다.

❶ 탁월하다 ❷ 희귀하다 ❸ 타당하다 ❹ 철저하다

6. 오늘은 날씨가 꽤 포근해서 두꺼운 겨울옷 대신 얇은 봄옷으로 바꿔 입고 나온 사람들이 많다.

❶ 선명하다 ❷ 잔잔하다 ❸ 희한하다 ❹ 따뜻하다

7. 그 모조품은 원그림과 거의 같아서 전문가도 감정해 내기가 어려웠다고 한다.

❶ 상이하다 ❷ 흡사하다 ❸ 빈틈없다 ❹ 대조적이다

8. 다른 사람들은 이성을 잃고 있었던 반면에, 그는 차분하게 평정을 유지했다.

❶ 한결같다 ❷ 원만하다 ❸ 냉정하다 ❹ 침착하다

9. 이번 답사에서 보기 드물고 귀한 식물과 곤충이 다수 채집되었다.

❶ 흥미롭다 ❷ 희박하다 ❸ 희귀하다 ❹ 주요하다

10. 그 책은 터무니없는 내용 때문에 관심을 끌었으나, 그 책을 처음부터 끝까지 읽은 사람은 많지 않을 것이다.

❶ 충실하다 ❷ 황당하다 ❸ 흥미롭다 ❹ 희한하다

[11-17] 다음 밑줄 친 부분과 의미가 반대인 것을 고르십시오.
下線を引いた部分と反対の意味を持つものを選びなさい。

11. 그는 자기에게 유리한 쪽으로 말을 하였다.

❶ 이롭다 ❷ 하찮다 ❸ 불리하다 ❹ 불합리하다

12. 개인용 컴퓨터가 저렴한 값으로 전국에 보급된 것은 90년대 초반부터였다.

❶ 비싸다 ❷ 타당하다 ❸ 엄청나다 ❹ 희한하다

13. 내가 농담으로 한 말을 그는 진지하게 받아들였다.

❶ 절실하다 ❷ 초조하다 ❸ 흥미롭다 ❹ 장난스럽다

14. 그는 준비를 철저히 한 덕에 시합 전에 느긋하고 자신 있어 보였다.

❶ 초조하다 ❷ 차분하다 ❸ 창피하다 ❹ 캄캄하다

15. 담당 형사는 사건 현장에서 중요한 단서를 찾아냈다.

❶ 어설프다 ❷ 어리석다 ❸ 하찮다 ❹ 투박하다

16. 의사들은 급격한 체중 감소가 건강에 해롭다며 지나친 다이어트에 대해 경고하고 있다.

❶ 이롭다 ❷ 절실하다 ❸ 탁월하다 ❹ 치명적이다

17. 국민들은 선수들의 4년간의 힘겨웠던 훈련이 이번 올림픽에서 보상을 받기를 바라고 있다.

❶ 폭넓다 ❷ 촉박하다 ❸ 수월하다 ❹ 철저하다

[18-29] 다음 (　　)에 알맞은 것을 고르십시오.

次の(　)に当てはまるものを選びなさい。

18. 사람들은 그의 (　　　) 행동에 폭소를 터뜨렸다.

❶ 신중한　❷ 차분한　❸ 흥미로운　❹ 익살스러운

19. 그는 평생 일하지 않고 놀고먹겠다는 내 말을 듣고 (　　　) 듯 내 얼굴을 물끄러미 쳐다보았다.

❶ 한심한　❷ 조급한　❸ 희귀한　❹ 불합리한

20. 그녀는 눈이 높아서 (　　　) 남자는 거들떠보지도 않는다.

❶ 진실한　❷ 웬만한　❸ 특이한　❹ 빈틈없는

21. 어떤 이들은 (　　　)고 말하지만 그래도 동물 실험은 의학에 상당한 발전을 가져왔다.

❶ 과감하다　❷ 타당하다　❸ 억울하다　❹ 잔인하다

22. 대개의 부모들은 자신들의 자녀가 (　　　) 사려 깊은 사람으로 성장하기를 희망한다.

❶ 정직하고　❷ 황당하고　❸ 중대하고　❹ 익살스럽고

23. 거래처 사장님과의 약속 시간은 다가오는데 길이 막혀서 늦을까봐 마음이 (　　　).

❶ 빠듯했다　❷ 촉박했다　❸ 조급했다　❹ 아슬아슬했다

24. 해외로 이주할지 말지를 결정하는 것은 그 가족에게 매우 (　　　) 일이었다.

❶ 흔한　❷ 해로운　❸ 한심한　❹ 중대한

25. (　　　) 사랑을 막을 수 있는 것은 아무것도 없다.

❶ 느긋한　❷ 진실한　❸ 희귀한　❹ 철저한

26. 그의 (   ) 목소리는 감정적으로 흥분한 사람들의 마음을 가라앉히는 효과가 있었다.

❶ 차분한 ❷ 투박한 ❸ 어지러운 ❹ 역동적인

27. 개는 인간에게 고양이보다 (   ). 이는 고양이가 장소에 애착을 갖는 반면에 개는 사람에게 애착을 갖기 때문이라고 한다.

❶ 얄밉다 ❷ 충실하다 ❸ 아깝다 ❹ 꺼림칙하다

28. 그의 의견이 (   ) 때문에 나는 그의 의견에 전적으로 동의하였다.

❶ 끈질겼기 ❷ 특이했기 ❸ 타당했기 ❹ 희한했기

29. 회사는 그 소문에 대해 즉각적이고 (   ) 조사를 하겠다고 발표했다.

❶ 철저한 ❷ 침착한 ❸ 엄숙한 ❹ 주요한

[30-31] 다음 중 형용사의 쓰임이 잘못된 것을 고르십시오.
次の中から形容詞の使い方として間違っているものを選びなさい。

30.

❶ 이 영화는 잔잔하면서도 깊은 감동을 준다.
❷ 난 잠자기 전에 잔잔한 음악을 즐겨 듣는다.
❸ 파란색은 나를 잔잔하게 해주기 때문에 나는 이 색깔을 좋아한다.
❹ 수상비행기는 잔잔한 호수 위를 미끄러져 가다가 천천히 솟아올랐다.

31.

❶ 그 제품이 내년 말 이전에 출시될 가능성은 희박하다.
❷ 사막여우는 매우 희박한 동물이라서 세계적으로 보호를 받고 있다.
❸ 지상의 온도가 섭씨 −20도 이하로 떨어지면 눈이 내릴 확률은 희박하다고 한다.
❹ 고도가 높아질수록 산소가 희박해져서 높은 산을 오르는 산악인들은 산소 마스크를 쓰기도 한다.

[32-33] 다음 (　　)에 공통적으로 들어갈 단어의 기본형을 쓰십시오.

次の(　　)に共通して当てはまる単語の基本形を書きなさい。

32.

❶ 저녁이 (　　　)었는지/았는지/였는지 계속 갈증이 난다.

❷ 그 교수님은 학점이 (　　　)기로 소문이 나서 수강생이 매우 적다.

❸ 눈물의 (　　　)은/ㄴ 성분은 안구 안팎의 염분 농도가 균형을 유지하도록 돕는다.

33.

❶ 실업자가 되니 어떻게 살아야 할지 앞날이 (　　　).

❷ 그는 (　　　)은/ㄴ 동굴 속을 기어가다가 박쥐에 놀라 움찔했다.

❸ 나는 언제나 일에 파묻혀 지냈기에 집안에서 일어나는 일에 대해서는 (　　　).

❹ 시험에 떨어졌다는 말을 듣고 나는 눈앞이 (　　　)어져/아져/여져 맥없이 주저앉았다.

[34-35] 다음 (　　)에 들어갈 말의 기본형으로 알맞은 것을 고르십시오.

???

34.

김철수연구소의 최홍선 대표는 디도스 대란이 발생한 지 1년이 지났지만 각종 보안 위협은 더 지능화된 방법으로 현재에도 진행되고 있다고 경고했다. 그는 이어 돈을 벌기 위해 혈안이 된 프로 해커들이 신형 악성 도구를 유통시키고 청부 공격도 자행하고 있다면서 보안 전문가의 역할과 존재는 아주 (　　　)기 때문에 가장 큰 투자는 사람에 대한 투자임을 다시 한 번 (　　　)게 호소한다고 말했다.

❶ 이롭다–침착하다　　❷ 절실하다–진지하다

❸ 진실하다–엄숙하다　　❹ 조급하다–철저하다

35.

부산역 건너편 초량동은 '상해거리'이다. 항구와 가까워 한 세기 전에 중국인과 일본인이 많이 살았던 곳으로 지금은 화교와 러시아인들이 주인공이다. 그래서 차이나타운의 상징물인 붉은 문을 지나면 간판마다 한자는 물론 러시아 문자도 적혀 있다. 들려오는 언어가 다양하고, 거리의 경관도 독특하다. 이 상해거리는 고풍스럽지만 질그릇 같은 (　　　) 느낌이 있다. 1884년 청나라 영사관이 들어섰던 자리에는 화교 학교가 대신 서 있고, 1950년대부터 대를 이어 장사를 하는 중국 음식점도 많다.

❶ 투박하다　❷ 잔잔하다　❸ 차분하다　❹ 희한하다

부사 Ⅰ

10

副詞 Ⅰ

10 부사 I

001
가급적

[가급쩍] なるべく

できるだけ、可能な限り。

【類義語】 되도록 なるべく

【例文】 예산은 가급적 적게 편성하십시오.
予算はなるべく少なく編成してください。

가급적 빠른 시일 안에 보고서를 작성해서 제출하겠습니다.
なるべく早い内に報告書を作成して提出します。

002
가까스로

[가까스로] 1. どうにかこうにか　2. ようやく

1. がんばってついに。

【類義語】 겨우 ついに
간신히 ようやく

【例文】 실업자 생활을 몇 년 하다가 가까스로 지금의 일자리를 구했다.
失業者生活を何年もして、どうにかこうにか今の仕事についた。

2. すれすれでぎりぎりに。

【類義語】 겨우 ついに
간신히 ようやく

【例文】 그 법안은 야당의 반대로 처리에 어려움을 겪다가 임시 국회 막판에 가까스로 국회를 통과했다.
この法案は野党の反対によって処理が(遅れて)臨時国会の終盤にようやく国会を通った。

003
가령

[가령] 1. もしも　2. 例えば

1. 仮定して言うと。

【例文】 가령 내일 세상의 종말이 온다면 지금 뭘 하고 싶습니까?
もしも明日世界の終末が来るとしたら、今何をしたいですか？

2. 例えば。

【類義語】 이를테면 例えて言えば

【例文】 사람은 누구나 소망을 가지고 있는데, 가령 나는 아주 부자가 되고 싶은 소망이 있다.
人は誰でも望みを持っているものだが、例えば私はすごいお金持ちになりたいという願望を持っている。

004
간신히

[간신히] 辛うじて

とても苦労して、やっと。

[例文] 노인은 숨을 거두기 직전에 간신히 몇 마디 유언을 남겼다.
老人は息を引き取る直前に、かろうじていくらかの遺言を残した。

지난번에 큰 지진이 났을 때 우리 가족은 간신히 몸만 빠져 나왔다.
前回大きな地震が起きた時、私の家族は命からがら身一つで飛び出した。

005
간혹

[간혹] ときたま

時々、すごく稀に一回だけ。

[類義語] 가끔 時々

[例文] 아무리 치밀한 사람이라도 간혹 실수할 때가 있다.
どれほど緻密な人でも、時には失敗することもある。

후문 쪽 길은 좁긴 하지만 지름길이기 때문에 급할 때 간혹 이용하곤 한다.
後門の方の道は狭くはあるが、近道なので急いでいる時は、ときたま利用したりした。

006
감히

[감히] 1. 恐れ多くも 2. 到底

1. 恐れや辛さを振り切って。

[例文] 신하가 감히 임금의 명을 거역하다니 죽음을 각오하지 않고서는 있을 수 없는 일이다.
家来が恐れ多くも王の命令に逆らうなんて、死を覚悟せずしてはできないことだ。

2. (主に'못하다'と共に使われ)言葉や行動が身丈に合っていない。

[例文] 작은 섬마을에서 자란 나에게 올림픽 출전이라는 것은 감히 상상도 못할 일이었다.
小さな島で育った私にとって、オリンピックに出場するなんてことは到底考えることもできなかった。

007
거듭

[거듭] 1. 繰り返し 2. 重ね重ね

1. しきりに繰り返して。何度も。

[例文] 그는 이번 사업 계획을 꼭 성공시키리라고 거듭 다짐했다.
彼は今回の事業計画を必ず成功させると繰り返し心に言い聞かせた。

2. また重ねて。もう一度。

[例文] 거듭 말하지만 같은 실수를 되풀이하지 않도록 만전을 기해 주십시오.
何回も言うようですが、同じ失敗を繰り返さないように万全を期して下さい。

008
걸핏하면 [걸피타면] どうかするとすぐ

少しでも何かがあったなら。

[類義語] 툭하면 ちょっとしたことで

[例文] 요즘 누나는 신경이 예민한지 걸핏하면 화를 낸다.
最近姉は神経が敏感なのか、ちょっとしたことですぐ腹を立てる。

깡패들은 걸핏하면 그녀를 찾아와서 돈을 달라고 괴롭혔다.
やくざ達はともすると彼女の元を訪れて金を出すよう脅した。

009
고스란히 [고스란히] そっくりそのまま

触ることなく、少しも変わることなくそのまま。

[例文] 나는 봉급 외의 수입은 고스란히 저축했다.
私はボーナス以外の収入をそっくりそのまま貯金した。

대통령의 생가에는 생전에 쓰던 물건들이 고스란히 남아 있다.
大統領の生家には生前使っていたものが、そっくりそのまま残っている。

010
고이 [고이] 1. きれいに 2. 健やかに 3. そっくりそのまま 4. 素直に

1. 誠意を込めて、大切に。

[例文] 친구는 내가 빌려준 손수건을 고이 접어서 돌려주었다.
友達は私が貸してあげたハンカチをきれいに畳んで返してくれた。

2. 穏やかで順調に。

[例文] 가족의 품에 안겨 떠나신 할머니는 고이 눈을 감으셨으리라 믿습니다.
家族の胸に抱かれて亡くなった祖母は、安らかに目を閉じたことでしょう。

3. そっくりそのまま完全な状態で。

[例文] 세월도 많이 지났거니와 전쟁까지 치렀는데 고향집이 고이 남아 있을 리가 만무하다.
年月もかなり経った上に、戦争まで起きたのに、故郷の家がきれいな状態で残っている訳がない。

4. 性質や態度が素直である。

[例文] 아이의 고이 잠든 얼굴을 보니 하루의 피로가 다 사라지는 듯 했다.
子供の健やかな寝顔を見ると、1日の疲れがすべて消えてしまうようだった。

011
고작

[고작] せいぜい、たかだか

精一杯問い詰めてみても、ようやく。いくら大きく評価しても大したものではないという意味を表す時に使う。

[例文] 대학 때 1년 동안 공부했던 스페인어 단어 중에 기억나는 건 고작 인사말뿐이다.

大学時代に1年間勉強したスペイン語の単語の中で覚えているものはせいぜい挨拶くらいなものだ。

시장 출마에 앞서 행해진 김 의원의 후원회에는 고작 10명의 후원자가 참석했을 뿐이다.

市長の出馬に先立って行われたキム議員の後援会には、たかだか10名の後援者が参加しただけだった。

012
곧잘

[곧짤] 1. かなりよく　2. しょっちゅう

1. かなりよく。

[例文] 동생은 운동 신경이 발달한 것 같지도 않은데 운동을 곧잘 한다.

弟は運動神経が発達しているようでもないのに、運動がかなり得意だ。

2. しょっちゅう。

[例文] 집 앞 공원은 공부하다 지칠 때면 곧잘 들르던 곳이다.

家の前の公園は勉強して疲れた時に、よく行く所だ。

013
구태여

[구태여] わざわざ

(否定する言葉と一緒に使われ)わざわざ、無駄に

[類義語] 굳이 敢えて

[例文] 네가 혼자서 해결하겠다면 나는 구태여 나서지 않겠다.

君が1人で解決するというなら、僕はわざわざ出しゃばったりしないよ。

아무리 범죄자라 해도 구태여 이름과 얼굴까지 공개할 필요는 없다고 본다.

いくら犯罪者だからと言っても、わざわざ名前と顔まで公開する必要はないと思う。

014
기꺼이

[기꺼이] 喜んで

嬉しい気持ちで。

[活用表現] 기꺼이 승낙하다 喜んで承諾する

기꺼이 받아들이다 喜んで受け入れる

[例文] 남편은 나라를 위해서라면 목숨까지도 기꺼이 내던질 사람이었어요.

夫は国のためになら、命も喜んで投げ出す人でした。

평소에 가장 존경하던 은사님께 결혼식 주례를 부탁드렸는데 기꺼이 승낙해 주셨다.
普段一番尊敬していた恩師に結婚式の祝辞をお願いしたところ、快く引き受けてくれた。

015
기껏

[기껃] 1. たかだか 2. 精一杯

1. (ある行為や状態の程度を)最大限にしても。

[類義語] 겨우 ようやく

고작 せいぜい

[例文] 손님이 많다 한들 기껏 20명인데 무슨 걱정을 그렇게 많이 해요?
お客さんが多いと言っても、たかだか20人程度なのに、一体何が心配なんですか？

2. 苦労してわざわざ。

[例文] 기껏 숙제를 도와 줬더니 영수는 고맙다고 하기는커녕 엉터리라고 화를 내더군요.
精一杯宿題を手伝ってあげたのに、ヨンスはお礼を言うどころか、むちゃくちゃだと言って腹を立ててしまいましたね。

016
기껏해야

[기꺼태야] 1.せいぜい 2. せいぜい

1. することや水準がなんてことない。

[例文] 내가 방송국에서 하는 일이란 기껏해야 소품을 챙기고 정리하는 것이 다였다.
私が放送局でしていた仕事は、せいぜい小道具を担当して整理したりすることだけだった。

2. (数を表す言葉の前に使い)どれほど高く大きく見積もっても。または最大限にしたとしても。

[類義語] 겨우 ようやく

고작 せいぜい

기껏 たかだか

많아야 多くても

[例文] 승용차 한 대의 수송 능력은 기껏해야 네댓 명에 불과하다.
乗用車1台の輸送能力はせいぜい4、5人分ぐらいなものだ。

017
기어이

[기어이] 1.必ず 2. とうとう

1. どんなことがあっても必ず。

[類義語] 기어코 必ず

기필코 絶対に

[例文] 저들의 속셈이 무엇인지 기어이 밝혀내고야 말겠어.
奴らの魂胆が何なのか、必ず明らかにしてやる。

2. 結局のところ。ついに。

[類義語] 기어코 ついに

결국 結局

마침내 ついに

[例文] 하늘이 잔뜩 흐리더니 기어이 비가 오는구나.

空が曇ってきたと思っていたら、とうとう雨が降り出しましたね。

018
기필코 [기필코] 必ず

どんな苦労があっても必ず。間違いなく。

[類義語] 반드시 必ず

기어이 必ず

[例文] 이번 계약은 기필코 성사시켜야 한다.

今回の契約は必ず成立させなければならない。

지난해의 대선 실패를 거울삼아 이번 선거에서는 기필코 승리합시다.

昨年の大統領選挙の失敗をかんがみて、今回の選挙では必ず勝利します。

019
끝내 [끈내] 1. 結局　2. とうとう

1.(主に否定を表す言葉と共に使い)最後までずっと。最後になっても。

[活用構文] 끝내 動지 않다

끝내 動지 못하다

[例文] 경찰은 공개수사까지 펼쳤으나 범인을 끝내 찾지 못했다.

警察は公開捜査にまで乗り出したのに、犯人は結局見つからなかった。

2.最後に。ついに。

[活用構文] 끝내 動고 말다

끝내 動어/아/여 버리다

[例文] 나오는 울음을 참다못해 끝내는 엉엉 울고 말았다.

こみ上げる涙に堪えきれず、とうとうワンワン泣いてしまった。

020
난데없이 [난데업씨] 出し抜けに

どこから出てきたのかわからず、突然あらわれ。

[活用表現] 난데없이 나타나다 出し抜けに現れる

[例文] 공원에 난데없이 멧돼지 두 마리가 나타나서 큰 소동을 빚었다.

公園にひょっこり猪が2頭現れて、大きな騒動になった。

싸움에서 제삼자가 난데없이 끼어들 때는 울화가 치미는 법이다.

喧嘩に第3者が不意に割り込んでくると、憤りがこみ上げるものだ。

021
낱낱이

[난나치] ひとつひとつ

ひとつひとつ抜かりなくすべて。

[活用表現] 낱낱이 밝히다 ひとつひとつ明らかにする

낱낱이 드러나다 ひとつひとつ明かす

낱낱이 기억하다 ひとつひとつ記憶する

[例文] 경찰의 수사가 진행됨에 따라 피의자의 죄과가 낱낱이 드러났다.
警察の捜査が進行していくにつれて、被疑者の罪がひとつひとつ明るみに出てきた。

형은 어찌나 기억력이 좋은지 내가 한 말을 낱낱이 기억하고 있었다.
兄はどうしてあんなに記憶力がいいのか、私の言葉を全部いちいち記憶していた。

022
누누이

[누누이] 繰り返し

(同じ言葉を)何度も知り返して。

[活用表現] 누누이 말하다 繰り返して言う

누누이 강조하다 繰り返し強調する

누누이 당부하다 繰り返し頼む

[例文] 영수는 그 일은 우리 둘만의 비밀이라고 누누이 강조했다.
ヨンスはそのことは僕達だけの秘密だと、繰り返し強調した。

사장이 누누이 당부했음에도 불구하고 직원들이 문단속을 철저히 안 해서 도둑이 들고 말았다.
社長が何度も念を押したにもかかわらず、職員たちが戸締りを徹底しなかったので、泥棒に入られてしまった。

023
다만

[다만] 1. ただただ　2. ただ

1. 最小限、少なくとも。

[類義語] 오직 ただ

단지 ただ

[例文] 그는 아무 말도 하지 않고 다만 고개만 끄덕였다.
彼は何も言わず、ただただ頷いていた。

2. (前の言葉を受け、例外的な事項や条件を付け足す時、その文頭につけて)ただ、

[類義語] 단 ただ

[例文] 기회는 누구에게나 있다. 다만 잡지 못할 뿐이다.
チャンスは誰にでもある。ただそれを掴めないだけだ。

024
더불어 [더부러] あいまって

共に、一緒に、ひとつとして。

[類義語] 아울러 一緒にして

[例文] 우리 향토의 역사와 문화재를 찾아내고 더불어 그 소중함을 인식해야 합니다.

我が郷土の歴史と文化財を探し出し、同時にその重要性を認識しなければなりません。

이번 청문회의 목적은 쓰레기 소각장 설치의 필요성을 인식하고 더불어 여러분과 솔직한 의견을 나누는 데 있습니다.

今回の集まりの目的はゴミ焼却場設置の必要性を認識すると同時に、みなさんと正直な意見を交換することにあります。

025
덩그러니 [덩그러니] ぽつんと

ひとりで寂しく。

[例文] 좀 늦게 학교 운동장에 갔더니 아이가 덩그러니 혼자 앉아 있었다.

少し遅い時間に学校の運動場に行ったら、子供がぽつんとひとりで座っていた。

세 평쯤 되는 직원실에는 직원들은 보이지 않고 난로만 덩그러니 놓여 있었다.

３坪ほどの職員室には、職員達はおらず、暖炉だけがぽつんと置いてあった。

026
덮어놓고 [더퍼노코] あたまから、やたらに

事情や理由を考えずに。

[類義語] 무조건 何でもかんでも

무작정 がむしゃらに

무턱대고 見境もなく

[例文] 아버지는 내가 사업 얘기만 꺼내면 덮어놓고 화를 내신다.

父は私が事業の話をすると、あたまから腹を立てる。

몸에 좋다고 덮어놓고 아무거나 섭취하면 오히려 건강을 해칠 수 있다.

体に良いというものをやたらに摂取すると、むしろ健康を害することもある。

027
도대체 [도대체] 1. 一体　2. さっぱり

1. (主に疑問を表す言葉と共に使い)とても気になるから聞くのだが、一言で言って。

[例文] 도대체 어딜 갔다 이제 오니?

一体こんな時間までどこ行ってたの？

2. (主に否定を表す言葉と共に使い)残念なことに全然、まったく。

[例文] 박 작가의 글은 너무 난해해서 무슨 말인지 도대체 이해할 수가 없다.
パク作家の文章はあまりにも難解なので、何のことだかさっぱりわからない。

028
도리어

[도리어] 1.かえって　2. 逆に　3. むしろ

1. 最初の期待や考えとは違って。

[例文] 큰돈을 벌겠다고 주식에 손을 대었다가 도리어 파산한 사람이 하나 둘이 아니다.
大金を稼ぐといって株に手を出し、かえって破産してしまった人はひとりふたりでは済まない。

2. 正常だったり一般的だったりすることとは反対に。

[例文] 내가 질문했던 것을 도리어 나에게 되묻는 그가 말할 수 없이 얄미웠다.
私が質問したことを、逆に私に聞き返してくる彼がものすごく憎たらしい。

3. ('보다'の次に使い)むしろ

[例文] 저희 회사에서는 경험이 많다고 자신만만해하는 사람보다는 도리어 겸허하고 성실한 자세로 임하는 사람을 선호합니다.
我が社では経験が豊富だからといって自信満々な人よりも、むしろ謙虚で真面目な姿勢で働いてくれる人を好みます。

029
도무지

[도무지] 1. どうにも　2. 全く

1. (主に否定を表す言葉と一緒に使われ)どうしても。

[類義語] 도통　さっぱり

[例文] 모르는 사람들뿐인 자리에 나를 불러낸 그 사람의 속셈을 도무지 모르겠다.
知らない人達だけの場所に、私を呼び出した彼の意図がどうにも理解できない。

2. 少しも、全然。

[類義語] 도통　さっぱり

[例文] 바람은 밤이 되어도 도무지 누그러질 줄 모르고 매섭게 불어 왔다.
風は夜になっても全く落ち着くことなく、激しく吹いていた。

030
도저히

[도저히] 到底、とても

(主に否定を表す言葉と一緒に使われ)どうしても全く。

[類義語] 도무지　どうにも

[例文] 너무 화가 나서 도저히 진정을 할 수 없다.
あまりにも腹が立って、到底落ち着いてはいられない。

작품들이 너무나 명작이어서 도저히 가격을 매길 수 없다고 한다.
作品があまりにも名作なので、到底価格をつけることはできないという。

031
드디어

[드디어] ついに

(いくつもの山を乗り越えて)最後に、結局、とうとう。

【類義語】 마침내 とうとう

【例文】 꿈에 그리던 내 집을 드디어 마련했다.
夢に描いていたマイホームをついに手に入れた。

차가 험난한 산굽이를 돌아들자 눈앞에 드디어 작은 마을이 나타났다.
車が険しい山道を曲がりくねると、ついに目の前に小さな村が現れた。

10 연습문제

[1-10] 다음 밑줄 친 부분과 의미가 비슷한 것을 고르십시오.

下線を引いた部分と同じような意味を持つものを選びなさい。

1. 과거가 <u>그대로</u> 보존되어 있는 고대 도시에서의 여행은 꿈만 같았다.

❶ 기필코 ❷ 간신히 ❸ 덩그러니 ❹ 고스란히

2. 이 서류 작성을 <u>가능한 한</u> 빨리 끝내고 보고서를 수정하도록 하세요.

❶ 가급적 ❷ 구태여 ❸ 낱낱이 ❹ 도저히

3. <u>예를 들어</u> 우리가 무인도에 있다고 치면 가장 필요한 것이 무엇일까요?

❶ 다만 ❷ 가령 ❸ 거듭 ❹ 감히

4. 내 동생은 <u>툭하면</u> 넘어져서 다리가 상처투성이이다.

❶ 난데없이 ❷ 가까스로 ❸ 기껏해야 ❹ 걸핏하면

5. 그녀는 눈치가 빨라서 <u>일부러</u> 말하지 않아도 금방 알 거야.

❶ 구태여 ❷ 기필코 ❸ 누누이 ❹ 낱낱이

6. 공항에서 잃어버린 가방은 <u>끝내</u> 돌아오지 않았다.

❶ 다만 ❷ 결국 ❸ 오직 ❹ 고작

7. 아이가 잘못했다고 <u>무조건</u> 벌을 주어서는 안 되며 아이의 이야기를 먼저 들어보아야 한다.

❶ 덮어놓고 ❷ 난데없이 ❸ 고스란히 ❹ 걸핏하면

8. 치밀한 설계를 바탕으로 세운 백화점 건물이 갑자기 붕괴한 원인을 <u>도무지</u> 알 수가 없다.

❶ 가급적 ❷ 기어이 ❸ 도리어 ❹ 도대체

9. 친구와 싸우게 된 상황을 하나도 빠짐없이 선생님께 말씀드렸다.

❶ 거듭 ❷ 감히 ❸ 낱낱이 ❹ 도무지

10. 시험을 잘 보려고 밤을 새웠는데 시험시간에 잠들어 버려 도리어 시험을 망치고 말았다.

❶ 반대로 ❷ 기꺼이 ❸ 드디어 ❹ 도저히

[11-20] 다음 ( )에 들어갈 말로 알맞은 것을 고르십시오.

次の( )に当てはまるものを選びなさい。

11. 동생 앞에서 내가 꼭 그렇게 해야만 하는 이유를 어머니께서 ( ) 강조하셨다.

❶ 반드시 ❷ 기꺼이 ❸ 누누이 ❹ 더불어

12. 검찰은 지위고하를 막론하고 조사해서 뇌물수수 사건의 전말을 ( )밝히겠다고 했다.

❶ 드디어 ❷ 낱낱이 ❸ 도대체 ❹ 간신히

13. 쌍둥이 형제가 하도 닮아서 할머니도 ( ) 혼동하셨다.

❶ 간혹 ❷ 기껏 ❸ 감히 ❹ 가령

14. 책상 위에는 편지 한 장만이 ( ) 놓여 있었다.

❶ 잔뜩 ❷ 더불어 ❸ 덮어놓고 ❹ 덩그러니

15. 영수는 거절당할까 봐 영희에게 ( ) 가까이 가지도 못했다.

❶ 감히 ❷ 고이 ❸ 당장 ❹ 괜히

16. 구청장은 소각장 설치의 필요성을 ( ) 강조했다.

❶ 푹 ❷ 하도 ❸ 제발 ❹ 거듭

17. 나는 슬픔을 참지 못해 ( ) 울고 말았다.

❶ 특히 ❷ 끝내 ❸ 주로 ❹ 점점

18. 고속도로 휴게소에 (　　) 멧돼지가 나타나 여행객들이 대피하는 등 소동이 일어났습니다.

❶ 덩그러니　❷ 무턱대고　❸ 난데없이　❹ 나름대로

19. **가 :** 제임스 씨, 바쁘신데 죄송합니다만 이 영어 문장 좀 해석해주실 수 있어요?
나 : 죄송하기는요. 이런 일이라면 (　　) 도와드리고말고요.

❶ 기꺼이　❷ 기어이　❸ 도저히　❹ 다행히

20. **가 :** 정말 고마워요. 이렇게 위로를 받으니 힘이 나네요.
나 : 뭘요. 제가 할 수 있는 일이라야 (　　) 위로해 드리는 것뿐인데요.

❶ 괜히　❷ 끝내　❸ 고작　❹ 원래

[21-23] 다음 밑줄 친 부분의 의미가 다른 셋과 다른 것을 고르십시오.
下線部の意味が他の3つと違うものを選びなさい。

21.

❶ 일주일 동안 땀 흘려서 번 돈이 겨우 십만 원이다.
❷ 어제는 시험 공부하느라고 고작 두 시간밖에 못 잤다.
❸ 옷을 싸게 산다는 것이 도리어 만원을 더 준 셈이 됐다.
❹ 기껏 한 시간 운동했는데 이렇게 힘들다니 정말 운동부족인 모양이다.

22.

❶ 나는 실패를 거듭한 끝에 결국 목표를 달성했다.
❷ 이번에는 기필코 우승하리라는 각오로 훈련에 임했다.
❸ 동생은 그 가방을 갖고 싶어하더니 기어이 사고 말았다.
❹ 그는 그렇게 열심히 노력하더니 마침내 원하던 학교에 합격했다.

23.

❶ 오랫동안 사귀었지만 그의 성격을 도무지 알 수가 없다.
❷ 그 사람이 무슨 말을 하는 건지 도대체 이해를 못 하겠다.
❸ 친구를 상대로 사기를 치려하다니 도저히 용서할 수 없다.
❹ 이번 문제를 해결하기 위해 구태여 제도를 바꿀 필요는 없다고 본다.

[24-25] 다음 밑줄 친 두 단어의 관계가 다른 것을 고르십시오.

下線を引いた２つの単語の関係が違うものを選びなさい。

24.

❶ 가 : 방학 내내 쉬지도 못하고 일해서 등록금을 간신히 마련했어요.
　나 : 그 정도라면 괜찮은 거예요. 전 그것도 모자라서 은행에서 대출받아 겨우 낸 걸요.
❷ 가 : 그 친구는 걸핏하면 저한테 와서 숙제를 도와 달라고 해요.
　나 : 그래요? 저한테는 난데없이 돈을 빌려 달라고 하던데요.
❸ 가 : 고작 1시간 공부했을 뿐인데 벌써 머리가 아프네요.
　나 : 1시간 공부했다면 기껏해야 한 과쯤 공부했을 텐데 그 정도로 머리가 아프면 어떡해요?
❹ 가 : 덮어놓고 화부터 내시지 말고 제 말씀을 들어 보세요.
　나 : 내가 무턱대고 화를 내는 게 아니고 네가 한 일이 어이없어서 그러는 거야.

25.

❶ 가 : 걱정이 돼서 한 말이 오히려 친구 기분을 상하게 한 것 같아요.
　나 : 친구를 위해서 한 일이 도리어 오해를 산 모양인데 오해는 곧 풀릴 거예요.
❷ 가 : 이 시는 아무리 읽어 봐도 무슨 말인지 도무지 모르겠어.
　나 : 난 선생님의 설명까지 들었는데도 도저히 이해가 안 되더라.
❸ 가 : 세탁기가 고장 났는데 가급적 빨리 와서 수리해 주셨으면 좋겠어요.
　나 : 네, 알겠습니다. 될 수 있는 대로 빨리 방문하도록 하겠습니다.
❹ 가 : 디자인이랑 크기는 마음에 드네요. 다만 값이 좀 비싼 게 흠이군요.
　나 : 거듭 말씀드리지만 이만한 제품을 이 가격에 구입하시기는 어렵습니다. 가령 타 회사의 유사한 제품은 값이 2배 쯤 되거든요.

[26-27] 다음 중 부사의 쓰임이 잘못된 것을 고르십시오.
次の中から副詞の使い方が間違っているものを選びなさい。

26.

❶ 세 살밖에 안 된 아이가 말을 곧잘 한다.
❷ 몰라도 될 일을 기꺼이 말해서 걱정하게 할 필요는 없다.
❸ 어렸을 때 친구에게서 받은 편지들을 지금도 고이 간직하고 있다.
❹ 우리 팀은 주장 선수의 활약으로 동점을 만든 뒤 연장전에서 승리하며 가까스로 1승을 챙겼다.

27.

❶ 포기하고 나니 도리어 마음은 편해졌다.
❷ 친구의 부탁을 도저히 거절할 수 없었다.
❸ 무리하더니 드디어 그는 몸이 아프기 시작했다.
❹ 그 사람의 얼굴이 지금은 도무지 생각나지 않는다.

[28-30] 다음 ( )에 들어갈 말로 알맞지 않은 것을 고르십시오.
次の( )に当てはまるものとして相応しくないものを選びなさい。

28.

잉크 카트리지로 위장된 소포 폭탄 2개가 공항 두 군데에서 발견돼 전 세계가 테러 공포에 휩싸였다. 소포 폭탄 중 하나는 다행히 폭발 17분전에 ( ) 분해됐다.

❶ 겨우 ❷ 간신히 ❸ 난데없이 ❹ 가까스로

29.

부모들은 자녀의 이성교제 사실을 알게 되면 성적이 떨어질까 봐, 혹은 잘못된 행동을 할까 봐 걱정부터 한다. 그러나 자녀의 이성교제 문제는 자녀를 부모와 동등한 인격체로 여기는 데에서부터 출발해야 한다.

( ) '안돼'라고 하기보다 아이가 자라면서 거치는 자연스러운 발달단계로 받아들이고 올바른 조언을 해주어야 한다는 것이다.

❶ 무조건 ❷ 무작정 ❸ 덮어놓고 ❹ 걸핏하면

30.

설렁탕 식당의 박 사장은 21세기 경영의 모델이 될 만한 성공한 기업인중의 한명이다.

박 사장과 함께 일하는 직원들은 존경할 수 있는 사장님을 모시고 일하는 기쁨에 대해 ( ) 이야기한다. 직원 교육에 대한 열정은 대기업 못지않으며 투명한 재무는 이 회사의 가장 큰 장점이자 자랑거리다. 하급 직원에게까지 기업 카드가 제공되고 협력업체의 접대를 받아서는 안 된다는 엄명이 내려져 있다고 한다.

❶ 자주 ❷ 곧잘 ❸ 툭하면 ❹ 이따금

부사 Ⅱ

11

副詞 Ⅱ

11 부사 Ⅱ

001
마냥 [마냥] 1. ひたすら　2. 思う存分　3. すごく

1. いつまでもずっと。

【例文】 우리는 아무 말 없이 마냥 걷기만 하였다.
私達は何も言わずにひたすら歩いた。

2. 不足なく、十分に。

【例文】 모처럼 친구들을 만나 마냥 웃고 떠드느라고 시간 가는 줄도 몰랐다.
久々に友達に会って、思う存分笑って騒いでいたら、時間が経つのも忘れてしまった。

3. 普通の程度を超えてすごく。

【例文】 분홍 스웨터 소매를 걷어 올린 팔과 목덜미가 마냥 희었다.
ピンクのセーターの袖をまくった腕と首筋がすごく白かった。

002
마지못해 [마지모태] 仕方なく

気乗りはしないものの、しない訳にもいかなくて。

【例文】 친구가 하도 사정하는 바람에 마지못해 부탁을 들어주었다.
友達があまりにもお願いするものだから、仕方なく頼みを聞いてあげた。

부모님의 권유로 마지못해 의과대학에 들어 왔지만 공부가 적성에 안 맞아서 후회하고 있다.
両親の薦めで仕方なく医科大学に入ったが、勉強が性に合わずに後悔している。

003
막상 [막쌍] いざ

(前に考えていたり予想していたことと違い)実際に。まさに。

【例文】 나는 집을 떠나려고 나서긴 했지만 막상 갈 곳이 없었다.
私は家を出ようと思って、飛び出してみたものの、いざ行くところがなかった。

친구가 많다고 생각했는데 막상 고민이 생기니 터놓고 얘기할 수 있는 친구는 별로 없는 것 같다.
友達が多いと思っていたのに、いざ悩みができると、それを打ち明けて話せる友達があまりいないみたいだ。

004
모조리 [모조리] 全部、ことごとく

ひとつも抜けることなく全部。

【類義語】 모두 すべて
전부 全部
몽땅 すっかり全部

[例文] 집 안에 있는 시계가 모조리 고장 났다.
家の中にある時計が全部故障した。

나는 도서관의 철학 책을 모조리 독파하겠다는 거창한 계획을 세웠다.
私は図書館の哲学の本をすべて読破しようという壮大な計画を立てた。

005
모쪼록

[모쪼록] どうか、なにとぞ
できるなら。切実に願って。

[類義語] 아무쪼록 どうか、くれぐれも

[例文] 출세도 중요하지만 모쪼록 몸조심하여라.
出世も大切だが、くれぐれも体には気をつけろ。

이번에는 제가 도움을 드릴 차례이니 모쪼록 이를 거절하지 마십시오.
今回は私が助ける番なので、どうかこれを断らないでください。

006
무려

[무려] 実に、なんとも
(数量を表す言葉の前に使われて)その数が予想より相当多いことを表す言葉。

[活用構文] 무려 名이나/나

[類義語] 자그마치 予想外に

[例文] 며칠 사이에 물가가 무려 갑절이나 올랐다.
何日かの間に物価が何と2倍に上がった。

나는 약속 장소에서 무려 두 시간이 넘도록 기다렸지만 그녀는 끝내 나오지 않았다.
私は約束の場所で実に2時間以上も待っていたのに、彼女はついに現れなかった。

007
무턱대고

[무턱때고] 見境なく、訳もなく
特別な理由や計画がなくただ。

[活用表現] 무턱대고 화를 내다 訳もなく腹を立てる

[類義語] 무작정 訳もなく、無鉄砲に

[例文] 동생은 무슨 일만 생기면 무턱대고 나에게 달려온다.
弟は何かあると見境なく、私の元に駆け寄ってくる。

친구는 나를 보자 전후 사정을 제대로 듣지도 않고 무턱대고 화를 냈다.
友達は私を見るなり、前後の事情を聞きもしないで訳もなく腹を立てた。

008
미처

[미처] そこまでは、いまだ

(否定ごとともに使われ)行動や考えなどがまだある程度、または状況に至っておらず、あらかじめ。

[活用構文] 미처 動지 않다
미처 動지 못하다

[活用表現] 미처 모르다 まだわからない

[例文] 한국 김치의 종류가 이렇게 많은지 미처 몰랐어요.
韓国のキムチの種類がこんなに多いなんてまるで知りませんでした。

아침 일찍 집을 나섰기 때문에 우산을 미처 챙기지 못했는데 갑자기 비가 내리는 바람에 무척 당황스러웠다.
朝早く家を出たので、傘を用意できなかったのだが、突然雨が降ってきたのですごく慌てた。

009
바야흐로

[바야흐로] 今や、今こそ、まさに

今まさに。この後。

[例文] 때는 바야흐로 만물이 소생하는 봄이다.
時はまさに万物が蘇る春だ。

여기저기 붙기 시작한 후보자 홍보 포스터는 바야흐로 본격적인 선거철이 임박했음을 느끼게 해 준다.
あちこちに貼られ始めた候補者の広報ポスターは、今まさに本格的な選挙の季節であることを感じさせてくれる。

010
별안간

[벼란간] 突然、だしぬけに

突然。

[例文] 별안간 벌어진 일이라 잘 기억이 나질 않는다.
突然起ったことなので、よく思い出せない。

잠자리에 들었을 때 별안간 밖에서 큰 고함 소리가 들려 왔다.
寝床に入った瞬間、突然外から大きな叫び声が聞こえてきた。

011
본래

[볼래] 本来

初めから、初めに。

[類義語] 원래 元々
본디 本来
본시 もとから

[例文] 남편은 본래 말이 없고 점잖은 사람이다.
夫は本来もともと無口で大人しい人だ。

설렁탕은 본래 서울 지방의 겨울철 전통 음식이다.
ソルロンタンは本来ソウル地方の冬の伝統的な食べ物だ。

012
부쩍

[부쩍] 1. うんと　2. うんと

1. あるものごとや勢いなどが力いっぱい差しつかえなく伸びたり育ったり進んで行く様子。

【活用表現】 부쩍 늘다 うんと伸びる
부쩍 자라다 めっきり育つ
부쩍 오르다 うんと上がる

【例文】 한두 해 못 본 사이에 아이는 부쩍 자라 있었다.
1,2年ほど見ない間に、その子はめっきり成長していた。

2. すごく力を入れたり、緊張する様子。

【活用表現】 부쩍 긴장하다 うんと緊張する

【例文】 직원들은 사장님의 안색을 살피며 부쩍 긴장한 모습들이다.
社員たちは社長の顔色を伺い、うんと緊張している様子だ。

013
불과

[불과] ~に過ぎない

(主に数量を表す言葉の前に使われ)その数量に満たないことを指す言葉。

【活用構文】 불과 名밖에 없다
불과 名에 지나지 않다

【類義語】 고작 せいぜい
기껏해야 たかだか

【例文】 사내에서 부장의 공금 횡령 사실을 아는 사람은 불과 몇 명뿐이었다.
社内で部長の公金横領の事実を知っている人は数人だけに過ぎない。

불과 한두 시간만 차를 타고 나가면 오염되지 않은 자연이 우리를 기다리고 있다.
1,2時間だけ車に乗って出かければ、汚染されていない自然が私達を待っています。

014
비로소

[비로소] ついに

あることがあった後で始めて。

【活用表現】 비로소 알다 ついに知る
비로소 깨닫다 ついに悟る

【例文】 2년 전에 시작한 사업이 비로소 정상 궤도에 올랐다.
2年前に始めた事業がついに軌道にのった。

집을 떠나 봐야 비로소 가정의 편안함을 실감하게 된다.
家を出てはじめて、家庭の良さ実感するようになる。

015
사뭇

[사묻] 1. かなり　2. もっぱら

1. (その程度だとは考えられなかったが)普通の基準を超えてかなり。

[例文] 교장 선생님은 평소와는 사뭇 다른 어조로 우리들에게 훈계를 시작하셨다.
校長先生は普段とは全然違う口調で私達に警告をしはじめた。

2. 最初から最後までそのまま。

[類義語] 줄곧　ずっと

[例文] 사뭇 조용하기만 하던 병실 분위기가 젊은 환자의 입원으로 갑자기 떠들썩해지며 생기를 되찾은 듯 했다.
もっぱら静かだった病室の雰囲気が、若い患者の入院によって突然騒がしくなって、活気取り戻したかのようだった。

016
새삼

[새삼] 今更

(すでに感じていたり知っていたが)今再び新しく。

[活用表現] 새삼 놀라다　今更驚く
새삼 깨닫다　今更悟る
새삼 느끼다　今更感じる

[関連語] 새삼스럽게　今更ながら

[例文] 김 교수님의 말솜씨가 좋다는 것은 전부터 알고 있었지만 오늘 좌담회에서 거침없는 달변을 듣고 새삼 놀랐다.
キム教授が口達者だということは前から知っていたが、今日の座談会でのすらすらした達弁を聞いて今更ながらに驚いた。

나는 역사박물관을 관람하면서 선조들의 청동기 주조 기술의 수준이 얼마나 높은 것이었던가를 새삼 느낄 수 있었다.
私は歴史博物館を観覧しながら、先祖たちの青銅器鋳造技術の水準がどれほど高いものだったのかを今更ながら感じることができた。

017
서서히

[서서히] 徐々に

急にではなく少しずつ。ちょっとずつ。ゆっくりと。

[例文] 날씨가 따뜻해지면서 서서히 눈이 녹고 있다.
気温が暖かくなりながら、徐々に雪が解けている。

입대하는 오빠를 태운 기차는 서서히 고향 역을 출발하고 있었다.
入隊した兄を乗せた電車はゆっくりと地元の駅を出発していた。

018
설사

[설사] たとえ

(主に否定的な意味の文章で)仮定して言えば。

[活用構文] 설사 動/形는다/ㄴ다/다 하더라도
설사 動/形는다/ㄴ다/다 할지라도
설사 動/形는다고/ㄴ다고/다고 하여도

[類義語] 설령 たとえ
설혹 たとえ

[例文] 사막에는 거의 비가 오지 않는다. 설사 온다 하더라도 극히 소량에 지나지 않는다.
砂漠にはほとんど雨が降らない。たとえ降ったとしても、かなりの少量に過ぎない。

그가 너를 속였다는 것도 믿기 어렵지만, 설사 그랬다손 치더라도 그를 원망해서는 안 된다.
彼があなたを騙したということも信じ難いが、たとえそうだとしても、彼を恨んではいけない。

019
소위

[소위] いわゆる

人々が一般的に言う。

[類義語] 이른바 いわゆる

[例文] 백화점에 가 보니 소위 '명품' 가방 매장에 사람들이 줄을 서 있었다.
デパートに行ってみたところ、いわゆる"ブランド"バック売り場で人々が列を作っていた。

아기는 탄생한 지 21일이 되어서 소위 '삼칠일'을 지낸 후에야 외부인과 접촉하는 것이 전통이다.
赤ちゃんは誕生してから21日経ち、いわゆる"삼칠일"を過ぎた後で外部の人と接触するのが伝統だ。

020
손수

[손수] 自ら、手ずから

他人の力を借りずに、自分の手で直接。

[活用表現] 손수 만들다 自分で作る
손수 돌보다 自分で面倒を見る

[類義語] 몸소 自ら
친히 親しく

[例文] 어머니는 명절 때면 손수 옷을 만들어 우리에게 입히시곤 했다.
母は伝統的な祝日の時に、自ら服を作って私たちに着させたりした。

할아버지는 성품이 부지런하시고 빈틈이 없으셔서 만 평의 과수원을 손수 돌보셨다.
祖父は勤勉な性分でぬかりがないので、1万㎡の果樹園を1人で手入れした。

021
수북이

[수부기] こんもり、山盛りに

ものなどが積もっていたり、盛られている姿が高く分厚い。

[活用表現] 수북이 쌓이다 こんもり積もる

수북이 담기다 こんもりと盛る

[例文] 이틀 사이에 마당에 낙엽이 수북이 쌓였다.

2日の間に、庭に落ち葉がこんもり積もった。

소쿠리에 수북이 담긴 달걀을 안고 나올 때는 대단한 부자가 된 것 같은 흐뭇함을 느꼈다.

かごにこんもり盛られた卵を抱えている時は、ものすごいお金持ちになったような満足を感じる。

022
슬쩍

[슬쩍] 1. こっそり 2. そっと 3.それとなく 4. さっと

1. 他人が知らない間に静かに。

[活用表現] 슬쩍하다 こっそりする

슬쩍 훔치다 こっそり盗む

[例文] 다들 술에 취해 정신이 없는 사이에 나만 슬쩍 빠져 나와 집으로 돌아 왔다.

みんながお酒に酔って、訳がわからなくなっている内に、こっそり抜け出して家に帰った。

2. 苦労せずに軽く。

[活用表現] 슬쩍 치다 そっと突く

슬쩍 건드리다 そっと触る

[例文] 그는 내 옆을 지나갈 때 어깨를 슬쩍 부딪치며 눈짓을 했다.

彼は私の横を通る時、肩をそっと触れさせて目配せした。

3. 目立たないようにそれとなく。

[活用表現] 슬쩍 떠보다 さぐりを入れる

[例文] 나는 그 사람이 내 이야기에 관심이 있는지 슬쩍 떠 보려고 찾아 갔다.

私はその人が私の話に関心があるのかどうか、さぐりを入れてみようとして訪ねて行った。

4. 特別に気を使ったり、誠意を込めずに早く。

[活用表現] 슬쩍 훑어 보다 さっと目を通す

[例文] 그는 책을 한 번 슬쩍 훑어보더니 재미없다는 듯 곧 던져 버렸다.

彼は本に1度さっと目を通し、面白くないというように放り投げてしまった。

023
실컷

[실컨] 1. 思い切り　2. 思う存分

1. やりたいだけ精一杯。思い切り、十分に。

[類義語] 마음껏 思い切り

[例文] 어렸을 때 우리 집은 제과점을 했기 때문에 다른 것은 몰라도 빵은 실컷 먹었다.
幼い頃、実家がパン屋さんだったので、他のものはともかく、パンは思う存分食べた。

2. すごくひどく、とても。

[例文] 그 아이는 실컷 맞고 돌아와서도 다음날 또 싸움을 걸었다.
その子は思いきりなぐられて帰ってきたのに、次の日にまた喧嘩を売った。

024
썩

[썩] 1. 非常に　2. さっさと

1. 気に入るくらいとても良く。

[活用表現] 썩 잘 하다 非常に上手だ

썩 내키지 않다 まったく気が向かない

[類義語] 상당히 非常に

[例文] 처음 만들어 본 음식치고는 맛이 썩 괜찮았다.
初めて作った料理にしては、結構おいしかった。

2. 遅れることなく早く。

[例文] 썩 나오지 못하고 뭐하고 있는 거야?
さっさと出てこないで、何してるの？

025
아예

[아예] 1. 最初から　2. まったく　3. むしろ

1. 事が起こる前にあらかじめ。初めから。

[類義語] 애당초 最初

[例文] 그 문제에 대해서는 김 선생님이 모르실 수도 있으니 아예 사무실에 가서 문의해 보세요.
その問題についてはキム先生も知らないかもしれないので、最初から事務所に行って聞いてみて下さい。

2. 絶対に。少しも。

[活用構文] 아예 動지 않다

아예 動지 말다

[例文] 같은 반 학생들이 모두 어찌나 우수한지 장학금은 아예 꿈도 꿀 수 없었다.
同じクラスの学生達が全員どうしてこうも優秀なのか、奨学金はまったく期待できなかった。

3. (そうなるなら)いっそのこと。ひとえに。

【類義語】 차라리 むしろ

【例文】 혼자서 걱정만 하느니 아예 속 시원히 털어 놓겠다.
ひとりで心配するくらいなら、むしろすっきりと全部打ち明けてしまう。

026
아울러 [아울러] 1. ~と共に 2. 共に

1. (一般的に'-과/와 아울러'の形で使われ)前のものに付け加え。

【類義語】 함께 同時に

더불어 さらに

【例文】 경찰은 교통사고 사망을 줄이기 위해 지속적인 교통지도단속과 아울러 사고다발지역에 대한 시설 개선에 힘써 왔다.
警察は交通事故での死亡を減らすために、持続的な交通指導をすると共に、事故多発地域に対する施設の改善に力を入れてきた。

2. 何人かが一緒に。いくつかをひとつにまとめて。

【例文】 그처럼 지혜와 용기를 아울러 갖춘 사람은 보기 드물다.
彼みたいに知恵と勇気を共に備えている人は珍しい。

027
어김없이 [어기멉씨] 必ず、絶対、間違いなく

破ることなく。間違いなく。

【例文】 그는 자기가 약속한 것은 어김없이 지킨다.
彼は自分が約束したことを必ず守る。

자연의 순리대로 올해도 가을은 어김없이 찾아왔다.
自然の条理に従って、今年もまた秋がやって来た。

028
어느덧 [어느덛] いつの間にか

いつの間にか、知らない間にもう。

【類義語】 어느새 いつの間にか

【例文】 외국 생활을 시작한 것이 엊그제 같은데 어느덧 20년이란 세월이 지났다.
外国生活を始めたのがおとといのことのように感じるのに、いつの間にか20年の歳月が過ぎた。

10년 만에 고향에 돌아와 보니 코흘리개였던 조카가 어느덧 고등학생이 되어 있었다.
10年ぶりに故郷に帰ってみたら、はな垂れ小僧だった甥っ子がいつの間にか高校生になっていた。

029
어련히 [어련히] 間違いなく、確かに

(主に疑問形で使われ)うまくいっていることが明確で心配する必要がないことを表す。失敗がなくとても良く。

[例文] 선생님께서 직접 하신 일인데 어련히 알아서 잘 하셨겠습니까?
先生が直接したことなんだから、間違いなくしっかりしてくれたことでしょう?

아우들이 그런 인사는 어련히 잘 챙겼을라고요. 걱정하실 필요 없어요.
弟たちがそんな挨拶は間違いなくちゃんとしているでしょうよ。心配する必要ないですよ。

030
어차피 [어차피] どうせ

こうしてもああしても。またはこうなろうが、ああなろうが。どうやっても。どうなっても。

[例文] 어차피 이 일은 성사되기 힘들테니 준비하느라고 괜히 헛수고할 필요는 없네.
どうせこの仕事は成し遂げるのが難しいから、無駄に苦労して準備する必要はないね。

하나라도 틀리면 어차피 다시 해야 하니까 기한을 지키지 못하는 한이 있더라도 이 서류를 완벽하게 작성하겠어요.
ひとつでも間違ったらどうせまたやり直さなければいけないんだから、期間に間に合わないとしても、この書類を完璧に完成させます。

031
억지로 [억찌로] 無理やり

無理な程度に。道理や条件に合わないのに無理をして。

[活用表現] 억지로 참다 無理やり耐える
억지로 시키다 無理やりさせる

[例文] 나를 무시하는 듯한 그 사람의 태도에 화가 치밀었으나 억지로 참았다.
私を無視しているかのような彼の態度に、怒りがこみ上げてきたが、無理やり耐えた。

하기 싫은 일을 억지로 하면 능률도 오르지 않고 금방 싫증나기 마련이에요.
やりたくないことを無理やりすると、能率も上がらないし、すぐに嫌気がさすものです。

032
언뜻 [언뜯] 1. ふと　2. ふと

1. (あらかじめ計画せずに)偶然に。少し。

[活用表現] 언뜻 보다 ふと見る

[類義語] 얼핏 ちらっと

[例文] 그는 언뜻 보아도 점잖은 사람이라는 것을 알 수 있었다.
彼はふと見ただけで大人しい人だということがわかった。

2. 考えや記憶などがふと浮かぶ様子。

[活用表現] 언뜻 떠오르다 ふと思い浮かぶ
언뜻 깨닫다 ふと思い当たる

[類義語] 문득 ふと
별안간 突然、だしぬけに

[例文] 차창 밖으로 황금색 들판이 보이자 요 몇 년간 돌아가지 못한 시골 고향이 언뜻 떠올랐다.
車窓から金色の平野が見えるなり、この何年間ずっと帰っていない田舎の故郷のことがふと思い浮かんだ。

033
여지없이 [여지업씨] 完全に、ぼろくそに
この上ないほど容赦なく。他に何の方法も可能性もなく。

[例文] 올해 지방선거에서 여당은 여지없이 참패했다.
今年の地方選挙で与党はぼろくそに惨敗した。

신상품의 높은 수수료가 증권사들의 새로운 수익원이 될 것이란 기대는 여지없이 빗나갔다.
新商品の高い手数料が証券会社たちの新しい収益元になるという期待は完全に外れた。

034
오로지 [오로지] ひとえに
他の可能性がなく、ただ。

[類義語] 오직 ただ

[例文] 그 당시에는 교통수단이라고는 오로지 나룻배뿐이었다.
その当時は交通手段と呼べるものはひとえに渡し舟だけだった。

동화 작가가 기획하고 그림 작가와 출판사가 동참하여 출간한 이 책은 오로지 기부를 목적으로 쓰인 것이라고 한다.
童話作家が企画して、絵描きと出版社が力を合わせて出刊したこの本はひとえに寄付を目的として書かれたものだと言う。

035
온통 [온통] すっかり、あたり一面
全部すべて。

[活用構文] 온통 名으로/로 차다
온통 名으로/로 덮이다
온통 名에 휩싸이다

[例文] 골짜기는 온통 초록색으로 덮여 있었다.
谷間はあたり一面緑色に覆われていた。

오랜 시간 기다리던 아기가 태어나자 집안은 온통 웃음소리로 꽉 찼다.
長い間望んでいた赤ちゃんが生まれるなり、家の中は笑い声でいっぱいになった。

036
워낙 [워낙] 1. 元々 2. とても

1. 元から。もともと。

[類義語] 원래 もともと

원체 本来

[例文] 이곳은 워낙 한겨울에도 얼음이 어는 법이 없이 봄날같이 따뜻한 고장이다.
ここは元々真冬にも氷が凍らないくらい春のような暖かい地方だ。

2. (肯定的に)とても

[例文] 아버지는 성격이 워낙 느긋하셔서 작은 일에는 좀처럼 당황하는 일이 없으시다.
父は性格がとてものんびりしているので、小さなことにはほとんど慌てることがない。

037
의외로 [의외로] 意外に

考えや期待、予想と違い。

[類義語] 뜻밖에 予想外に

[例文] 주머니는 커다란 부피에 비해 의외로 가벼웠다.
袋は大きいわりに軽かった。

그 남자는 몸집은 큰데 성격은 의외로 소심했다.
その男は図体は大きいのに性格は意外に小心者だった。

038
이따금 [이따금] 1. 時たま、折々 2. 時々、ちょいちょい

1. 少しの間ずつ時々。

[例文] 심심할 때면 이따금 산에 올라가 달을 바라보곤 한다.
退屈な時は時折山に登って月を見上げたりした。

2. どうかすると時々。

[例文] 유학생활에 적응하지 못해 도중에 포기하고 귀국하는 학생이 이따금 있다.
留学生活に適応できず、途中で諦めて帰国する学生も時々いる。

11 연습문제

[1-10] 다음 밑줄 친 부분과 의미가 비슷한 것을 고르십시오.
下線を引いた部分と同じような意味を持つものを選びなさい。

1. 외로울 때면 가끔 산에 올라가서 하늘을 바라보다 내려오곤 했다.

❶ 언제나　❷ 여전히　❸ 기필코　❹ 이따금

2. 하기 싫은 일을 억지로 하면 좋은 결과가 나오기 어렵다.

❶ 절대로　❷ 어차피　❸ 마지못해　❹ 엄청나게

3. 소나무 숲에 나 있는 산책로는 언제까지나 걷고 싶은 오솔길이다.

❶ 마냥　❷ 미처　❸ 온통　❹ 아예

4. 교내 독창대회에서 상이란 상은 다 우리 반 친구들이 휩쓸었다.

❶ 아울러　❷ 모조리　❸ 일부러　❹ 오로지

5. 집필 중이던 작품이 채 완성되기도 전에 그는 세상을 떠나고 말았다.

❶ 미처　❷ 설사　❸ 이미　❹ 언뜻

6. 회식 모임이 너무 길어져서 피곤해진 나는 슬쩍 자리에서 빠져 나와 집으로 돌아왔다.

❶ 슬슬　❷ 얼른　❸ 급하게　❹ 말없이

7. 수업이 없는 토요일인 이른바 '놀토'(노는 토요일)의 취지는 학생들이 학습에서 벗어나 창의적 활동이나 체험학습 등을 할 수 있도록 하자는 데에 있다.

❶ 그저　❷ 소위　❸ 마냥　❹ 널리

8. 요즘은 결혼을 해서 생활에 얽매이기보다는 자유를 실컷 누릴 수 있는 독신으로 살겠다는 젊은이가 늘고 있다고 한다.

❶ 당당히　❷ 공연히　❸ 골고루　❹ 마음껏

9. 평일이어서 백화점이 한산할 줄 알고 구경하러 갔는데 의외로 쇼핑객이 많아서 깜짝 놀랐다.

❶ 가급적 ❷ 구태여 ❸ 뜻밖에 ❹ 별안간

10. 대기 중의 공기를 이용해서 열을 발생시키는 신형 난방 기구는 폭발이나 화재 위험과 더불어 유해가스 발생까지 막는 이점이 있다.

❶ 아울러 ❷ 긴밀히 ❸ 따라서 ❹ 상관없이

[11-20] 다음 ( )에 알맞은 것을 고르십시오.

次の( )に当てはまるものを選びなさい。

11. 그가 돌아왔다는 사실을 아는 사람은 ( ) 몇 명뿐이었다.

❶ 불과 ❷ 설마 ❸ 차마 ❹ 무려

12. 지붕마다 눈이 ( ) 쌓여 있는 모습은 마치 한 폭의 그림 같았다.

❶ 어찌나 ❷ 수북이 ❸ 줄줄이 ❹ 함부로

13. 신입생 환영회에서 내가 술을 못 마신다고 했는데도 선배는 ( ) 폭탄주를 마시게 했다.

❶ 억지로 ❷ 의외로 ❸ 비로소 ❹ 어차피

14. 가족과 떨어져 외국에서 생활하다 보니 가족의 소중함을 ( ) 깨닫게 되었다.

❶ 막상 ❷ 새삼 ❸ 마침 ❹ 하필

15. 친구에게서 곤란한 부탁을 받고 한참을 고민한 끝에 ( ) 그 부탁을 들어주었다.

❶ 일부러 ❷ 모처럼 ❸ 마지못해 ❹ 틀림없이

16. 흰 수염을 기른 그 할아버지는 오늘도 ( ) 공원에 나타나 새들에게 모이를 주고 있었다.

❶ 어찌나 ❷ 어느덧 ❸ 더욱이 ❹ 어김없이

17. 학생으로서 공부가 (   ) 피할 수 없는 일이라면 즐기면서 할 수 있는 방법을 찾아보자.

❶ 어련히 ❷ 어차피 ❸ 뜻밖에 ❹ 소홀히

18. 평소엔 4시간이면 갈 수 있는 곳을 폭설로 인해 (   ) 10시간이나 걸려서 가야 했다.

❶ 불과 ❷ 미처 ❸ 무려 ❹ 기껏

19. 정부가 국민을 위해서 (   ) 알아서 잘 해 줄까 하고 안이하게 생각할 게 아니라 국민은 국민으로서의 정당한 요구를 해나가야 할 것이다.

❶ 막연히 ❷ 모쪼록 ❸ 어련히 ❹ 어설피

20. 운동이 꼭 필요하다는 걸 알면서도 (   ) 시작하려고 하면 어떤 운동을 해야 할지, 어떻게 시간을 내야 할지 몰라서 주저앉은 적이 한 두 번이 아니다.

❶ 새삼 ❷ 막상 ❸ 다만 ❹ 고작

[21-23] 다음 밑줄 친 부분의 의미가 다른 셋과 다른 것을 고르십시오.
下線部の意味が他の3つと違うものを選びなさい。

21.

❶ 학교에서 집까지 무려 두 시간이나 걸린다.
❷ 한 시간쯤 지난 줄 알았더니 기껏 십 분밖에 안 지났다.
❸ 그렇게 어려운 문제를 불과 일 분만에 풀었다니 정말 놀랍다.
❹ 하루 종일 고생한 대가로 고작 이 만원을 받고 보니 좀 어이가 없었다.

22.

❶ 친구들을 만나면 이따금 노래방에 가기도 한다.

❷ 오늘은 구름이 많이 끼고 때때로 비가 오겠습니다.

❸ 춥고 지루했던 겨울이 가고 바야흐로 만물이 소생하는 봄이 왔다.

❹ 한국어의 높임법이 복잡해서 간혹 한국인조차 잘못 사용하는 경우가 있다.

23.

❶ 해안 사구는 풀로 덮여 있어 얼핏 보기에는 모래 언덕 같지 않다.

❷ 연수와 민수는 너무 닮아서 언뜻 보면 형제라고 착각하기 쉽다.

❸ 김 교수님에 대해서 이야기만 듣다가 막상 만나 보니까 느낌이 완전히 달랐다.

❹ 이번에 적발된 위조지폐는 잠깐 봐서는 식별할 수 없을 만큼 진짜 화폐와 똑같다.

[24-25] 다음 밑줄 친 두 단어의 관계가 다른 것을 고르십시오.

下線を引いた２つの単語の関係が違うものを選びなさい。

24.

❶ 가 : 여기만 해도 공기가 도심과는 사뭇 다르군요.

나 : 네, 도심에서 1시간 거리인데도 분위기가 꽤 다르지요.

❷ 가 : 차에 시동을 걸고 천천히 출발해 보세요.

나 : 그럼 서서히 출발하도록 하겠습니다.

❸ 가 : 그녀는 오늘도 어김없이 나를 면회하러 와 주었어.

나 : 난데없이 면회를 오다니, 무슨 일이야?

❹ 가 : 이 한복은 어머니가 손수 만들어주신 것이에요.

나 : 어머니께서 이 한복을 직접 지으셨다고요? 솜씨가 정말 훌륭하시군요.

25.

❶ 가 : 큰일 났어. 지갑과 돈, 여권을 모조리 잃어버렸어.
나 : 가방에 들어 있던 걸 전부 잃어버렸다는 거야?

❷ 가 : 갑자기 좋은 기회가 생겨서 중국으로 유학을 가게 됐어.
나 : 별안간 유학을 간다고? 무슨 공부를 할 거야?

❸ 가 : 그 황당한 소식 듣고 어찌 해야 할지 몰라서 무작정 너한테 달려 왔어.
나 : 무턱대고 나를 찾아온다고 해결되는 것도 아닌데 뭐.

❹ 가 : 영수 씨는 본래 제주도 출신이에요.
나 : 역시 그렇군요. 제주도 사투리를 워낙 잘 해서 신기하게 생각했었거든요.

[26–27] 다음 중 부사의 쓰임이 잘못된 것을 고르십시오.

次の中から副詞の使い方が間違っているものを選びなさい。

26.

❶ 케이크는 언뜻 딸기로 뒤덮여 있었다.
❷ 어머니는 오로지 나만을 위해서 지금껏 살아오셨다.
❸ 우리 팀은 농구대회 본선에서 강팀을 만나 여지없이 지고 말았다.
❹ 항상 꼴찌였던 그 팀이 이번 대회에서 의외로 좋은 성적을 거두었다.

27.

❶ 이 아이는 피아노를 썩 잘 치는군요.
❷ 학교를 졸업하고 어느덧 이십 년이란 세월이 흘렀다.
❸ 아이를 낳고서 비로소 부모님의 은혜를 알게 되었어요.
❹ 하기 싫은 일을 어차피 시켜서 사고가 난 거 아니에요?

[28-30] 다음 (　　)에 들어갈 말로 알맞지 않은 것을 고르십시오.
次の(　)に当てはまるものとして相応しくないものを選びなさい。

28.

학벌지상주의를 깨고 당당하게 실력으로 성공을 거둔 화제의 인물이 있다. 그 주인공은 중학교만 졸업하고 대리운전기사로 시작해 연매출 200억을 올리는 국내 최대 대리운전업체의 사장이 된 김동근 대표다. 8년 전 대리운전기사로 시작한 그는 (　　) 젊은 열정과 패기만으로 한 회사의 대표 자리까지 올랐다고 한다.

❶ 단지　❷ 오직　❸ 오로지　❹ 아울러

29.

한 유명 커피 전문점이 지난달부터 가요를 포함한 다양한 장르의 음악방송을 시작했다. 고객은 휴대 전화 문자나 인터넷 홈페이지로 노래를 신청을 할 수 있는데 처음에 이 의견을 냈을 때는 옛날 음악다방 분위기가 될 거라며 반대하는 의견이 많았지만, 시작해 보니 (　　) 20~30대 손님들의 호응이 뜨겁다고 한다. 그래서 현재 하루 2시간으로 제한되어 있는 음악 방송 시간을 더욱 늘릴 계획이라고 한다.

❶ 뜻밖에　❷ 우연히　❸ 의외로　❹ 놀랍게도

30.

우리 지역에서 가정보육교사제도가 시행된 지 2년째다. 전문 보육교사가 36개월 미만의 아동이 있는 가정을 직접 방문해 1대 1로 돌보는 이 제도는 부모의 보육선택권을 존중하고 보육의 질을 높였다는 평가를 받고 있다.

처음엔 남한테 아이 양육을 맡기는 게 (　　) 내키지 않았다는 한 부모는 "전문교육을 받고 양육 경험이 많은 가정보육교사가 아이들을 잘 돌보는 모습을 보면서부터 마음이 놓였다"며 가정보육교사가 없었더라면 직장생활을 계속하기 어려웠을 것이라고 매우 만족해했다.

❶ 썩　❷ 별로　❸ 여간　❹ 그다지

부사 Ⅲ

12

副詞 Ⅲ

12 부사 III

001
저절로

[저절로] おのずから、ひとりでに、

他の力を借りずそれ自体で。または人工の力を加えずに自然の力で。

【活用表現】 저절로 나오다 おのずから出てくる

저절로 생기다 おのずから生じる

【類義語】 절로 おのずと

【例文】 약도 안 먹었는데 감기가 저절로 나았다.
薬も飲まなかったのに風邪が、自然と治った。

나이가 든다고 해서 저절로 성숙해지는 것은 아닌 듯싶다.
年を取ったからといって、おのずと成熟する訳ではないようだ。

002
제대로

[제대로] 1. きちんと　2. まともに　3. しっかり

1. きちんとした格式、規定や姿に相応しく。

【例文】 경제 문제 때문에 가족이 기능을 제대로 못하는 가족 해체 현상이 나타났다.
経済的な問題のせいで、家族の機能をきちんと果たせない家族解体現象が表れた。

2. 気の向くままに。

【例文】 여행 일정이 빡빡하여 제대로 구경을 못했다.
旅行の日程がきつきつで、まともに観光できなかった。

3. 程よい程度に。

【例文】 한식 상차림을 제대로 배우기 위해 요리학원에 다니고 있다.
韓食の食膳をしっかりと学ぶために料理学校に通っている。

003
죽

[죽] 1. まっすぐに　2. ずらっと　3. 一息に　4. ビリッと　5. しっかり
6. ゴクゴク　7. 一気に

1. 線などをまっすぐに引く様子。

【例文】 나는 중요한 부분에 줄을 죽 그으면서 책을 읽었다.
私は重要な部分に線をまっすぐに引きながら本を読んだ。

2. いくつかがきれいに並んでいて、陳列されている様子。

【例文】 옷장을 열어 보니 한 번도 입지 않은 듯한 옷들이 죽 걸려 있었다.
箪笥を開けてみたら、1度も着ていないような服がずらっと掛かっていた。

3.すらすら読んだり暗唱したり話したりする様子。

【例文】 철수는 큰 소리로 구구단을 죽 외워 나갔다.
チョルスは大きな声で九九算を一息に暗唱していった。

4. 紙や布などを止めることなく、いっぺんに破ったり剥ぎ取る様子。

【例文】 편지 봉투를 죽 찢더니 서둘러 편지를 꺼내 읽었다.
手紙の封筒をビリッと破るなり、慌てて手紙を取り出して読んだ。

5. きれいに伸ばしたり広げる様子。

【例文】 어른들이 나가기가 무섭게 그는 다리를 죽 펴고 앉았다.
大人達が出て行くとすぐに、彼は足を崩して楽に座った。

6. 水などを一気に吸い込む様子。

【例文】 갈증이 나서 사발에 있는 물을 죽 마셨다.
咽が渇いたので、どんぶりに入った水をゴクゴク飲んだ。

7. 水気や力が一度に抜ける様子を表す。

【例文】 거기서 철민은 갑자기 온몸의 힘이 죽 빠져 버리는 듯 했다.
そこでチョルミンは急に全身の力が一気に抜けてしまったようだった。

004
줄곧 [줄곧] ずっと、続けて

あることがあった次から続いて。ずっと。

【例文】 그는 아침부터 줄곧 나를 기다리고 있었다고 했다.
彼は朝からずっと私を待っていたと言う。

나는 태어나서부터 줄곧 섬에서 살아서 육지 사람에게 시집가는 것이 소원이었다.
私は生まれた時からずっと島に住んでいたので、大陸の人の元にお嫁に行くのが夢だった。

005
차라리 [차라리] むしろ

対比される2つの事実がどちらも思わしくないが、それでも比べた時にまだマシだということを表す。

【例文】 비서에게 하나하나 설명하느니 차라리 내가 하는 게 빠르겠어요.
秘書にいちいち説明するくらいなら、むしろ私がする方が早いでしょう。

기껏 도와주고도 이런 말을 들을 바에야 차라리 도와주지 말 걸.
精一杯手伝ってあげたのに、こんなことを言われるくらいなら、むしろ手伝わなければよかった。

006
차마 [차마] どうにも~、~かねる

(後ろに来る動詞を否定する文脈に使われ)気の毒でかわいそうなので思い切って。

【活用構文】 차마 動지 않다
차마 動지 못하다
차마 動을/ㄹ 수 없다

[類義語] 도저히 到底

[例文] 공포 영화의 장면들이 너무 끔찍해서 차마 눈 뜨고 볼 수 없었다.
ホラー映画のシーンがおぞまし過ぎて、とても目を開けて見ることができなかった。

회사 상황이 아무리 어렵다고 해도 직원들 생각을 하면 차마 회사 문을 닫을 수는 없다.
会社がいくら厳しい状態だと言っても、社員のことを考えるととても会社を潰すわけにはいかない。

007
턱없이

[터겁씨] 1. やたら 2. 全然 3. やたら

1. 常識にそぐわなかったり、間が抜けて。普通ととても違って。

[例文] 턱없이 넓은 목욕탕은 마치 수영장 같았다.
やたらと広い銭湯はまるでプールのようだった。

2. とても、かなり。

[活用表現] 턱없이 모자라다 全然足りない

[例文] 환자 수에 비해 간호사의 수는 턱없이 모자랐다.
患者の数に対して看護士の数が、全然足りなかった。

3. 水準や身の程に合わず。

[類義語] 무턱대고 訳もなく、むやみに

[例文] 물가가 턱없이 올라가니 서민들은 앞날이 캄캄할 뿐이라고들 한다.
やたらと物価が上がるので庶民達はひたすらお先真っ暗だという。

008
툭하면

[투카면] どうかすると、ことあるごとに

(望ましくないことを)少しでも言い訳があると。癖のようにしょっちゅう。

[類義語] 걸핏하면 どうかすると

[例文] 형은 툭하면 말을 안 듣는다고 동생을 쥐어박기 일쑤다.
兄はことあるごとに、言うことを聞かないと行って弟を殴る。

그는 툭하면 전화해서 자기 사업에 투자하라고 나를 꼬인다.
彼はことあるごとに電話して、自分の事業に投資しろと言って私をそそのかす。

009
하긴

[하긴] もっとも

(前にあったことや話を肯定する時に使い)実情を言えば。

[例文] 하긴 이 더운 여름날에 공사장에서 일하려니 덥기도 하겠지.
もっともこの暑い夏に工事現場で働けば、そりゃ暑いだろう。

하긴 직장을 옮긴다는 건 간단한 일은 아니니 좀 더 신중을 기하는 게 좋지요.
もっとも転職するというのは簡単なことではないので、もう少し慎重になった方がいいでしょう。

010
하마터면

[하마터면] もう少しで、すんでのところで、危うく

(危険な状況をすれすれで回避した時)少し間違えば。

[活用構文] 하마터면 動을/ㄹ 뻔하다

[類義語] 까딱하면 危うく

[例文] 형의 사고 소식에 아버지는 하마터면 쓰러지실 뻔했다.
兄の事故の知らせに父は危うく倒れるところだった。

길이 안 막혔기에 망정이지 하마터면 기차를 놓칠 뻔했다.
渋滞していなかったのが幸いでした、もう少しで電車に乗り遅れるところだった。

011
하물며

[하물며] まして

(前の事実と比較して、後の事実にさらに強い肯定を加えて)そのうえに、さらに。

[活用構文] 名도 動/形는데 /은데 /ㄴ데 하물며 N은/는 動/形으랴/랴

[例文] 집안일도 내 마음대로 잘 안 되는데 하물며 나라 일은 오죽하랴.
家庭内のことも思い通りにいかないのに、まして国家の事となればさぞ大変だろう。

짐승도 제 새끼는 귀한 줄 아는데 하물며 사람이야 말해서 무엇 하겠습니까?
動物でも自分の子供を大切にするのに、ましてそれが人間ならなおさらの事ではないでしょうか？

012
하염없이

[하여멉씨] 1. 止めどなく　2. うつろに、ぼんやり

1. 終わりがなく。

[例文] 그는 두 주먹을 불끈 쥐고 하늘을 쳐다보며 하염없이 눈물을 흘렸다.
彼は2つのこぶしをぎゅっと握り、空を見つめて止めどなく涙を流した。

2. 何の考えもなく。

[例文] 그녀는 노을이 지는 창가에 앉아 바다를 하염없이 바라보고 있었다.
彼女は夕日が差し掛かっている窓辺に座り、海をうつろに眺めていた。

013
하필

[하필] 하필 よりによって

(主に望ましくなかったり、残念に思う文章で使われ)違う状況にならず、どうしてそのように。

[活用表現] 하필이면 よりによって

[例文] 하필 버스가 고장 나는 바람에 예정보다 2시간이나 늦게 서울에 도착했다.
よりによってバスが故障してしまったせいで、予定より2時間も遅くソウルに到着した。

밀린 빨래를 하려고 마음먹었는데 하필이면 왜 오늘 단수가 된다는 거야?
溜まっていた洗濯物を洗濯しようと思ったのに、よりによって何で今日が断水なんだ？

014
한껏

[한껃] できる限り、思い切り、精一杯
できるところまで。最大限に。すごくひどく。

【活用表現】 한껏 즐기다 思い切り楽しむ

【例文】 젊음은 한번 가면 돌아오지 않는 것이니만큼 한껏 즐기고 싶어요.
若さは2度と戻ってこないので、思い切り楽しみたいです。

봄 기분을 만끽하려고 한껏 멋을 부리고 친구들과 꽃구경을 갔다.
春の気分を満喫しようと、精一杯おしゃれして友達と花見に行った。

015
한사코

[한사코] なにがなんでも、かたくなに
変わらない意地を張って。一生懸命。

【活用表現】 한사코 우기다 かたくなに意地を張る
한사코 말리다 なにがなんでもやめさせる
한사코 거절하다 かたくなに拒絶する

【例文】 막내는 겨울 방학을 시골 큰댁에서 지내겠다고 한사코 우겼다.
末っ子は冬休みを田舎の本家で過ごすといって、かたくなに意地を張った。

가족들이 한사코 말렸으나 그는 아프리카로 난민 의료 활동을 하러 떠났다.
家族達がしつこく止めたのに、彼はアフリカに難民医療活動をしに行った。

016
한창

[한창] 真っ盛り、絶頂
あることが一番活気があり、旺盛である様子。

【例文】 요즘의 우리 딸은 한창 피어나는 꽃처럼 곱고 예쁘다.
最近のうちの娘はまさに立派に開花した花のように、きれいで美しい。

학교 급식은 한창 자라는 어린이들에게 공급되는 것인 만큼 영양의 균형이 잘 잡힌 식사가 제공되어야 한다.
学校の給食は育ち盛りの子供たちに与えられるものであるだけに、栄養バランスのよい食事でなければならない。

017
한층

[한층] 一層

既存の状態からさらに１段階。

[例文] 꽃잎을 장식한 녹두전이 봄의 입맛을 한층 더 해 준다.
花びらをあしらった緑豆のチヂミが春の食欲を一層引き立てる。

음주운전 사고율이 10년 새 2배로 급증하자 경찰은 음주운전 단속을 한층 강화하기로 했다.
飲酒運転での事故率が10年間で2倍に急増するなり、警察は飲酒運転の取締りを一層強化することにした。

018
함부로

[함부로] 1. やたらに、むやみに　2. 無作法に

1. 何の考えもなくただ、なるように。

[類義語] 무턱대고 むやみに

[例文] 전문가가 아닌 사람의 말을 듣고 함부로 약을 쓴다는 건 위험한 일입니다.
専門家でない人の言葉を聞いて、むやみに薬を使うのは危険なことです。

2. 無作法に。

[類義語] 감히 ずうずうしくも

[例文] 이 분 연세가 자네보다 한참 위인데 함부로 이름을 부르면 안 되지.
この方の年齢が君よりもはるかに上なのに、無礼に名前を呼んではだめだろう。

019
행여

[행여] 幸いに、ひょっとすると

どうにかすると、もしかして。

[活用構文] 행여 動을/ㄹ까
행여 動을/ㄹ까봐

[類義語] 행여나 幸いに
혹시 もしかして

[例文] 행여 복권에 당첨이라도 될까 하고 매주 5장씩 복권을 사요.
ひょっとして宝くじに当選するのではないかと思って毎週5枚ずつ宝くじを買います。

사업에 실패하고 나서는 행여 누구 아는 사람이라도 만나게 될까봐 외출도 자제했던 때가 있었다.
事業に失敗してからは、もしかして知っている人に会ったらどうしようかと思い、外出を控えたことがあった。

020
혹시

[혹씨] 1. もしかすると　2. もしかすると　3. もし

1.確かなことではないが、私が予想するに。

[類義語] 혹시나 もしかして

혹시라도 もしかすると

[例文] 혹시 어제 저에게 전화하셨어요?
もしかして昨日私に電話しましたか？

2. ひょっとすると。(そのような)可能性がある気がして。

[類義語] 혹시나 もしかして

혹시라도 もしかすると

[例文] 그는 혹시 자기에게도 뭔가 이득이 있을까 하여 자리를 떠나지 않고 있었다.
彼はもしかすると自分にも何か利益があるのではないかと思い、席を立たないでいた。

3. 万が一。(そのようなことがある)場合に。

[類義語] 만약 万が一

혹시나 もしも

혹시라도 もしも

[例文] 혹시 제가 없는 사이에 그 분이 오시거든 잠시만 기다려 달라고 전해 주세요.
もし私がいない間にその方がいらっしゃったら少し待っていてくれるように伝えて下さい。

021
혹여

[호겨] 1. もしかすると　2. もし

1. よくわからないが、ひょっとすると。予想や仮定に過ぎないけれど。

[類義語] 혹시 もしかして

[例文] 혹여 오해하실 분이 계실까 봐 다시 한 번 설명을 해 드리겠습니다.
もしかすると誤解している方もいらっしゃるかもしれないので、もう1度説明いたします。

2. どうかすると。

[例文] 혹여 그 분을 만나시더라도 제 이야기는 하지 말아 주세요.
もしその方に会っても私の話はしないで下さい。

022
흔쾌히

[흔쾌히] 喜んで、快く

満足した嬉しい気持ちで。(落ち込まずに)嬉しく。

[活用表現] 흔쾌히 받아들이다 快く受け入れる

흔쾌히 허락하다 快く許す

흔쾌히 승낙하다 喜んで承諾する

흔쾌히 수락하다 快く受け入れる

【例文】 시민단체 대표는 구청과 주민 간 협의의 중재자 역할을 흔쾌히 수락했다.
市民団体の代表は区役所と住民の間の合意の仲介者の役割を快く受け入れた。

은사님은 오랜만에 찾아온 제자의 결혼식 주례 부탁을 흔쾌히 들어주셨다.
恩師は久しぶりに訪ねてきた教え子の結婚式での祝辞のお願いを快く受け入れてくれた。

023
흠뻑

[흠뻑] 1. びしょびしょ 2. どっぷり 3. たっぷり 4. グデグデ

1.(水が)滴り落ちるほど、とてもたくさん濡れている様子。

【活用表現】 흠뻑 젖다 びしょびしょに濡れる

【例文】 운동을 한 시간쯤 하고 나면 땀으로 옷이 흠뻑 젖는다.
運動を１時間ほどすると、汗で服がびしょびしょになる。

2.(ある状態や感情に)とても深く惹き付けられたり、はまってしまう様子。

【活用表現】 흠뻑 빠지다 どっぷりはまる

【例文】 잠에 흠뻑 빠져 주위가 시끄러워도 일어날 줄 모른다.
どっぷりと眠りに落ちて、周囲がうるさくても全然起きない。

3.(粉や埃などを)とてもたくさん体にくっつけたり、吸い込む様子。

【例文】 아이는 놀이터에서 놀다가 모래를 흠뻑 뒤집어쓰고 집으로 돌아왔다.
子供が公園で遊んで、砂まみれになって家に帰ってきた。

4.(酒に)ひどくよっている様子。

【例文】 그의 손엔 술병이 들려 있었고 그는 벌써 흠뻑 취해 있었다.
彼の手には酒瓶があり、彼はすでにグデグデに酔っていた。

12 연습문제

[1-10] 다음 밑줄 친 부분과 의미가 비슷한 것을 고르십시오.
下線を引いた部分と同じような意味を持つものを選びなさい。

1. 초등학생이 긴 영어 문장을 죽 읽어나가는 것을 보고 모두들 감탄했다.

❶ 난데없이 ❷ 거침없이 ❸ 끊임없이 ❹ 아낌없이

2. 영수는 외교관인 아버지를 따라 계속 외국에서만 생활해서 한국어가 서투르다.

❶ 거듭 ❷ 그저 ❸ 줄곧 ❹ 곧잘

3. 이번에 개발에 성공한 신약이 혹여 부작용이라도 있을까 봐 임상 실험에 신중을 기하고 있다.

❶ 설사 ❷ 혹시 ❸ 절대 ❹ 다만

4. 아이들은 엄마가 해 주는 밥이 건강에 좋다는 걸 알면서도 툭하면 외식을 하자고 한다.

❶ 걸핏하면 ❷ 대수롭게 ❸ 쓸데없이 ❹ 하필이면

5. 대통령은 남미의 한 국가를 방문하여 공동선언문을 채택하고 경제협력을 한층 강화하기로 합의했다.

❶ 아예 ❷ 거듭 ❸ 감히 ❹ 더욱

6. 내년부터 병원과 철도, 항공사들이 함부로 파업할 수 없도록 제한하는 법이 시행된다.

❶ 갑자기 ❷ 임시로 ❸ 절대로 ❹ 제멋대로

7. 숲속을 맨발로 한참 걷고 나니 마음을 억누르고 있던 분노와 스트레스가 자연적으로 사라졌다.

❶ 구태여 ❷ 우연히 ❸ 저절로 ❹ 갈수록

8. 유명 연예인 친구에게 내 결혼식의 사회를 맡아 달라고 부탁했는데 그 친구는 주저하지 않고 내 부탁을 들어주었다.

❶ 한사코 ❷ 공연히 ❸ 흔쾌히 ❹ 도리어

9. 그 영화에서 학도병들이 전쟁에 끌려가 사투를 벌이는 모습을 보면서 나는 하염없이 눈물을 흘렸다.

❶ 계속 ❷ 한창 ❸ 희미하게 ❹ 진심으로

10. 친구의 권유로 요가를 시작했는데 한 달쯤 되니까 한결 몸이 가볍고 유연해졌다.

❶ 일단 ❷ 한층 ❸ 한껏 ❹ 차츰

[11-20] 다음 ( )에 들어갈 말로 알맞은 것을 고르십시오.

次の( )に当てはまるものを選びなさい。

11. 경주에서 신라 시대의 유적을 ( ) 구경하려면 최소한 3박 4일은 필요하다.

❶ 고이 ❷ 결코 ❸ 제대로 ❹ 수시로

12. 한약은 맛이 써서 조금씩 천천히 먹으면 더 먹기 힘드니까 단숨에 ( ) 마시는 게 좋다.

❶ 죽 ❷ 푹 ❸ 꽉 ❹ 썩

13. 아무리 명품이라 해도 ( ) 비싼 제품을 보면 입이 다물어지지 않는다.

❶ 억지로 ❷ 턱없이 ❸ 갈수록 ❹ 제대로

14. 참기 어려운 굴욕감까지 느끼면서 일을 할 바에야 ( ) 그만두는 게 낫겠어.

❶ 차라리 ❷ 도대체 ❸ 아무리 ❹ 아무튼

15. 갑자기 비가 쏟아지는 바람에 물에 빠진 생쥐처럼 ( ) 젖고 말았다.

❶ 줄줄 ❷ 깜짝 ❸ 깜빡 ❹ 흠뻑

16. 하루아침에 빚더미에 앉은 동창생을 ( ) 모른 척 할 수 없어서 대출 보증을 서 주었다.

❶ 미처 ❷ 미리 ❸ 이왕 ❹ 차마

17. 감사의 뜻으로 선물을 드리고 싶었지만 선생님께서 (   ) 사양하시는 바람에 전하지 못하고 돌아 왔다.

❶ 오히려 ❷ 마침내 ❸ 한사코 ❹ 도저히

18. 이번에 발표된 사진집 속에서 그 여배우는 분위기 있는 눈빛과 청순한 얼굴이 절묘한 조화를 이루며 매력을 (   ) 표출하고 있다.

❶ 힘껏 ❷ 한껏 ❸ 무려 ❹ 기껏

19. 가끔은 내 발 씻기도 귀찮건만 (   ) 남의 발은 오죽할까 싶은데 어느 성당의 신부님은 신도들의 발을 손수 씻겨주신다고 한다.

❶ 막연히 ❷ 모쪼록 ❸ 어련히 ❹ 하물며

20. 개장 첫날에 (   ) 비가 오고 기온이 떨어지는 바람에 해수욕장은 피서객이 없어 썰렁했다.

❶ 자칫 ❷ 온통 ❸ 하필 ❹ 실컷

[21-23] 다음 밑줄 친 부분의 의미가 다른 셋과 다른 것을 고르십시오.

下線部の意味が他の3つと違うものを選びなさい。

21.

❶ 어머니가 조기에 암을 발견했으니 망정이지 하마터면 큰 일 날 뻔했다.
❷ 영희는 불면증 때문에 잘 수 없다면서 걸핏하면 한밤중에 전화를 걸어 나를 깨운다.
❸ 어제 밤에 지하철이 끊기는 것도 모르고 놀다가 잘못하면 집에 못 갈 뻔했다.
❹ 오늘은 집에서 일찍 나왔는데 도중에 버스가 고장 나서 까딱하면 지각할 뻔했다.

22.

❶ 사장님께 결혼식 주례를 부탁드렸더니 흔쾌히 수락해 주셨다.
❷ 교수님께서는 입사 시험에 필요한 추천서를 기꺼이 써 주셨다.
❸ 친구에게 대출 보증을 부탁했는데 두말 않고 들어 주어서 얼마나 고마웠는지 모른다.
❹ 오랜만에 만난 후배가 한사코 저녁 값을 치르겠다고 해서 나는 본의 아니게 얻어먹게 됐다.

23.

❶ 입학원서는 우편으로 보내거나 혹은 인터넷으로 직접 접수할 수 있다.
❷ 그들은 혹여 들통이 나더라도 서로 모르는 사이라고 말하기로 약속했다.
❸ 식당 사장은 음식을 나르랴 손님들이 혹시 불편한 것이라도 있나 살피랴 분주했다.
❹ 공장 종업원들의 파업으로 행여 생산에 차질이 생길까 봐 염려했으나 임시직원들 덕분에 큰 문제는 없었다.

[24-26] 다음 중 부사의 쓰임이 잘못된 것을 고르십시오.
次の中から副詞の使い方が間違っているものを選びなさい。

24.

❶ 처음엔 거절했지만 그의 끈질긴 권유를 못 이겨 차마 받아들이고 말았다.
❷ 아내는 수저를 들려고 하다가 문득 상 위에 놓인 남편의 쪽지를 발견했다.
❸ 내 앞에 아무리 시련과 역경이 닥친다 해도 다 헤치고 나갈 각오가 되어있다.
❹ 나는 아이가 놀이터에서 놀 때는 맨발로 흙장난을 할 수 있도록 구태여 신발을 신기지 않는다.

25.

❶ 가 : 어머니, 오늘 친구가 이사해서 도와주고 왔어요.
나 : 그러니? 도와준다면서 차라리 방해를 한 건 아니겠지?
❷ 가 : 아직 6월인데도 한여름 같은 더위 때문에 에어컨이 날개 돋친 듯 팔린대요.
나 : 하긴 요즘엔 밤에도 너무 더워서 선풍기만으로는 견딜 수가 없더라고요.
❸ 가 : 기말시험 날짜가 발표되었습니다. 좋은 결과를 얻도록 준비하시기 바랍니다.
나 : 아! 기말 시험 날짜가 내 생일과 겹쳤어. 왜 하필 그 날이지?
❹ 가 : 직원들의 친목 도모를 위해 단합대회를 겸한 야유회를 다음 달 5일에 서울 공원에서 갖도록 하겠습니다.
나 : 저… 그날 혹시 비가 오면 야유회는 취소되는 건가요?

26.

❶ 가 : 갑자기 소나기가 와서 우산이 없는 친구들은 비를 맞고 집에 갔어요.
　나 : 넌 우산을 챙겨 갔으니 망정이지 하마터면 너도 비를 맞을 뻔 했구나.

❷ 가 : 그런 부탁이라면 제가 쉽게 해결해 드릴 수 있습니다. 염려 마십시오.
　나 : 정말이십니까? 제 부탁을 함부로 들어 주셔서 뭐라고 감사의 말씀을 드려야 할지 모르겠습니다.

❸ 가 : 동생분이 외국에서 유학하고 계시다고 했지요? 부모님께서 많이 보고 싶어하시겠어요.
　나 : 물론이죠. 누나인 저도 이토록 보고 싶은데 하물며 부모님은 어떠시겠어요?

❹ 가 : 너는 뛰어난 외국어 실력에다가 인턴 경험까지 풍부하니까 취업은 문제 없을 거야.
　나 : 아니에요. 요즘처럼 경쟁이 치열한 때에 제가 과연 취업할 수 있을까 걱정이 돼요.

[27-30] 다음 (　　)에 들어갈 말로 알맞은 것을 고르십시오.
次の(　)に当てはまるものを選びなさい。

27.

가: 옆집 중학생은 여름 방학을 이용해서 어학연수를 간대요.
나: 어학연수? 영어를 배우러 가는 건가?
가: 맞아요. 아무래도 연수를 다녀오면 자신감도 생길뿐더러 외국문화도 접해 볼 수 있어서 일석이 조일 것 같아요.
나: (　　) 요즘은 입시에서나 취업에서 영어가 차지하는 비중이 워낙 크니까…….

❶ 하긴　　❷ 하필　　❸ 설마　　❹ 설사

28.

최근 경제 악화로 인해 신용 불량자나 실업자가 늘어나면서 자살하는 사람이 급증하고 있다. 희망 없이 하루하루를 힘들게 살 바에야 ( ) 죽음을 택하겠다는 극단적인 생각에 의한 것이다. 그러나 모든 것은 마음먹기에 달려 있다고 하지 않는가? 죽을 용기로 도전한다면 못할 일이 무엇이 있겠는가?

❶ 뜻밖에 ❷ 무조건 ❸ 차라리 ❹ 되도록

29.

어젯밤에 내린 집중호우로 실종자와 재산 피해가 속출하고 있다. 인근 군부대 군인들이 구조 작업에 나섰으나 인원이 ( ) 부족한 상황이다. 정부도 수해 복구를 지원할 대책을 마련 중이며 구조작업에 참여할 인원도 대폭 늘리겠다고 발표했다.

❶ 간신히 ❷ 턱없이 ❸ 제대로 ❹ 충분히

30.

'신이 내린 웰빙 과일'로 불리는 블루베리가 요즘 제철을 맞아 수확이 ( )입니다.

최근에 세계 10대 장수식품으로 선정되면서 건강식품으로 인기를 얻고 있는 블루베리가 까만 포도송이처럼 탐스럽게 익어 나무에 주렁주렁 달렸습니다. 귀농한 한 농가가 시범재배에 성공하면서 지난해부터 본격적으로 출하되고 있습니다.

❶ 한창 ❷ 부쩍 ❸ 물론 ❹ 활짝

의성어 · 의태어

13

擬声語·擬態語

01 / 의성어
02 / 의성의태어
03 / 의태어

13-1 의성어

001
깔깔 [깔깔]

(主に子供や女性が)高い声で、堪えきれずに笑う声を表す。

【큰말】 껄껄

【例文】 그녀는 내가 무슨 말만 하면 재미있다는 듯이 깔깔 웃었다.
彼女は私が何か言うだけで、愉快に"깔깔"笑う。

002
껄껄 [껄껄]

爽快に大きく笑う声を表す。

【例文】 아버지는 내 대답이 마음에 드셨는지 기분 좋게 껄껄 웃으셨다.
父は私の返事が気に入ったのか、気持ちよく"껄껄"笑った。

003
꽝 [꽝]

1. 重くて固い物体が床に落ちたり、他の物体とぶつかって出る音を表す。

【類義語】 쾅

【例文】 직원들이 의견의 일치를 보지 못하고 우왕좌왕하자 사장은 책상을 꽝 치며 벌떡 일어났다.
社員たちの意見が一致せず右往左往しだすと、社長は机を"꽝"と叩いていきなり立ち上がった。

2. 拳銃や大砲を撃ったり、爆発物が破裂して出す音を表す。

【類義語】 쾅 パン

【例文】 꽝 소리와 함께 공사장의 발파 음이 천지를 진동했다.
"꽝"という音と共に、工事現場の爆破音が天地を揺るがした。

004
둥둥 [둥둥]

太鼓などをつづけて叩く音を表す。

【例文】 우리 학교 응원단들이 일제히 북을 둥둥 치며 한껏 기세를 올리기 시작했다.
私の学校の応援団が一斉に太鼓を"둥둥"叩きながら、精一杯力を込め始めた。

005
빵빵 [빵빵]

1. 風船や爆弾などが突然連続して破裂する音を表す。

【例文】 할머니는 아이들이 길에서 고무풍선을 빵빵 터뜨릴 때마다 깜짝깜짝 놀라신다.
祖母は子供達が道でゴム風船を"빵빵"割るたびに、ビックリして驚く。

2. 自動車などのクラクションがつづけて鳴る音を表す。

[例文] 새벽이면 빵빵 울려 대는 트럭들의 경적 소리에 자꾸 잠을 깨게 된다.
夜明けになると"빵빵"鳴り響くトラックのクラクションの音で、しきりに目が覚める。

006
삐걱삐걱 [삐걱삐걱]

大きくて固いものがしきりにお互い触れ合って揉まれ、擦れ合う音を表す。

[例文] 아무리 살금살금 걸어도 복도의 마룻바닥에서 삐걱삐걱 소리가 났다.
どんなにそろそろ歩いても、廊下の床板から"삐걱삐걱"と音がした。

007
쨍그랑 [쨍그랑]

薄い金属やガラスなどが落ちたり、ぶつかったりして鳴る、澄んだ音を表す。

[例文] 어머니를 돕는답시고 설거지를 하다가 접시를 떨어뜨리는 바람에 접시가 쨍그랑 하고 깨졌다.
母を手伝うつもりで皿洗いをしたらお皿を落としてしまい、お皿が"쨍그랑"という音を立てて割れた。

008
쯧쯧 [쯛쯛]

気の毒だったり、気に入らなかったりして、しきりに軽く舌を打つ音を表す。

[例文] 어머니는 내가 하는 일들마다 마음에 안 차시는지 그저 혀만 쯧쯧 차고 계셨다.
母は私がやることなすこと気に入らないのか、ただただ"쯧쯧"と舌打ちだけしていた。

009
찰칵 [찰칵]

1. 小さくて固い物体が軽くぶつかる音を表す。

[例文] 그는 재빨리 호주머니에서 라이터를 꺼내 찰칵 불을 켜서 내 코앞으로 내밀었다.
彼はすばやく懐からライターを出して、"찰칵"火をつけ、私の目の前に差し出した。

2. カメラのシャッターを押すたびに出る音を表す。

[例文] 요즘 휴대전화의 카메라는 찍을 때 찰칵 소리가 나도록 되어 있다.
最近の携帯電話のカメラは、撮る度に"찰칵"という音が鳴るようになっている。

010
찰싹찰싹 [찰싹찰싹]

1. (水などが)固い物体にぶつかる音を表す。

[例文] 물결이 밀려 와서 나룻배의 뱃전을 찰싹찰싹 때린다.
波が押し寄せてきて、渡し舟の船べりを"찰싹찰싹"と打つ。

2. 小さい物体がとても強く力いっぱいくっ付いたり、当たったりする音や様子を表す。

[큰말] 철썩철썩

[例文] 우리 어머니는 내가 어렸을 때 예의에 어긋난 행동을 하면 바지를 걷게 하시고 회초리로 찰싹찰싹 때리셨다.
母は私が小さい頃、礼儀に反した行動をとるとズボンの裾をめくり、鞭で"찰싹찰싹"叩いた。

011
콜록콜록 [콜록콜록]

風邪や喘息などで胸の中から出てくる、咳の音を表す。

[例文] 할머니는 가슴이 답답하고 괴로운 듯 기침을 계속 콜록콜록 했다.
祖母は胸が苦しくて辛い様子で、ずっと咳を"콜록콜록 "していた。

012
퉁탕퉁탕 [퉁탕퉁탕]

固いものを力いっぱい騒々しく叩いたり、地団駄を踏む音を表す。

[例文] 노인 분들만 사시는 위층에서 퉁탕퉁탕 아이들의 발 구르는 소리가 들리는 걸 보니 손자들이 놀러 왔나 보다.
お年寄りだけが住んでいる上の階から、"퉁탕퉁탕"子供たちの足音が聞こえるのをみると、孫達が遊びに来たみたいだ。

13-1 연습문제 (의성어)

[1-5] 다음 (　　)에 알맞은 말을 〈보기〉에서 찾아 쓰십시오.
次の(　　　)に当てはまるものを、下から選んで書きなさい。

보기	찰칵	껄껄	둥둥	찰싹찰싹	통탕통탕

1. 빙그레 미소 짓는 것보다 (　　　　　) 소리 내면서 크게 웃을 때 암세포를 제거하는 면역 세포의 능력이 더 향상된다고 한다.

2. 고수가 북을 (　　　　　) 치자 동네 사람들이 덩실덩실 춤을 추기 시작했다.

3. 5살짜리 아들이 사진기 셔터의 (　　　　　) 소리가 재미있는지 계속 눌러대고 있다.

4. 할 일이 산더미 같이 쌓였는데 너무 졸리기에 내 뺨을 (　　　　　) 때렸다.

5. 중앙 공원 근처에서는 공사가 한창인지 100m 밖에서부터 망치 소리가 (　　　　　) 들렸다.

[6-7] 의성어의 의미가 잘못 연결된 것을 고르십시오.
擬声語の意味の説明が間違っているものを選びなさい。

6. (　　　)

❶ 빵빵 – 풍선이 터지는 소리
❷ 깔깔 – 여자 아이가 웃는 소리
❸ 둥둥 – 큰북을 두드리는 소리
❹ 쨍그랑 – 비가 많이 내리는 소리

7. (　　　)

❶ 콜록콜록 – 기침하는 소리
❷ 똑딱똑딱 – 시계가 잇달아 돌아가는 소리
❸ 보글보글 – 적은 양의 액체가 끓는 소리
❹ 통탕통탕 – 물 따위가 단단한 물체에 부딪치는 소리

[8-9] 다음 중 의성어의 쓰임이 잘못된 것을 고르십시오.
次の中から擬声語の使う方が間違っているものを選びなさい。

8. (　　)

❶ 움직일 때마다 낡은 의자에서 삐걱삐걱 소리가 났다.
❷ 점심을 걸렀더니 뱃속에서 자꾸 꼬르륵 소리가 난다.
❸ 친구들은 내 농담을 듣고 배꼽이 빠지도록 쯧쯧 웃었다.
❹ 그 사람은 자기 이야기를 하는 줄도 모르고 쿨쿨 잠만 자고 있었다.

9. (　　)

❶ 고양이 목에 달린 방울 소리가 딸랑딸랑 들린다.
❷ 오빠는 내가 깔깔 울면 사탕을 주며 달래주곤 했다.
❸ 아이들은 개울 쪽으로 달려가서는 풍덩 물속에 뛰어 들었다.
❹ 사고 차량 때문에 정체가 심해지자 차들은 경적을 빵빵 울려 대기 시작했다.

[10] 다음 (　　)에 공통적으로 들어갈 말을 쓰십시오.
次の(　　　)に共通して当てはまる単語を書きなさい。

❶ 가정용 가스통이 (　　　　　　)하는 소리와 함께 폭발하면서 인근 주민들이 대피하는 소동이 벌어졌다.
❷ 학생이 대답을 머뭇거리자 선생님은 교실바닥을 발로 (　　　　　　) 차며 대답을 재촉하셨다.

13-2 의성의태어

001
앙앙 [앙앙]

子供が大泣きしている声や様子を現す。

[큰말] 엉엉

[例文] 아기가 앙앙 우는 건 배 고프니 젖 달라는 뜻 아니면 어딘가 몸이 안 좋다는 표시이다.
赤ちゃんが"앙앙"泣くのは、お腹が空いているからお乳をくれという意味か、体の具合が悪いことを表している。

002
엉엉 [엉엉]

声を張り上げて大泣きする声や様子を表す。

[例文] 두 사람은 맨땅에 주저앉아 엉엉 울음을 터뜨리고 말았다.
2人は地面に座りこんで、"엉엉"泣いてしまった。

003
똑똑 [똑똑]

1. 小さな物体や水のしずくなどが、続けて軽く下に落ちる音や様子を表す。

[큰말] 뚝뚝

[例文] 물받이에서 똑똑 물 떨어지는 소리가 들려온다.
雨どいから"똑똑"水が落ちる音が聞こえてくる。

2. 小さくて固い物体が続けて割れたり切れたりする音や様子を表す。

[큰말] 뚝뚝

[例文] 손에 쥐는 연필마다 심이 똑똑 부러지니 공부할 마음이 사라졌다.
鉛筆を手に取るたびに、芯が"똑똑"折れたので、勉強する気がなくなった。

3. 固い物体を、軽く連続して叩く音を表す。

[例文] 누군가 문을 똑똑 두드리는 소리가 났다.
誰かがドアを"똑똑"叩く音がした。

004
뚜벅뚜벅 [뚜벅뚜벅]

足音をさせて歩いていく音や様子を表す。

[例文] 어둠 속에서 발자국 소리가 뚜벅뚜벅 들리더니 곧이어 사람의 형체가 희미하게 드러났다.
暗闇の中から足音が"뚜벅뚜벅"聞こえてきたと思ったら、続けて人の姿がぼんやりと現れた。

005

짝짝[1] [짝짝]

1. 線などをめちゃくちゃに引く音や様子を表す。

【例文】 그는 뭔가 언짢은 일이 있는지 바닥에 분필로 줄을 짝짝 긋고 있었다.
彼は何か気に入らないことがあるのか、床にボールペンで線を"짝짝"引いていた。

2. 紙や布などを、めちゃくちゃに破く音や様子を表す。

【例文】 순이는 그가 보낸 편지를 뜯어보지도 않고 짝짝 찢어 버렸다.
スニは彼が送った手紙を開けて見もしないで"짝짝"と破ってしまった。

3.靴などを軽く引きずって歩く音や様子を表す。

【例文】 조용히 책을 읽고 있을 때 슬리퍼를 짝짝 끌면서 복도를 지나가는 소리는 신경에 거슬린다.
静かに本を読んでいる時、スリッパを"짝짝"引きずりながら廊下を歩く音が気に障る。

006

짝짝[2] [짝짝]

手のひらを何度も叩く音や様子を表す。

【例文】 유치원생들이 선생님의 율동에 따라 손뼉을 짝짝 치며 노래하는 모습은 귀엽기 짝이 없다.
幼稚園児たちが、先生のリズムに合わせて手を"짝짝"叩きながら歌う姿がかわいくてたまらない。

13-2 연습문제 (의성의태어)

[1-3] 다음 (　　)에 알맞은 말을 〈보기〉에서 찾아 쓰십시오.

次の(　　　)に当てはまるものを､下から選んで書きなさい。

보기	앙앙	짝짝	뚜벅뚜벅

1. 딸아이는 인형을 사 달라며 (　　　　　　) 울었다.
2. 아이들이 박자를 맞추어 손뼉을 (　　　　　　) 치는 모습이 마치 천사 같았다.
3. 어젯밤에 집에 돌아오는데 뒤에서 누군가 (　　　　　　) 걸어오는 소리가 들려서 정말 무서웠다.

[4] 다음 중 의성어의 의미가 잘못 연결된 것을 고르십시오.

次の中から擬声語の意味の説明が間違っているものを選びなさい。

❶ 쯧쯧 – 혀를 차는 소리

❷ 짝짝 – 종이나 천을 마구 찢는 소리

❸ 똑똑 – 물방울이 연달아 떨어지는 소리

❹ 찰칵 – 높은 데서 물건이 떨어지는 소리

[5] 다음 중 의성어의 쓰임이 잘못된 것을 고르십시오.

次の中から擬声語の使い方が間違っているものを選びなさい。

❶ 어린 아이가 뚜벅뚜벅 걸어가는 모습이 참 귀여웠다.

❷ 너무 힘을 주면서 글씨를 써서 그런지 분필마다 뚝뚝 부러졌다.

❸ 아이가 밤새도록 기침을 콜록콜록 하더니 기운이 다 빠진 모양이다.

❹ 영화를 보던 친구는 남녀주인공이 헤어지는 장면에서 엉엉 울기 시작했다.

[6] 다음 (　　)에 공통적으로 들어갈 말을 쓰십시오.

次の(　　　)に共通して当てはまる単語を書きなさい。

❶ 사무실 문을 (　　　　　　) 두드려 보았지만 아무 대답도 없었다.

❷ 나뭇잎에 맺혀 있던 물방울이 (　　　　　　) 떨어지는 소리가 참 듣기 좋았다.

13-3 의태어

001
갈팡질팡 [갈팡질팡]

どうすればいいかわからずに、あちこち迷う様子を表す。

[例文] 날이 어두워지자 우리는 길을 잃고 갈팡질팡하였다.
あたりが暗くなってくるなり、私達は道に迷って"갈팡질팡"した。

002
글썽글썽 [글썽글썽]

目から涙が溢れる程、一杯に溜まっている様子を表す。

[例文] 거짓말한 것이 들통 나자 아이는 눈물을 글썽글썽하며 잘못을 빌었다.
嘘をついたことがばれると、子供は涙を"글썽글썽"させて許しを請った。

003
꼬깃꼬깃 [꼬긷꼬긷]

(紙の破片が)しわだらけでぐちゃぐちゃで、ひどい姿であることを表す。

[例文] 남편은 꼬깃꼬깃한 만 원짜리 몇 장을 양말 속에서 꺼내 나에게 내밀었다.
夫は"꼬깃꼬깃"の１万ウォン札何枚かを、靴下の中から出して私に差し出した。

004
꿈틀꿈틀 [꿈틀꿈틀]

体の一部分を重ねて曲げたり、くねくね動く様子を表す。

[例文] 아이는 애벌레가 꿈틀꿈틀 나무에 오르는 것을 호기심에 찬 눈으로 관찰하고 있었다.
子供は芋虫が"꿈틀꿈틀"木に登るところを、好奇心に満ちた目で観察していた。

005
뒤죽박죽 [뒤죽빡쭉]

いくつもの物がめちゃくちゃに混ざって、絡まっている様子を表す。

[例文] 여행에서 돌아와 보니 도둑이 들었었는지 집안이 온통 뒤죽박죽이었다.
旅行から帰ってきたら、泥棒が入ったのか、家中が"뒤죽박죽"だった。

006
들썩들썩 [들썩뜰썩]

1. (ものが)しきりに上下に動く様子を表す。

[例文] 마룻바닥이 들썩들썩하도록 아이들이 뛰어다닌다.
床が"들썩들썩"するくらい、子供達が走り回る。

2. (肩やお尻を)しきりに持ち上げたり下ろしたりする様子を表す。

【例文】 흥겨운 탈춤을 보고 있으니 나도 모르게 어깨가 들썩들썩했다.
ノリのいい仮面踊りを見ているので、私も知らないうちに肩が"들썩들썩"した。

3. (心や雰囲気が)落ち着かず不安に揺れる様子を表す。

【例文】 새로 태어날 손자를 기다리는 할머니는 마음이 들썩들썩하는 모양이었다.
新しく生まれる孫を待ち望む祖母は、気持ちが"들썩들썩"しているようだった。

007
들쭉날쭉 [들쭝날쭉]

1. 並んでいるいくつかの似たようなものが、各自少し出ていたり引っ込んでいたりして、きちんと揃っていない様子を表す。

【類義語】 들쑥날쑥

【例文】 아이들이 줄을 선다고 선 것이 들쭉날쭉 제멋대로였다.
子供達が列に並ぶと言って並んだが、"들쭉날쭉"自由気ままだった。

2. いつもしていることや、いつもの時間が、一定ではないことを表す。

【類義語】 들쑥날쑥

【例文】 버스가 오는 시간이 들쭉날쭉해서 지각하기 일쑤였다.
バスが来る時間が"들쭉날쭉"で、しょっちゅう遅刻した。

008
듬성듬성 [듬성듬성]

ぎっしり目が詰まっていない様子を表す。

【例文】 아침나절이라 버스 안에는 듬성듬성 비어 있는 자리가 많았다.
朝方だからか、バスの中は"듬성듬성"空いている席が多かった。

009
띄엄띄엄 [띠엄띠엄]

1.(重なるものごとや、物の間が)近くなく、離れている様子を表す。

【例文】 여울의 얕은 곳을 따라 디딤돌이 띄엄띄엄 놓여 있었다.
浅瀬に沿って、踏み石が"띄엄띄엄"置かれていた。

2.(言葉や行動が)連続しておらず、しきりに途切れ、遅い様子を表す。

【例文】 창밖에서는 가을을 알리는 벌레 울음소리가 띄엄띄엄 들려왔다.
窓の外から秋を知らせる虫の鳴き声が"띄엄띄엄"聞こえてきた。

010
모락모락 [모랑모락]

(湯気、匂い、煙などが)少しずつ広がる様子を表す。

【例文】 어머니는 김이 모락모락 나는 밥을 그릇에 담으며 아이를 불렀다.
母は湯気が"모락모락"出ているごはんをお茶碗によそって、子供を呼んだ。

011
무럭무럭 [무렁무럭]

力強く順調に育っている様子を表す。

[例文] 아이가 세 살 때 한 번 심하게 앓고 난 후로는 탈 없이 무럭무럭 잘 자랐다.

子供が３歳の時１度だけひどく病んだが、その後は順調に"무럭무럭"育った。

012
바짝바짝 [바짝빠짝]

1. 水気がほとんどなく、とても乾いていたり、小さくなる様子を表す。

[例文] 가뭄으로 강물이 바짝바짝 말라가고 있다.

干ばつで川の水が"바짝바짝"乾いてきている。

2. 少しずつくっ付いたり、とても近くに来る様子を表す。

[例文] 5만 명의 일본군사들이 남원성을 겹겹이 에워싸며 바짝바짝 다가오고 있었다.

日本の５万の軍隊が、南の方から幾重にも重なって"바짝바짝"攻めてきた。

013
부랴부랴 [부랴부랴]

急に慌てる様子を表す。

[例文] 기차를 놓치지 않으려고 부랴부랴 달려갔지만 기차는 이미 떠난 뒤였다.

電車に乗り遅れないように、"부랴부랴"走ったが、電車がすでに発った後だった。

014
사뿐사뿐 [사뿐사뿐]

軽く歩き続ける様子を表す。

[例文] 학교의 복도나 실내에서 걸을 때에는 쿵쿵거리며 뛰지 말고 사뿐사뿐 걸어야 한다.

学校の廊下や室内を歩く時は、どたどた走らないで"사뿐사뿐"歩かなければならない。

015
싱글벙글 [싱글벙글]

とても満足したように、目と口を大きく動かしながら、声を出さずにやさしく笑う様子を表す。

[例文] 친구는 복권이라도 당첨이 되었는지 싱글벙글거리며 입을 못 다물었다.

友達は宝くじにでも当たったかのように、"싱글벙글"して口が開きっぱなしだった。

016
아장아장 [아장아장]

幼い子供が小さいからだで､よろよろと歩く様子を表す。

【例文】 예쁜 여자아이가 엄마 뒤를 따라 아장아장 걷고 있었다.

かわいい女の子がお母さんの後ろを"아장아장"歩いていた。

017
알록달록[알록딸록]

ある基本となる色に､他の色の小さな染みや模様が混ざっていたりする様子を表す。

【例文】 꽃 전시장의 꽃들이 알록달록 저마다의 빛깔을 뽐내고 있다.

花の展示場の花が､"알록달록"それぞれの色を放っていた。

000
엉금엉금 [엉금엉금]

のろのろと動いたり歩く様子を表す。

【例文】 폭설이 내린 도로 위를 차들이 엉금엉금 지나가고 있다.

大雪が降った道路の上を､車が"엉금엉금"通っている。

018
와들와들 [와들와들]

(寒かったり恐かったり腹が立ったりした時)体をひどく震わせる様子を表す。

【例文】 아이가 악몽을 꾸었는지 얼굴이 새파랗게 질려서 와들와들 떨고 있었다.

子供が悪い夢を見たのか､顔を真っ青にして"와들와들"震えていた。

019
우물쭈물 [우물쭈물]

言葉や行動をはっきりさせず､もじもじする様子を表す。

【例文】 그녀는 무엇인가 말하려다 말고 계속 우물쭈물 더듬거리고만 있었다.

彼女は何かを言おうとしたが､ずっと"우물쭈물"口の中でどもってだけいた。

020
주렁주렁 [주렁주렁]

(果実などが)たくさんぶらさがっている様子を表す言葉。

【例文】 사과 나뭇가지에 사과가 먹음직스럽게 주렁주렁 달려 있다.

枝にりんごがおいしそうに"주렁주렁"ぶら下がっていた。

021
허둥지둥 [허둥지둥]

何が何だかわからないまま、とても急いでいる様子を表す。

【例文】 늦잠을 잔 딸아이는 밥도 먹지 않고 허둥지둥 책가방을 메고 학교로 뛰어간다.

寝坊した娘は、ごはんも食べずに"허둥지둥"ランドセルを背負って学校に走って行く。

13-3 연습문제 (의태어)

[1-8] 다음 (　　)에 알맞은 말을 〈보기〉에서 찾아 쓰십시오.
次の(　　　)に当てはまるものを､下から選んで書きなさい。

보기				
	갈팡질팡	꼬깃꼬깃	뒤죽박죽	듬성듬성
	모락모락	사뿐사뿐	알록달록	와들와들

1. 한 소녀가 우리 앞을 발걸음도 가볍게 (　　　　　　) 걸어가고 있다.
2. 어느새 나도 (　　　　　　) 흰 머리카락이 보이는 나이가 되었다.
3. 아이들이 집을 (　　　　　　)으로/로 만들어 놓았기 때문에 그녀는 몹시 화가 났다.
4. 동물원에 온 어린이들이 공작의 (　　　　　　)한 깃털을 신기한 듯 쳐다보고 있었다.
5. 날씨가 너무 추운데 난방이 안 되니 손이 (　　　　　　) 떨려서 글을 쓸 수가 없었다.
6. 병사들이 요란한 총성에 놀라 (　　　　　　)하며 방향을 못 찾고 어둠 속을 헤매고 있다.
7. 모닥불의 연기가 (　　　　　　) 피어오르고, 어디선가 "찌르륵 찌르륵" 풀벌레 소리가 들려왔다.
8. 아버지는 내가 가방 속에 숨겨 두었던 (　　　　　　)한 시험지를 찾아내셔서 죽 펴 놓으셨다.

[9-13] 다음 (　　)에 알맞은 말을 고르십시오.
次の(　)に当てはまるものを選びなさい。

9. 점점 불어오는 강물에 위험을 느낀 우리는 (　　　) 텐트를 접었다.

❶ 갈팡질팡　❷ 꿈틀꿈틀　❸ 부랴부랴　❹ 우물쭈물

10. 아기는 아직 채 돌이 안 됐는데 벌써 (　　　) 걸음마를 시작하였다.

❶ 살금살금　❷ 허둥지둥　❸ 들쭉날쭉　❹ 아장아장

11. 많은 사람들 앞에서 발표를 하려니 긴장이 되어 입술이 (　　　) 탄다.

❶ 주룩주룩　❷ 바짝바짝　❸ 와들와들　❹ 들썩들썩

12. 비가 그치자 어디선가 나타난 지렁이가 마당을 (   ) 기어 다녔다.

❶ 듬성듬성 ❷ 꿈틀꿈틀 ❸ 띄엄띄엄 ❹ 무럭무럭

13. 기다랗고 가는 나뭇가지에는 탐스러운 열매들이 (   ) 달려 있었다.

❶ 싱글벙글 ❷ 뒤죽박죽 ❸ 방실방실 ❹ 주렁주렁

[14-15] 다음 중 의태어의 의미가 잘못 연결된 것을 고르십시오.
擬態語の意味の説明が間違っているものを選びなさい。

14.

❶ 와들와들 – 비가 계속해서 내리는 모양
❷ 사뿐사뿐 – 계속해서 가볍게 걷는 모양
❸ 무럭무럭 – 힘차고 순조롭게 잘 자라는 모양
❹ 글썽글썽 – 눈에 눈물이 넘칠 듯이 자꾸 그득하게 고이는 모양

15.

❶ 꼬깃꼬깃 – (물건이) 자꾸 위아래로 움직이는 모양
❷ 뒤죽박죽 – 여럿이 함부로 뒤섞이고 엉클어져 있는 모양
❸ 갈팡질팡 – 어떻게 할지를 모르고 이리저리 급히 헤매는 모양
❹ 알록달록 – 어떤 바탕에 다른 빛깔의 작은 얼룩이나 무늬가 뒤섞여 있든가 번갈아 나 있는 모양

[16-17] 다음 중 의태어의 쓰임이 잘못된 것을 고르십시오.
次の中から擬態語の使い方が間違っているものを選びなさい。

16.

❶ 감자 줄기에 감자알들이 주렁주렁 매달려 있다.
❷ 나는 오늘 늦잠을 자서 허둥지둥 학교로 뛰어갔다.
❸ 지금 하는 일은 마음에 드는데 수입이 꿈틀꿈틀거려서 생활의 안정이 되지 않는다.
❹ 면접시험을 잘 보려면 시험관 앞에서 우물쭈물하지 말고 자신 있게 대답해야 한다.

17.

❶ 뱃속의 태아는 하루가 다르게 모락모락 자랐다.
❷ 결혼식장에서 신랑은 예쁜 신부를 보고 좋아서 싱글벙글했다.
❸ 어머니께서는 어제 콩을 듬성듬성 섞어 옥수수빵을 쪄 주셨다.
❹ 등산객들은 해가 지자 어두컴컴한 등산로를 엉금엉금 기다시피하며 갔다.

[18-20] 다음 (　　)에 공통적으로 들어갈 말을 쓰십시오.

次の(　　)に共通して当てはまる単語を書きなさい。

18.

❶ 그 위원회는 정기적으로 모이는 게 아니라 (　　　) 불규칙하게 모인다.
❷ 별로 유명하지 않은 팀들이 하는 야구 경기라서 그런지 경기장에는 몇 안 되는 사람들이 여기저기에 (　　　) 앉아 있었다.

19.

❶ 자식들 걱정에 잠이 오지 않으시는지 어머니는 밤새 이불을 (　　　)하며 뒤척이셨다.
❷ 아이들이 이리저리 뛰어다닐 때마다 바닥이 (　　　) 움직였다.

20.

❶ 연말 결산 때라서 요즘은 퇴근 시간이 (　　　)하다.
❷ 손재주 없는 내가 뜬 털목도리는 가장자리가 (　　　)해서 모양이 형편없었다.

접두사 · 접미사

14

接頭辭·接尾辭

14-1 접두사

001
군-

군말, 군소리, 군침, 군식구, 군살
無駄口、うわごと、よだれ、居候、贅肉

「意味なく」「余計な付け足し」の意味。

【例文】 군말하지 말고 제발 시키는 대로 해라.
余計なこと言ってないで、言われたとおりにしなさい。

002
날-

날고기, 날생선, 날계란, 날고구마
生肉、生魚、生の卵、生のさつまいも

「食べ物に火が通っていなかったり、果実が熟していない」という意味。

【例文】 여름에는 날생선을 먹으면 탈이 날 수도 있으니 반드시 조리해서 드세요.
夏に生の魚を食べると、お腹を壊すこともあるので、必ず火を通して食べて下さい。

003
덧-

덧니, 덧저고리, 덧나다, 덧붙이다, 덧입다
八重歯、重ねて着るチョゴリ、二重に生える、付け足す、重ねて着る

「重ねる」「元々ある上にさらに」という意味。

【例文】 웃을 때마다 살짝 살짝 드러나는 덧니가 그 여자 아이의 귀여움을 더해 주었다.
笑うたびにのぞく八重歯が、その女の子のかわいらしさをさらに引き立てた。

004
되-

되찾다, 되돌아가다, 되묻다, 되풀이하다
取り戻す、引き返す、問い返す、繰り返す

「元に」「再び」の意味。

【例文】 실패가 되풀이되어서는 안 되니까 이번에 확실하게 그 원인을 밝히고 대책을 세웁시다.
失敗が繰り返されてはならないので、今回確実にその原因を明らかにして対策を立てましょう。

005
맨-

맨손, 맨발, 맨주먹, 맨얼굴, 맨바닥
素手、裸足、素手(拳)、すっぴん、地べた

「他のものを加えず、それだけ」の意味。

【例文】 맨바닥에 앉으면 옷이 더러워지니까 의자에 앉으세요.
地べたに座ると服が汚れるので、椅子に座って下さい。

006
외–

외나무다리, 외길, 외톨이, 외아들, 외며느리
一本橋、一本道、ひとりぼっち、ひとり息子、ひとりだけの嫁

「ただひとつ」「ひとりで」の意味。

[例文] 원수는 외나무다리에서 만난다더니 거래처 대표로 나온 사람이 지난번에 크게 싸웠던 사람이었다.
"敵には一本橋で会う"ということわざ通り、取引先の代表として出てきた人が、この前大喧嘩した人だった。

007
풋–

풋사과, 풋고추, 풋사랑, 풋내기
青りんご、青い唐辛子、はかない恋、初心者

「果物や野菜が熟していない」「何かに慣れておらず未熟である」の意味。

[例文] 영수는 이쪽 방면에 아직 풋내기이니 자네가 잘 가르쳐 주게.
ヨンスはこっちの方面にはまだ素人だから、君がしっかり教えてやってくれ。

008
한–

한복판, 한낮, 한여름, 한겨울, 한밤중
ど真ん中、真昼、真夏、真冬、真夜中

空間的に「まさに」時間的に「中間」の意味。

[例文] 한여름에는 너무 더워서 아무 것도 할 수가 없다.
真夏にはあまりの暑さに何ごとも手につかない。

009
헛–

헛기침, 헛걸음, 헛소리, 헛소문, 헛수고
空咳、無駄足、たわごと、デマ、無駄骨

「中身のない」「必要ない」「甲斐がない」の意味。

[例文] 어차피 이 일은 성사되지 않을 테니 준비하느라고 괜히 헛수고할 필요까지는 없네.
どうせこの仕事は成し遂げることができないだろうから、無駄骨を折る必要はないね。

010
휘–

휘감다, 휘날리다, 휘몰아치다, 휘젓다
巻きつける、翻る、吹き捲くる、大手を振る

「やたらめったら」「とてもひどく」の意味。

[例文] 우승국의 선수들이 국기를 휘날리며 위풍당당하게 운동장에서 퇴장했다.
優勝国の選手達が、国旗をひるがえしながら威風堂々と運動場から退場した。

14-1 연습문제 (접두사)

[1-10] 다음을 읽고 알맞은 단어를 넣어 대화를 완성하십시오.

次の会話を読み、空欄に当てはまる単語を入れて、会話を完成させなさい。

1. **가 :** 미선 씨가 영수 씨하고 보통 사이가 아니라던데 사실이에요?
   나 : 아, 그거요? 모두 ____________이에요/예요. 행사 준비 때문에 두 사람이 함께 있는 걸 보고 누가 만들어 낸 이야기예요.

2. **가 :** 어떻게 오셨습니까?
   나 : 약을 발랐는데도 상처가 낫기는커녕 오히려 ____________어서/ 아서/여서 왔어요.
   가 : 그럼 이 약을 바르고 가능하면 손을 대지 마세요.

3. **가 :** 교통경찰까지 온 걸 보니 큰 사고라도 났나 봐요.
   나 : 아니에요, 가벼운 접촉사고가 난 것 같은데 다투느라고 길 ____________에서 10분 째 저러고 있어요.

4. **가 :** 왜 이렇게 늦었어? 30분이나 기다렸잖아.
   나 : 미안해. 네게 줄 책을 깜박 잊고 안 가져와서 집에 다시 ____________어서/아서/여서 가져 오느라고 늦었어.

5. **가 :** 와! 많이 잡으셨네요. 이걸 모두 ____________으로/로 잡으셨어요?
   나 : 아니에요, 여기 있는 뾰족한 작대기로 잡았어요.

6. **가 :** 아니 이렇게 늦은 시간에 웬 운동이에요?
   나 : 요즘 바쁘다고 운동을 통 안 했더니 ____________이/가 많이 늘어서 몸이 둔해요.

7. **가 :** 이 영화는 예매를 하지 않으면 볼 수 없을 정도라면서요?
   나 : 네, 요즘 10대 소년 소녀의 어설프지만 순수한 ____________과/와 기상천외한 모험담들이 많은 사람들의 공감을 얻고 있대요.

8. **가 :** 이번 올림픽에서 우리 선수들이 역대 최고의 성적을 올렸다지요?
나 : 네, 현지 교민들도 태극기를 ______________으며/며 우리 선수들을 열렬히 응원을 해서 그곳 사람들의 부러움을 사기도 했답니다.

9. **가 :** 저 남자는 이제 아무도 없고 아무 데도 갈 곳이 없는 ______________ 이/가 되었대.
나 : 참 안 됐구나. 그러니 가족이 곁에 있을 때 좀 잘하지, 쯧쯧.

10. **가 :** 소시지는 어떻게 만드는지 알아요?
나 : ____________ 을/를 갈아서 양념을 한 후에 동물의 창자 속에 넣어 여러 가지 방법으로 가공해서 만드는 거예요.

14-2 접미사

001
−거리다

반짝거리다, 방실거리다, 출렁거리다, 비틀거리다, 울렁거리다
ぴかぴかする、にこにこする、だぶだぶする、ふらふらする、どきどきする

「そのような状態がとめどなく続く」の意味。

[例文] 그는 술에 취했는지 몸을 비틀거리며 걷는다.
彼はお酒に酔ったのか、体をふらふらさせながら歩いている。

002
−나다

별나다, 맛나다, 엄청나다
変わっている、おいしい、とてつもない

「そのような性質がある」の意味。

[例文] 우리 아이는 하는 짓이 별나서 다음에 어떤 사람이 될지 몹시 궁금하다.
私の子供はすることが変わっているので、後でどんな人になるのかすごく気になる。

003
−답다

남자답다, 사람답다, 정답다, 참답다, 학생답다, 선생님답다
男らしい、人間らしい、睦まじい、真実である、学生らしい、先生らしい

「性質や特性がある」の意味。

[例文] 이제는 저도 사람답게 살고 싶어요.
これからは私も人間らしく生きたいです。

004
−롭다

명예롭다, 신비롭다, 자유롭다, 풍요롭다, 향기롭다
誉れある、神秘的だ、自由だ、豊かだ、芳しい

「そうである」、「そうであるだけの価値がある」の意味。

[例文] 부정을 저질러 부자가 되기보다는 정직하고 명예롭게 살고 싶어요.
不正を犯して金持ちになるよりは、正直で誉れある人生を送りたい。

005
−스럽다

복스럽다, 걱정스럽다, 자랑스럽다, 자연스럽다
ふくよかだ、気がかりだ、誇らしい、自然だ

「そのような性質がある」の意味。

[例文] 아이들이 어른들의 행동을 흉내내는 것은 자연스러운 일이니 걱정하지 마세요.
子供達が大人達の行動を真似するのは自然なことなので、心配しないで下さい。

006
–꾸러기

장난꾸러기, 욕심꾸러기, 잠꾸러기, 말썽꾸러기, 심술꾸러기
いたずらっこ、欲張り、寝坊助、困り者、意地悪

「その性質がかなりある人」をかわいく表現する。

【例文】 너 같은 잠꾸러기가 이렇게 일찍 일어나다니, 해가 서쪽에서 뜨겠다.
お前みたいな寝坊助がこんなに早く起きるなんて、太陽が西から昇るよ。

007
–꾼

나무꾼, 노름꾼, 사기꾼, 사냥꾼, 구경꾼, 일꾼, 누리꾼
木こり、ギャンブラー、詐欺師、狩人、作業員、ネット住民

「ある仕事を専門的にする人」「あることを習慣的にする人」の意味。

「あることのために集まる人」の意味。

【例文】 그는 사기꾼에게 걸려들어 재산을 다 날렸다.
彼は詐欺師に引っかかって、財産をすべて棒に振った。

유명한 배우가 출연하는 영화 촬영지에는 늘 구경꾼들이 몰려든다.
有名俳優が出演する映画の撮影現場には、いつも野次馬達が集まっている。

008
–뱅이

가난뱅이, 게으름뱅이, 주정뱅이
貧乏人、怠け者、酒飲み

「それを特性として持っている人」の意味。

【例文】 워낙 식구가 많고 가진 것 없이 시작해서 언제 이런 가난뱅이 신세를 면할 수 있을지 막막하기만 하네요.
元々家族も多く、財産もないので、いつこの貧乏暮らしから抜け出せるのかわからず、お先真っ暗ですよ。

009
–쟁이

겁쟁이, 고집쟁이, 멋쟁이, 무식쟁이, 욕심쟁이, 심술쟁이
恐がり、意地っ張り、おしゃれさん、無学なもの、欲張り、意地悪

「それが表す属性を多く持っている人」の意味。

【例文】 옷도 세련되게 입고 어디를 가도 꼭 분위기를 따져보는 그는 멋쟁이로 소문나 있다.
服もおしゃれに着こなして、どこへ行っても必ず雰囲気を重視する彼は、おしゃれさんとして知られている。

0010
–투성이

흙투성이, 피투성이, 먼지투성이, 거짓말투성이
泥だらけ、血まみれ、埃まみれ、嘘まみれ

「それがあまりにも多い状態」「その状態の物事、人」の意味。

【例文】 청소를 끝내고 보니 옷이 온통 먼지투성이였다.
掃除を終えたら、服が前部埃まみれだった。

14-2 연습문제

[1-10] 다음을 읽고 알맞은 단어를 넣어 대화를 완성하십시오.

次の会話を読み､空欄に当てはまる単語を入れて､会話を完成させなさい。

1. **가 :** 학교에 가는데 옷차림이 그게 뭐니? ______________________지 못하게.

 나 : 다들 이렇게 입고 다니는데…….

2. **가 :** 아직도 잘잘못이 밝혀지지 않은 거야?

 나 : 말도 마. 다들 하는 말마다 ________________________이야/야. 이야기를 듣다 보면 도무지 앞뒤가 안 맞아.

3. **가 :** 기사님, 죄송한데요. 차 좀 잠깐만 세워주세요. 속이 ________________ 어서/아서/여서 토할 것 같아요.

 나 : 네, 잠깐만 기다리세요.

4. **가 :** 선생님, 이번 토론은 주제를 정하지 않고 ____________________게 하면 어떨까요?

 나 : 그러면 진행이 너무 산만해지지 않을까요?

5. **가 :** 우리 선수가 이번 대회에서 세계 신기록을 세웠다면서요?

 나 : 네, 대한민국 국민으로서 정말 가슴 뿌듯하고 __________________어요/ 아요/여요.

6. **가 :** 지난 주말에 민속촌에 가서 외줄타기를 봤어요.

 나 : 어땠어요?

 가 : 외줄 타는 묘기를 보고 저 뿐만 아니라 모든 __________________이/가 환호를 지르기도 하고 가슴을 졸이기도 하면서 재미있게 봤어요.

7. **가 :** 형제가 어떻게 돼요?

 나 : 욕심이 많아 뭐든지 다 자기가 가지려고 하는 _______________________ 남동생하고 저 이렇게 둘이에요.

8. **가** : 이제 좀 일어나지? 그러다가 소가 되겠다.
   나 : 소가 되다니, 그게 무슨 말이에요?
   가 : 옛날에 꼼짝도 하기 싫어하는 ____________________이/가 소가 되었다는 얘기가 있지. 한번 들어볼래?

9. **가** : 와! 드디어 완성했다.
   나 : 뭔데?
   가 : 비가 올 때 쓰는 모자 우산인데 너도 한번 써 봐.
   나 : 넌 언제나 기발하고 ____________________는/은/ㄴ 물건들을 만들어 내는 구나.

10. **가** : 이 책은 어떤 책이에요?
    나 : 이 책은 상식과 불가능을 과감하게 뒤집으며 무농약 사과 재배에 최초로 성공한 ____________________ 농부의 도전과 역경, 눈물과 성취의 감동 실화예요.

속담

15

ことわざ

15-1 속담 1

001
같은 값이면 다홍치마

価格が同じだったり、同じ努力をするなら、より良くて気に入るものを選ぶという言葉。

[例文] 같은 값이면 다홍치마라고 이왕 소개팅 시켜주실 거면 젊고 잘생긴 사람을 소개해 주세요.

"같은 값이면 다홍치마"というように、どうせ人を紹介してくれるなら、若くてかっこいい人を紹介してください。

002
개구리 올챙이 적 생각 못 한다

今はうまくできるが、昔うまくできなかった時や苦しかった時のことを忘れて、いい気になっている時に使う言葉。

[例文] 김 과장, 개구리 올챙이 적 생각 못 한다고 자네도 신입사원 시절에는 똑같은 실수를 했었잖나. 그러니 너무 나무라지 말게.

キム課長、"개구리 올챙이 적 생각 못 한다"というように、新入社員の頃は君も同じ失敗をしたじゃないか。だからそう叱るなよ。

003
개똥(쇠똥)도 약에 쓰려면 없다

どんなに取るに足りないありふれた物でも、いざ必要な時には探しても出てこないということ。

[例文] 개똥도 약에 쓰려면 없다고 지갑 속에 늘 가득 차 있던 동전들이 오늘 따라 없네. 커피 좀 마시려고 했더니.

"개똥도 약에 쓰려면 없다"っていうけど、財布の中にいつもいっぱいだった小銭が今日に限ってないわ。コーヒーを飲もうと思ったのに。

004
과부 사정 홀아비가 안다

他人の困っている立場は、直接そのような目に遭ってみたり、同じ立場におかれている人がよく理解できるという意味。

[例文] 과부 사정은 홀아비가 안다고 소아 백혈병 환자를 둔 부모들의 모임에 나가 이야기를 나누면서 위로를 많이 받아요.

"과부 사정은 홀아비가 안다"というように、小児白血病患者を持った親たちの集まりに出て話をしていると、すごく慰められます。

005
남의 떡이 커 보인다

他の人がすることや、他の人が持っているものが、自分のものよりも優れているように感じるものだということ。

[例文] 남의 떡이 커 보인다고 친구가 시킨 음식이 늘 더 맛있어 보인다.

"남의 떡이 커 보인다"というが、友達が頼んだ食べ物はいつもおいしそうに見える。

006
떡 본 김에 제사 지낸다

偶然にいいチャンスがあった時、考えていたことをしてしまうこと。

[例文] 약속 때문에 찻집에 갔는데, 찻집 옆에 카센터가 있길래 떡 본 김에 제사 지낸다고 2주 전부터 바빠서 못 고치고 있던 자동차 창문을 손봤다.

約束のために喫茶店に行ったのだけど、喫茶店の横にカーセンターがあったので、"떡 본 김에 제사 지낸다"というように、2週間前から忙しくて直せていなかった車の窓を修理した。

007
똥 묻은 개가 겨 묻은 개 나무란다

大きな欠点や間違いのある人が、むしろ他人の大したことでもない間違いを見て叱るものだという言葉。

[例文] 똥 묻은 개가 겨 묻은 개 나무란다고 너는 네 방 청소도 안 하면서 책상 좀 지저분한 걸 가지고 동생한테 잔소리를 하니?

"똥 묻은 개가 겨 묻은 개 나무란다"っていうけど、あんたは自分の部屋の掃除もしないくせに、机の上がゴチャゴチャだからと言って弟を叱るのかい?

008
등잔 밑이 어둡다

対象から近くにいる人が、その対象について知ることが難しいということ。またはすごく近いところで起きたことを、遠くで起きたことよりもよく知らないということ。

[例文] 내가 아끼는 볼펜을 허락도 없이 가져간 사람을 한참 찾았는데 등잔 밑이 어둡다고 범인은 바로 내 동생이었다.

私が大切にしているボールペンを、勝手に持って行ってしまった人をずっと探していたのだが、"등잔 밑이 어둡다"というように犯人はなんと自分の妹だった。

009
매도 먼저 맞는 게 낫다

どうせしなければいけないことなら、どんなに辛くても先にしてしまった方がいいということ。

[例文] 매도 먼저 맞는 게 낫다고 내가 첫 번째로 예방주사를 맞겠다고 나섰다.

"매도 먼저 맞는 게 낫다"というので、一番最初に予防注射を受けると申し出た。

010
벼는 익을수록 고개를 숙인다

教養があって、たくさん勉強した人ほど、謙遜して他人の前で自分を威張り散したりしないことを比喩的に言う言葉。

[例文] 화려한 수상 경력과 고소득으로 자칫 거만해 보일지 모르는 김 팀장은 벼는 익을수록 고개를 숙인다는 말처럼 항상 검소한 옷차림과 단정한 자세로 고객과 동료들로부터 존경을 받고 있다.

華麗な受賞経歴と高所得により、ともすると傲慢に見えやすいキム主任は"벼는 익을수록 고개를 숙인다"という言葉通り、質素な服装ときちんとした姿勢をいつも貫き、顧客と同僚達から尊敬されている。

15-1 연습문제

[1-10] 다음을 읽고 알맞은 속담을 넣어 대화를 완성하십시오.

次を読み、空欄に当てはまることわざを入れて、会話を完成させなさい。

1. **아 들 :** 엄마, 진수는 네 살인데 아직도 오줌을 못 가리네요.

   어머니 : ______________________ 네. 넌 일곱 살까지 이불에 지도 그렸어.

2. **선생님 :** 인터뷰조사 발표 순서를 정해야 하는데, 첫 번째로 누가 발표할 거예요?

   리 에 : ______________________는다고/ㄴ다고/다고 제가 먼저 할게요. 먼저 하고 나야 마음이 편하지요.

3. **아 들 :** 엄마, 선생님이 내일 미술 시간에 쓸 빈 깡통 준비해 오래.

   어머니 : 빈 깡통? 쓰레기통에서 찾아 봐. 많이 있을 거야.

   아 들 : 엄마, 아무리 찾아봐도 없는데.

   어머니 : ______________________는다고/ㄴ다고/다고 그렇게 많던 깡통이 필요할 때는 하나도 없구나.

4. **김감독 :** 박 감독님, 선수들이 정말 잘 치더군요. 타자들 폼도 좋고 타격도 좋고. 지난번에 보니까 다들 훈련에 정말 열심이던데요. 탐나는 선수들이에요.

   박감독 : ______________________어/아/여 보이는 거예요. 내가 보기엔 김 감독 팀 선수들이야말로 최고던데요.

5. **희정 :** 다음 주에 있는 발표 준비 다 했어? 사진 자료도 많이 찾았잖아.

   지영 : 사진 편집을 아직 못해서 내일 친구한테서 프로그램을 받기로 했어.

   희정 : 지금 이 프로그램도 사진 편집 프로그램인데.

   지영 : 그래? ______________________ 는다고/ㄴ다고/다고 이 컴퓨터 잠깐 써도 될까? 한 30분이면 될 것 같아.

6. **명숙 :** 경제가 어려운 가운데에서도 개인들의 기부가 늘었대.

은희 : 글쎄 말이야. 요즘 경제가 너무 안 좋아서 모금액 목표를 낮춰 잡았다는데.

명숙 : ______________________ 는다고/ㄴ다고/다고 넉넉지 않은 사람들이 오히려 어려운 이웃에게 애정과 관심을 더 쏟기 때문일 거야.

은희 : 그런 얘기를 들으니 마음이 훈훈해지네. 아직은 우리 사회가 건강하고 희망이 있다. 그렇지?

7. **제이슨 :** 에리 씨는 왜 자주 지각해요? 선생님께서 교실에 늦게 들어오면 다른 학생들에게 방해가 되니까 일찍 오라고 하셨잖아요.

에 리 : ______________________ 는다고/ㄴ다고/다고, 그러는 제이슨 씨는 왜 수업시간마다 몇 번 씩 전화기 들고 들락날락 해요?

8. **어머니 :** 민수야, 여기 있는 휴대폰 중에서 마음에 드는 걸 골라 봐. 이번 생일 선물로 네가 그토록 갖고 싶어하던 휴대폰 한 대 사 줄게.

민 수 : 어머니, 저 휴대폰은 다른 것과 값은 비슷한데 디자인이 아주 예쁘네요. ______________________ 이라고/라고 저 걸로 사 주세요.

9. **박부장 :** 김 과장, 우리 팀의 김미선 씨에게 소개해 줄 마땅한 남자 없을까? 싹싹하고 상냥한 데다가 외모도 괜찮은 편인데 아무리 찾아 봐도 소개할 사람이 없네.

김과장 : 부장님, 우리 팀의 최 대리 어때요? 능력도 있고 성격도 좋은 것 같던데요.

박부장 : 아, ______________________ 는다고/ㄴ다고/다고 바로 옆에 두고도 내가 왜 여태 그 생각을 못 했는지 모르겠네.

10. **영수 :** 김 회장님은 국내에서 손꼽을만한 기업의 대표인데도 불구하고 아랫사람들을 늘 배려하고 편안한 모습으로 대해 주세요.

미선 : ______________________ 는다는/ㄴ다는/다는 말처럼 교양이 쌓인 분들일수록 겸손한 모습을 보이는 것 같아요.

15-2 속담 2

001
사공이 많으면 배가 산으로 간다

中心となって引っ張っていく人がおらず、何人かが各自あれこれ別のことをすると、ものごとがうまくいかないということ。

[例文] 사공이 많으면 배가 산으로 간다는 말처럼 '토요일 밤에'의 집단 MC 체제는 진행이 산만하고 방송집중력이 떨어진다는 역효과를 낳았다.

"사공이 많으면 배가 산으로 간다"という言葉通り「土曜の夜に」という番組のグループ司会の体系は、進行を散漫になり、番組の集中力も落ちるという逆効果を生んだ。

002
선무당이 사람 잡는다

よく知りもしないくせに、知っている振りをする人のせいで、ことがうまく行かないという意味。

[例文] 정부의 서투른 금융 정책은 선무당이 사람 잡는다는 속담처럼 은행과 중소 기업이 환율 변동에 대처하는 것을 방해하여 이로 인해 은행과 중소 기업이 큰 손실을 입었다.

政府の早急な金融対策は"선무당이 사람 잡는다"ということわざ通り、銀行と中小企業が為替変動への対処をしにくくし、それにより銀行と中小企業が大きな損失をこうむった。

003
수박 겉핥기

物事の詳しい内容を知らずに、だいたいの表面的なことにだけ触れることを指す言葉。

[例文] 이 박물관의 유물들을 수박 겉 핥기로 둘러보자면 두어 시간이면 되겠지만 제대로 다 보자면 11시간 이상 걸린다.

この博物館の展示物を"수박 겉 핥기"で見て回れば2時間あれば十分だが、まともに見ようと思ったら11時間以上かかる。

004
십 년이면 강산도 변한다

何の変化もなく見えるものも、自然と変わっているということ。

[例文] 올해로 데뷔 10년째를 맞은 윤두현! 십 년이면 강산도 변한다는데 윤두현의 음악을 사랑하는 팬들의 마음은 변함이 없는 것 같습니다.

今年でデビュー10年目になるユン・ドゥヒョン！"십 년이면 강산도 변한다"というが、ユン・ドゥヒョンを愛するファンたちの心に変わりはないようです。

005
열 길 물속은 알아도 한 길 사람 속은 모른다

水の深さは測ることができるが､人の心は測り知れないという言葉｡

[例文] '관상'은 과학적 근거는 없는 것이지만 호기심을 자극하기에는 충분한 소재다. 열 길 물속은 알아도 한 길 사람 속은 모른다는데, 얼굴만 읽어 사람 속을 알 수 있다니 그 비결이 궁금하다.

"人相占い"は科学的な根拠はないが､好奇心を刺激するには十分な素材だ｡"열 길 물속은 알아도 한 길 사람 속은 모른다"といわれているのに､顔だけを見て人の心を知ることができるなんて､その秘訣を知りたい｡

006
오르지 못할 나무는 쳐다보지도 마라

自分の能力以上の事柄に対しては､最初からあまり欲を張らない方がいいということ｡

[例文] 나희의 어머니는 상현을 찾아가 오르지 못할 나무는 쳐다보지도 말라며 한 번만 더 회사 밖에서 사적으로 나희를 만났다가는 그땐 큰일 날 줄 알라는 반 협박까지 퍼부었다.

ナヒの母親はサンヒョンのもとを訪ね､"오르지 못할 나무는 쳐다보지도 말라"と言って､あと1度でも会社の外でプライベートでナヒに会ったりしたら､その時は覚悟しろと脅しまで入れた｡

007
우물을 파도 한 우물을 파라

いろいろなことに手を広げすぎたり､仕事をしょっちゅう変えると､何の成果も得られないので､1つのことをこつこつと続けてこそ成功することができるという意味｡

[例文] 건설업으로 한 우물만 파 온 '연세건설'은 창립 후 지난 50년간 한 번도 적자를 내지 않았다.

建設業一筋でやってきた'延世建設'は創立してから50年の間､1度も赤字を出さなかった｡

008
웃는 낯에 침 뱉으랴

よくしてくれた人には､悪くできないということ｡

[例文] 웃는 낯에 침 못 뱉는다고 오바마의 거듭된 러브콜에 이란도 호의적 반응을 보이면서 두 나라 간 30년 불화의 빙벽이 조금씩 녹아내릴 조짐을 보이고 있다.

"웃는 낯에 침 못 뱉는다"というように､オバマの度重なるラブコールを受けて､イランも好意的な反応をみせながら､2国間の30年間の不和の氷のような壁が少しずつ溶け始めてきた｡

009
쥐구멍에도 볕들 날 있다

すごく苦労だけしてきた人も､いいチャンスに恵まれて幸せになることができるという意味｡

[例文] 쥐구멍에도 볕들 날 있다고 십여 년간 무명의 설움을 겪어온 가수 서운도의 새 앨범이 대박을 터뜨렸다.

"쥐구멍에도 볕들 날 있다"というが､十数年間無名の悲しみを乗り越えてきた歌手｢ソ·ウンド｣の新しいアルバムが大ヒットした｡

010
짚신도 짝이 있다

どんな人でもみんな結婚する相手がいるということ。

[例文] 짚신도 짝이 있다더니 저렇게 성격 나쁜 사람도 결혼을 하네.

"짚신도 짝이 있다"というが､あんなに性格の悪い人も結婚するんだ。

15-2 연습문제 (속담 2)

[1-10] 다음을 읽고 알맞은 속담을 넣어 대화를 완성하십시오.

次を読み､空欄に当てはまることわざを入れて､会話を完成させなさい｡

1. **아버지 :** 이번 피서 여행은 어디로 갈까?
   어머니 : 제주도에 갔으면 좋겠어요.
   딸 : 아빠, 남해안으로 가요.
   아　들 : 안 돼. 아빠, 설악산으로 가요.
   아버지 : ______________________ 더니 안 되겠다. 아빠가 정하는 대로 따라 와.

2. **지영 :** 25년 만에 서울에 와 보니 너무 변해서 어디가 어딘지 하나도 모르겠어요.
   명숙 : ______________________ 는데/은데/ㄴ데 당연한 일이지요.

3. **영준 :** 철민이는 요즘 뭐 한대?
   윤수 : 건설 사업하다가 잘 안 돼서 무역업으로 바꿨잖아?
   영준 : 그래? ______________________ 으라고/라고 잘 안 되더라도 참고 끝까지 해 봐야 될 텐데.

4. **영준 :** 이번에 회사 기밀을 경쟁사에 팔아 넘긴 사람이 김 부장이라면서?
   수연 : 신망도 두텁고 인격적으로 훌륭한 분인 줄 알았는데.
   영준 : 그러니까 ______________________ 는다고/ㄴ다고/다고 하잖아.

5. **부인 :** 여보, 우리는 언제쯤 저런 멋진 집에서 살아 볼까?
   남편 : ______________________ 는다고/ㄴ다고/다고 언젠가 그렇게 될 날이 있겠지.

6. **윤　수 :** 할머니, 이제 저는 결혼 포기할까 봐요. 선을 그렇게 많이 보는데도 저 좋다는 사람이 없네요.
   할머니 : 너무 조급하게 생각하지 말아라. 아직 확실한 직장을 못 잡아서 그럴 거야. ______________________ 는다는데/ㄴ다는데/다는데 기다리면 좋은 짝이 나타날 거야.

7. **김부장 :** 이 과장, 박 대리는 아침회의 때마다 늦던데, 한 마디 하지 그래?
이과장 : 저도 한 번 따끔하게 야단 좀 치려고 몇 번 기회를 봤는데요. ______________________________을/ㄹ 수가 없더라고요. 박 대리가 워낙 싹싹하고 밝잖아요.

8. **영수 :** 나는 꼭 한국대학교에 갈 거야.
미선 : 네 실력으로 어떻게 거길 가니? ______________________________ 으라고/라고 했어. 꿈도 꾸지 마.

9. **교수 :** 자네 에리히 프롬을 아나?
학생 : 잘 모르겠는데요.
교수 : 그럼 앨빈 토플러는 누구인지 아나?
학생 : …
교수 : 자네 전공이 사회학이라면서 그런 것도 모른단 말이야? ______________________________ 으로/로 공부한 모양이군.

10. **선우 :** 승탁아, 너 위염으로 고생한다더니 좀 괜찮아졌니?
승탁 : 아니, 삼촌이 지난 번 산에서 뜯어 온 약초가 위염에 좋다고 하도 먹어 보라고 해서 먹었다가 속이 더 쓰려서 혼났어.
선우 : ______________________________ 는다고/ㄴ다고/다고 잘 알지도 못하는 삼촌 말을 믿으면 어떻게 해?

15-3 속담 3

001
친구 따라 강남 간다

1. 重要なことがあるからではなく、友達にくっついてする場合に使う。

2. 自分がしたくないことでも、人に薦められて仕方なくすること。

【例文】 미국프로골프(PGA) 챔피언십 대회에서 우승을 한 양용은은 우연히 친구와 함께 골프 연습장에 갔다가 골프를 알게 되었다고 한다. 친구 따라 강남 간 것이 성공에 이르는 첫 출발이었던 셈이다.

アメリカプロゴルフのチャンピョンシップ大会で優勝したヤン⊠ヨンウンは偶然友達と一緒にゴルフの練習場に行ってゴルフをしることになったという。"친구 따라 강남에 간다"によって成功への出発点だったようなものだ。

002
가지 많은 나무 바람 잘 날 없다

子供がたくさいんいる両親は、あれこれと心配と苦労が耐えないという意味。

【例文】 가지 많은 나무에 바람 잘 날 없다고 자식이 많은 부모는 항상 노심초사하며 마음 편할 날이 없다.

"가지 많은 나무에 바람 잘 날 없다"というように、子供が多い両親はいつも気を揉んで心が休める日がありません。

003
개천에서 용 났다

家計が苦しかったり、そこそこの家系からすごく立派な人が出てくるという意味。

【例文】 어려운 가정형편에도 불구하고 피나는 노력을 하여 변호사가 된 지선에게 사람들이 개천에서 용 났다고 하며 뒷이야기를 했다.

苦しい家計であるにも関わらず、血のにじむような努力をして弁護士になったチソンに、人々は"개천에서 용 났다"と言って噂した。

004
공든 탑이 무너지랴

念を入れて誠心誠意したことは、かならず無駄にならないという言葉。がんばったことは、かならず良い結果が出るという意味。

【例文】 이 보고서는 거의 6개월이 넘도록 착실하게 준비한 자료를 바탕으로 만든 계획안이니까 틀림없이 통과될 거예요. 공든 탑이 무너지겠어요?

このレポートはほぼ、6ヶ月以上かけてちゃんと準備した用意した資料を基に作成した計画案なんだから、必ず通過しますよ。"공든 탑이 무너지랴"でしょう？

005
달면 삼키고 쓰면 뱉는다

利害関係によって態度を変える､信頼のない行為を指す言葉｡自分の利益になることだけをするという意味｡

[例文] 달면 삼키고 쓰면 뱉는다고 간 쓸개 다 빼줄 것처럼 나한테 잘 하던 김 과장이 내 형편이 좀 어려워졌다고 모르는 척하더라.

"달면 삼키고 쓰면 뱉는다"というけれど､至れり尽せりで私によくしてくれていたキム課長が､私の状況が少し悪化するなり知らん顔するんだよ｡

006
백지장도 맞들면 낫다

どんなに簡単なことでも､ひとりでするよりは力を合わせてやった方が､もっと効果的だという意味｡

[例文] 백지장도 맞들면 낫다고 아이들이 청소를 도와 줘서 생각보다 일찍 끝낼 수 있었어요.

"백지장도 맞들면 낫다"というけれど､子供たちが掃除を手伝ってくれたので､思ったより早く終わりました｡

007
비 온 뒤에 땅이 굳어진다

雨に濡れてドロドロの土も､乾けば固く固まるという意味で､どんなことも経験した後にはもっと強くなることを指す言葉｡

[例文] 이명우 선수도 한 때 부상과 스캔들로 많은 어려움을 겪었지만 비 온 뒤에 땅이 굳어진다고 그런 어려움이 오늘의 최고의 선수로 성장할 수 있었던 밑거름이 되었다고 생각해요.

イ・ミョンウ選手も一時は負傷とスキャンダルで苦労しましたが､"비 온 뒤에 땅이 굳어진다"というように､そのような苦労が今の最高の選手として成長する土台になったのだと思います｡

008
서당 개 삼 년에 풍월을 한다(읊는다)

寺子屋で3年間暮らして､毎日文章を読む声を聞いていれば犬でも文を読めるようになるという意味｡ある分野に対しての知識と経験がない人でも､その分野に長くいればいくらかの知識と経験を身につけるようになるという言葉｡

[例文] 친구들과 같이 노래방에 자주 가다 보니 서당 개 삼년이면 풍월을 한다고 음치인 나도 이제는 유행하는 노래 몇 곡쯤은 따라 할 수 있게 되었답니다.

友達と一緒にカラオケに通っていたら､"서당 개 삼년이면 풍월을 한다"というように､音痴だった私も今では､流行している曲を何曲かは歌えるようになりました｡

009
소문난 잔치에 먹을 것 없다

大げさな噂や大きな期待に比べて、中身がなかったり噂が事実と一致しない場合を指す言葉。

[例文] 어제 일간지마다 가보라고 추천한 딸기 축제에 갔다 왔는데 소문난 잔치에 먹을 것 없다고 볼만한 구경거리도 체험 행사도 거의 없어서 아주 실망했어.

昨日あちこちのメディアで推薦していたイチゴ祭りに行ってきたんだけど、"소문난 잔치에 먹을 것 없다"というように、たいした見世物も体験イベントもほとんどなくて、すごくがっかりしたよ。

000
송충이는 솔잎을 먹어야 산다

人は自分の身丈に相応しく生きなければならず、身丈に会わなかったり、それ以上のことをしようとすると酷い目に遭うという言葉。

[例文] 도시로 나간 친구들이 성공했다는 소식이 들려오기도 하지만 송충이는 솔잎을 먹어야 산다고 나 같이 농사일밖에 모르는 농부는 물 맑고 공기 좋은 시골이 최고야.

都市に出て行った友達が成功したという知らせを耳にするが、"송충이는 솔잎을 먹어야 산다"というように、農業のことしか知らない農夫には澄んだ空気ときれいな水のある田舎が最高だよ。

15-3 연습문제 (속담 3)

[1-10] 다음을 읽고 알맞은 속담을 넣어 대화를 완성하십시오.

次を読み､空欄の中に当てはまることわざを入れて､会話を完成させなさい。

1. **교수 :** 자네는 왜 영문과를 선택했나?

   학생 : 제일 친한 친구가 영문과를 지원해서 저도 영문과를 지원했습니다.

   교수 : ______________________더니 바로 자네 같은 경우를 보고 하는 말이군.

2. **가 :** 성윤 씨가 권고사직을 당했다는 소식 들었어요?

   나 : 금시초문이에요. 아니, 언제는 우수사원이라고 표창까지 하더니 건강이 나빠졌다고 사표를 내라고 하다니요.

   가 : 그러게 말이에요. 아무리______________________ 는/은/ㄴ 세상이라고 하지만 너무하는 거 아니에요?

3. **가 :** 이번에 사법고시에서 수석을 한 사람에 대해서 이야기 들었어요?

   나 : 네, ______________________었다고/았다고/였다고 하더군요.

   가 : 집안 형편이 어려워서 고생을 많이 했던 사람이니 그렇게 이야기할 만하지요.

4. **가 :** 옆집이 요즘은 잠잠하지요?

   나 : 네. 정말 다행이에요. 한동안 부부 간의 불화로 조용한 날이 없었잖아요. 사네 마네 하더니 요즘은 신혼부부가 따로 없어요.

   가 : ______________________고 갈등을 겪고 난 후에 오히려 두 사람이 더 가까워졌나 봐요.

5. **가 :** 실패를 거듭하면서도 꿋꿋하게 10년을 연구 개발에만 매진하더니 드디어 국내외에서 특허를 받았대요. 이제 돈방석에 앉는 것은 시간문제예요.

   나 : ______________________겠어요? 오랜 시간 동안 엄청난 노력과 정성을 쏟았으니 좋은 결실을 맺게 된 것은 당연하지요.

6. **가** : 옆집 영훈이가 축구하다가 넘어졌는데 다리가 부러졌대요.
 나 : 아이고, 영훈이 엄마가 많이 놀랐겠네요.
 가 : ________________________고 얼마 전에는 그 집 셋째가 교통사고가 나서 영훈이 엄마가 많이 고생했잖아요.

7. **가** : 어머니, 봉사활동 다녀오시느라 힘드실 텐데 오늘은 그냥 쉬세요. 저녁 준비는 서툴지만 제가 할게요…….
 나 : 그래, 그럼 내가 콩나물만 다듬어 줄게. ________________________고 내가 이거라도 해 주면 식사 준비를 빨리 끝낼 수 있을 거야.

8. **가** : 선생님, 이거 제가 만들었는데 한 번 드셔 보세요.
 나 : 와, 정말 맛있다! 제임스 씨, 한국요리를 배우신 적이 있으세요?
 가 : 아니에요. 그냥 같이 사는 친구가 한국요리를 할 때마다 도와 줬더니________________________ 고 간단한 요리 정도는 만들 수 있게 되었어요.

9. **가** : 박찬명 감독의 영화에 출연한다고 기자회견하시는 것을 봤습니다. 우리들은 정계에 남으실 줄 알았는데요.
 나 : ________________________ 고 하지 않습니까? 국회의원은 제가 할 일이 아닌 것 같습니다. 의원생활 내내 배우 시절이 그리웠습니다.

10. **가** : 주말에 아이들과 같이 '피카소 특별전'에 다녀왔어요.
 나 : 그러셨어요? 안 보면 후회할 금세기 최고의 전시회라고 신문, 방송에서 하도 떠들어대서 저도 시간을 내서 한 번 가보려고 해요.
 가 : 글쎄요, 가보라고 별로 권해드리고 싶지는 않네요. ________________________ 고 피카소가 그린 그림은 단 두 점뿐이었어요. 나머지는 들어본 적도 없는 무명 현대 화가들의 그림들이었어요. 돈이 아깝더라고요.

15-4 속담 4

001
새 술은 새 부대에

新しい制度や体系を樹立すれば過去の古い習慣や規則、人などを果敢に切り捨てて内容と形式一体を新しく成立させなければならないという意味。

[例文] 새 술은 새 부대에 담아야 하듯이 경제적 · 정치적 변화가 필요한 시대에는 민족과 국가를 개혁할 수 있는 새로운 지도자가 필요하다.

"새 술은 새 부대에"というように経済的 · 政治的な変化が必要な時代には民族と国家を改革することができる、新しい指導者が必要だ。

002
안 되면 조상 탓 잘 되면 제 탓

ことがうまくいくと自分のおかげだとし、うまくいかないと他人を恨むという意味。

[例文] 함께 일을 하다가 실패로 끝나니까 안 되면 조상 탓 잘 되면 제 탓이라고 사태의 책임을 서로에게 돌리면서 반목하기 시작했다.

一緒に仕事をして失敗に終わったので、"안 되면 조상 탓 잘 되면 제 탓"で事の責任をお互いに擦り付け合いながら、いがみ合いが始まった。

003
열 번 찍어 안 넘어가는 나무 없다

どんなに難しいことでも、こつこつと努力すれば成し遂げることができるという意味。

[例文] 영미가 내 데이트 신청을 거절했지만 나는 열 번 찍어 안 넘어가는 나무 없다는 믿음을 가지고 계속 도전해 보련다.

ヨンミが私のデートの申し込みを断ったが、私は"열 번 찍어 안 넘어가는 나무 없다"という信念を持って、諦めずにがんばってみるつもりだ。

004
옥에도 티가 있다 / 옥에 티

どんなに立派な人、または良い物でも、細かく見れば小さな欠点はあるという言葉。

[例文] 새로 이사한 하숙집은 주인 아주머니도 친절하시고 음식도 입에 맞고 집도 깨끗하고 다 좋은데 도로변이라 시끄러운 게 옥에 티예요.

新しく引っ越した下宿は、おばさんも親切で食べ物も口に合い、家もきれいで言うことなしなのですが、大道路沿いなのでうるさいのが"옥에 티"です。

005
입이 열 개라도 할 말이 없다

失敗があまりにも明白で、弁明の余地がないという意味。

[例文] 연쇄 살인범을 눈앞에서 놓친 것에 대해서 경찰은 입이 열 개라도 할 말이 없다며 사죄했다.

連続殺人犯を目の前で逃がしたことに対して、警察は"입이 열 개라도 할 말이 없다"といって謝罪した。

006
잘 자랄 나무는 떡잎부터 알아본다

この先大物になる人は、幼い頃から人とは違う将来性がうかがえるという意味。

[例文] 잘 자랄 나무는 떡잎부터 알아본다고 노벨 물리학상을 받은 김 박사는 어릴 때부터 선생님도 풀지 못한 수학문제를 척척 풀곤 했다고 합니다.

"잘 자랄 나무는 떡잎부터 알아본다"というが、ノーベル物理学賞を受賞したキム博士は、幼い頃から先生も解けないような数学の問題をすらすらと解いたんですってね？

007
종로에서 뺨 맞고 한강에서 화풀이 한다

悪口を言われたその場所では何も言えず、場違いなところに行って不平をこぼすという意味。

[例文] 형은 종로에서 뺨 맞고 한강에서 화풀이한다고 엄마한테 야단맞고는 죄 없는 나한테 계속 짜증을 내고 있다.

兄は"종로에서 뺨 맞고 한강에서 화풀이한다"で、母に叱られて、罪のない私にずっとかんしゃくを起こしている。

008
중이 제 머리 못 깎는다

自分で自分に関することを解決するのが難しいので、他人の手を借りて少し簡単に処理するということ。

[例文] 내가 학교에서 아이들을 가르치고는 있지만 중이 제 머리 못 깎는다고 내 자식은 직접 못 가르치겠더라.

私は学校で子どもたちを教えているが、"중이 제 머리 못 깎는다"というように自分の子供に直接教えるのは難しいね。

009
첫 술에 배부르랴

どんなことでも一度で満足することはできないということ。

[例文] 배우기 시작한 지 얼마 되지는 않았지만 한국어 실력이 빨리 늘지 않아서 마음이 조급하다. 하지만 첫 술에 배부르겠냐는 마음으로 차근차근 계속 노력해 봐야겠다.

習い始めてまだ間もないが、韓国語の実力が思うように上達せずイライラする。しかし"첫 술에 배부르겠냐"という気持ちでコツコツと努力してみなければ。

010
한 번 엎지른 물은 다시 주워 담지 못 한다

いったん犯してしまった失敗は､なかなか元に戻せないということ。

【例文】 그렇게 입이 가벼운 친구에게 얼떨결에 비밀얘기를 한 걸 백 번 천 번 후회했지만 이미 한 번 엎지른 물은 다시 주워 담지 못하니 가슴만 칠 뿐이야.

あんなに口の軽い友達にうっかり秘密を話してしまったことを､何百回も何千回も後悔したが､“한 번 엎지른 물은 다시 주워 담지 못하다”なので胸が痛むばかりだ。

15-4 연습문제 (속담 4)

[1-10] 다음을 읽고 알맞은 속담을 넣어 대화를 완성하십시오.

次を読み、空欄に当てはまることわざを入れて、会話を完成させなさい。

1. **가** : 관객 1,000만을 넘긴 영화 '경포대'를 드디어 어제 봤어요.

   나 : 1,000만을 넘길 만하던가요?

   가 : 네, 이야기도 재미있고 특수효과도 대단하고 배우들 연기도 훌륭했는데, 배우들의 사투리가 좀 어색한 것이 ______________________이었어요/였어요.

2. **가** : 영숙아, 아까 엄마가 왜 그렇게 우리에게 화를 내셨지? 보통 때 같으면 그냥 넘어가실 일인데…….

   나 : 엄마가 오늘 아침에 할머니께 크게 혼나서 그래.

   가 : ______________________고 할머니께 야단맞았는데 우리한테 그러시면 안 되지.

3. **가** : 시장님, 지하철 9호선이 시운전 때 발견된 결함 때문에 개통이 세 번이나 지연된 것에 대해서 어떻게 생각하십니까?

   나 : 사전에 철저히 대비하지 못한 것은 저희들의 불찰입니다. ______________________습니다/ㅂ니다.

4. **가** : 드디어 계약을 성사시키셨다면서요? 축하해요.

   나 : 감사합니다. 사실 이번 계약 건은 좀 힘들었습니다.

   가 : 보험은 절대 들 일이 없을 거라는 고객의 마음을 어떻게 바꾸셨어요?

   나 : 고객의 냉대와 무시 때문에 마음 상한 일도 많았지만 포기하지 않고 자주 고객과 접촉하면서 보험의 필요성을 강조했더니 마음을 돌리던데요. ______________________고 하지 않습니까?

5. **가** : 선생님, 조선시대 사회를 지배하던 이념이 불교였나요?

   나 : 아니야, 조선시대는 고려시대와는 달리 유교였어.

   가 : 왜 불교를 버리고 유교를 택했을까요?

   나 : 그거야 ______________________이라는/라는 말이 있듯이 새로운 나라 조선은 친불교 정책을 폈던 고려와는 차별화되는 새로운 이념이 필요했겠지.

6. **가 :** 어휴, 이 일을 어떡하지? 큰일 났네.
나 : 무슨 일인데 그래?
가 : 아, 글쎄, 친구에게 문자를 보낸다는 것이 그만 과장님께 보내버렸어. 그것도 과장님 욕이 잔뜩 쓰인 내용을 말이야. 시간을 10분 전으로 되돌릴 수는 없을까?
나 : ______________________고 후회한다고 해결될 일도 아니니 내 생각에는 내일 회사에 가서 진심으로 사과드리는 것이 최선인 것 같다.

7. **가 :** 진희야, 네가 맺어준 부부가 10쌍이 넘는다면서 너는 왜 노처녀 소리를 듣고 다니니?
나 : ______________________는 말이 있잖아요. 제 일은 이상하게 제 뜻대로 풀리지를 않네요.

8. **가 :** 초등학교에 다니는 제 조카 희수가 서울에서 열리는 '세계 어린이 환경회의'에 한국대표로 참가해요.
나 : 와, 대단하군요. ______________________고 커서 큰 인물이 되겠는데요.

9. **가 :** 여보, 개업하고 한 달 동안 입이 부르트도록 열심히 일했는데 왜 수입은 이것밖에 안되지요? 이러다 식당 문 닫는 거 아니에요?
나 : 좀 더 기다려 봅시다. 전단지도 돌리고 했으니 입소문이 나면 손님도 점점 늘고 수입도 많아지겠지요. ______________________겠어요?

10. **가 :** 운동경기 심판들은 동네북 신세를 면하기 어려운 것 같아요.
나 : 동네북이라니요? 그게 무슨 말이에요?
가 : ______________________이라고/라고 선수들이나 감독들은 경기에서 이기면 자기들의 실력이 좋아서 이겼다고들 하고, 지면 심판의 판정이 잘못됐기 때문이라고들 하니까요.

관용어

16

慣用句

16-1 관용어 1

001
가려운 곳을 긁어 주다

他の人に必要なことを自ら代わりにしてあげる。

[例文] '대통령과의 대화'에서 한 시민의 날카로운 질문은 국민들의 가려운 곳을 긁어 주었다.
「大統領との討論」でひとりの市民の鋭い質問は、国民達の"가려운 곳을 긁어 주었다"。

002
간에 기별도 안 가다

食べた量がとても少なくて、食べた気がしない。

[例文] 2인분을 넷이서 나눠 먹었더니 간에 기별도 안 간다.
2人分を4人で分けて食べたので、"간에 기별도 안 간다"。

003
간이 콩알만 해지다

怖がってとても恐れたり、すごく驚いたことを表現する言葉。

[例文] 아무도 없는 숲길을 밤늦게 걷다 보니까 마치 귀신이 나올 것 같아서 간이 콩알만 해졌다.
誰もいない森の中の道を夜遅くに歩いてみたらまるで、お化けが出てきそうで"간이 콩알만 해졌다"。

004
개미 새끼 한 마리 얼씬하지 않다

何も(誰も)現れない。

[例文] 부동산 시장이 얼어붙어서 부동산 중개소에 개미 새끼 한 마리 얼씬하지 않는다.
不動産市場が凍りついてしまい不動産屋に"개미 새끼 한 마리 얼씬하지 않는다"。

005
검은 머리가 파뿌리가 되도록 살다

老いて髪の毛が白くなるまで、長く生きる。

[例文] 결혼식에서 신랑과 신부는 어떤 어려움이 있더라도 검은 머리가 파뿌리가 되도록 살겠다고 했다.
結婚式で、新郎と新婦はどんな困難なことがあったとしても、"검은 머리가 파뿌리가 되도록 살겠다"と誓った。

006
겉 다르고 속 다르다

心の中では悪く考えていながら、上っ面では好ましいように行動する人に言う言葉。表面と内面が違う。

[例文] 겉 다르고 속 다른 사람을 표리부동한 사람이라고 하는데, 그런 사람들은 믿을 수 없다.
"겉 다르고 속 다르다"の人を裏表のある人だというのだが、そういう人達は信じることができない。

007
굶기를 밥 먹듯 하다

しょっちゅう食事を抜く。

[例文] 김영수 씨는 굶기를 밥 먹듯 하더니 결국 영양실조에 걸렸다.
キム・ヨンスさんは"굶기를 밥 먹듯 하다"をしていたら、結局栄養失調になった。

008
그 사람(놈)이 그 사람(놈)이다

2人以上の人や物事を比較する時、お互いに差がないことを見下していう言葉。

[例文] 그 사람이 그 사람이라는 생각으로 선거에 참여하지 않는 유권자도 있지만 투표권을 정당하게 행사해서 국민을 위해 일해 줄 진정한 일꾼을 뽑아야 한다고 본다.
"그 사람이 그 사람이다"という思いで、選挙に参加しない有権者もいるが、投票権をきちんと行使して、国民のために働いてくれる真面目な働き者を選ばなければいけないと思う。

009
꿀 먹은 벙어리

心の中で考えていることを表せない人。

[例文] 회의 시간에 다른 사람들이 자신들의 생각을 너무나 강력하게 주장하는 바람의 나는 꿀 먹은 벙어리처럼 듣고 있을 수밖에 없었다.
会議の時間に他の人達が自分の考えを、あまりにも強く主張するので、私は"꿀 먹은 벙어리"のように聞いていることしかできなかった。

010
다람쥐 쳇바퀴 돌 듯 하다

続けて同じことを反復し、終わりがない時に使う言葉。

[例文] 우리는 오랜 시간 토의를 했지만 다람쥐 쳇바퀴 돌 듯 같은 말을 반복하기만 했을 뿐 결론은 나지 않았다.
私達は長い時間討議をしたが、"다람쥐 쳇바퀴 돌 듯 하다"のように同じ言葉を繰り返すだけで結論は出なかった。

16-1 연습문제 (관용어 1)

[1-10] 다음을 읽고 알맞은 관용어를 넣어 대화를 완성하십시오.
次を読み､空欄に当てはまる慣用語を入れて､会話を完成させなさい。

1. **가 :** 배고파 죽겠다.
   나 : 책상 위에 과자가 있으니까 먹으렴.
   가 : 아이고, 이것 갖고는 ________________________________

2. **가 :** 골프 연습장에서 만난 허 사장하고 동업할까 해. 인상도 좋고 사업 경험도 많은 것 같던데…….
   나 : 그래도 ____________________ 는/은/ㄴ 사람이 많으니까 조심해야지......

3. **가 :** 지난주에 개봉한 공포 영화 봤어? 너무 무섭다던데.
   나 : 응. 공포영화를 즐기는 나조차도 무서워서 ____________________ 더라.

4. **가 :** 오늘도 가게에____________________는군요/군요.
   나 : 그래. 오늘도 손님이 한 사람도 오지 않는구나...
   가 : 이렇게 경기가 나빠서야 어디 살 수 있겠어요?

5. **가 :** 지난번에 얘기한 그 일, 믿고 맡길 만한 사람을 골랐나?
   나 : 글쎄, 우리 부서 사람들은 다____________________ 고 마땅한 사람이 없네.

6. **가 :** 아까 외국인하고 같이 있던데, 그동안 쌓은 영어 실력 발휘 좀 했어?
   나 : 아니, 막상 외국인을 만나니까 너무 긴장이 돼서 ____________________ 처럼 아무 말도 못했어.

7. **가 :** 너 그 신문 만평 봤니?
   나 : 이번에 나온 교육 정책의 문제점을 정확히 꼬집었더라.
   정말 ____________________었어/았어/였어.

8. **가 :** 전 세계에서 8억 5천만 명 정도가 기아에 시달리고 있대.
 나 : 우리는 한 끼만 굶어도 힘든데 ______________________________ 는 사람들은 얼마나 괴로울까.

9. **가 :** 여보, ______________________________자더니 왜 이렇게 병원에 누워만 있소? 어서 털고 일어나구려.
 나 : 나 때문에 당신과 아이들이 고생이 많네요. 빨리 일어나야 할 텐데...

10. **가 :** 오랜만이네, 자네 요즘 어떻게 지내나?
 나 : 매일 매일이 ______________________________ 똑같지, 뭐. 자넨 어떤가?

16-2 관용어 2

001
두 다리 쭉 뻗고 자다

心に引っかかることなく、安心して寝る。

[例文] 이제 시험도 다 끝났으니 두 다리 쭉 뻗고 자야겠다.
もう試験も全部終わったので、"두 다리 쭉 뻗고 자야겠다"。

002
둘이 먹다가 하나가 죽어도 모르다

すごくおいしい。

[例文] 이 음식은 둘이 먹다가 하나가 죽어도 모를 만큼 맛있다.
この食べ物は"둘이 먹다가 하나가 죽어도 모르다"と言えるくらいおいしい。

003
도마 위에 오르다

ある物事が批判の対象になる。

[例文] 그 대선 후보의 비리가 여론의 도마 위에 오르면서 지지율이 하락했다.
その大統領選挙候補者の不正が世論の"도마 위에 오르다"しながら、支持率が下落した。

004
마음은 굴뚝같다

心の中では、すごくやりたい気持ちが多い。

[例文] 친구들과 여행을 가고 싶은 마음은 굴뚝같았지만 중요한 시험이 가까워서 포기할 수 밖에 없었다.
友達と旅行に行きたい"마음은 굴뚝같다"だったが、重要な試験が近いので諦めるしかなかった。

005
모기 소리만 하다

音がとても小さくて弱い。

[例文] 그 지원자는 면접시험을 볼 때 얼마나 긴장을 했는지 대답하는 목소리가 모기 소리만 해졌다.
その志願者は面接試験を受ける時、緊張したのか答える声が"모기 소리만 해졌다"。

006
물 쓰듯 하다

お金を無駄にたくさん使う。

[例文] 그렇게 돈을 물 쓰듯 하다가는 금방 거지가 될 것이다.
あんなに"돈을 물 쓰듯 하다"していたら、すぐ乞食になるだろう。

007
물거품이 되다

水の泡になる。努力が無駄になる。

[例文] 자원봉사자들의 수고가 물거품이 되지 않도록 바닷가 주민들은 수거된 쓰레기를 깨끗이 처리하고 바다 오염방지에 적극적으로 참여하고 있다.

ボランティアたちの苦労が"물거품이 되다"にならないよう、海沿いの住民達は集められたゴミをきれいに処理して、海の汚染防止に積極的に参加している。

008
바닥이 나다

お金やものが全部なくなる。

[例文] 그 사람의 많은 재산은 그의 낭비벽 때문에 바닥이 나 버렸다.

彼の浪費癖によって、多くの財産が、"바닥이 나 버렸다"。

009
손때가 묻다

器、家具などを長い間使って、なじませたり、情が沸く。

[例文] 어머니는 할머니의 손때가 묻은 바느질 상자를 소중하게 여기신다.

母は祖母の"손때가 묻은"針箱を大切にしている。

010
양다리를 걸치다

両方から利益を得ようと、両方と関係を結ぶ。

[例文] 알고 보니 남자친구가 이제까지 나와 내 친구 사이에서 양다리를 걸치고 있었다.

なんと彼氏が今まで私と私の友達の間で"양다리를 걸치고 있었다"。

16-2 연습문제 (관용어 2)

[1-10] 다음을 읽고 알맞은 관용어를 넣어 대화를 완성하십시오.

次を読み、空欄に当てはまる慣用語を入れて、会話を完成させなさい。

1. **가 :** 요즘 모델 활동에 전념하고 계신데, 영화에 출연하실 생각은 없으신가요?
   나 : ______________________________지만 너무 바빠서요.

2. **가 :** 너, 엄마 말 또 안 들을 거야? 앞으로 말 잘 들을 거지.
   나 : 네, 잘 들을게요.
   가 : ______________________________게 말하지 말고 좀 크게 말해.

3. **가 :** 요즘 회사 분위기가 말이 아니야......
   나 : 지난 번 회의에서도 해고할 사람에 대해 얘기했대.
   다 : 누구누구에 대해 이야기했대? 설마 우리가______________________________
   __ 는/은/ㄴ 것은 아니겠지?

4. **가 :** 어, 오늘은 얼굴이 아주 밝은데... 뭐 좋은 일이라도 있어?
   나 : 응. 두 달 동안 준비해 온 기획안 발표가 어제 잘 끝나서 오랜만에______________
   ______________ 었어/았어/였어.

5. **가 :** 아니, 계산서가 잘못 된 거 아니야? 여보.
   나 : 아니. 맞아...... 그건 지난달에 백화점 세일 때......
   가 : 이렇게 돈을 ______________________________ 으면/면 어떻게 해?

6. **가 :** 그 선수가 갑자기 부상을 당해서 이번 올림픽 대회에 참가를 못하게 됐다면서요?
   나 : 지난 4년 동안 그렇게 열심히 연습을 했다는데, 모두 ______________________
   었군요/았군요/였군요.

7. **가 :** 이번 여행 같이 가는 거지?
   나 : 아니, 나는 못 갈 것 같아. 이번 달 용돈이 벌써 ______________________________
   어서/아서/여서 지금 한 푼도 없거든.

8. **가 :** 유명세 감독이 다른 팀으로 갔다면서?

나 : 재계약을 앞두고 ______________________________고 협상을 하다가 유리한 조건을 제시한 다른 팀으로 갔대.

9. **가 :** 방이 이렇게 좁은데 오래된 물건들을 버리지 않고 쌓아 놓고 사는구나.

나 : 어머니의 ______________________________ 는/은/ㄴ 것들이라 도저히 버릴 수가 없어서...

10. **가 :** 어제 간 식당 음식은 어땠어?

나 : 너무 맛있어서 ______________________________ 겠더라.

16-3 관용어 3

001
가지를 치다

1. 枝が繁殖する。ひとつの根元から他の枝が生じる。

[例文] 소문이 가지를 쳐서 크게 부풀었다.
噂が"가지를 쳐서"大きく膨らんだ。

2. 枝を取り除く。必要のないものをなくす。

[例文] 교수는 학생에게 논문 주제와 직접적인 관계가 없는 내용은 가지를 치라고 지시했다.
教授は学生に論文のテーマと直接関係がない内容は"가지를 치라"と指示した。

002
값을 치르다

当然受けるべきお金や代価を支払う。

[例文] 잘못을 저질렀으면 그만한 값을 치러야 한다.
間違いを犯したら、それだけの"값을 치다야 한다"。

003
거울삼다

他人や過ぎ去った出来事を省みて、見習ったり、警戒する。

[例文] 지난 해 대통령 선거의 실패를 거울삼아 이번 총선에서는 기필코 승리합시다.
昨年の大統領選挙の失敗を"거울삼아"、今回の総選挙では必ず勝利しましょう。

004
걸음마 단계

あるものごとの過程の始めの段階。

[例文] 인공 장기 이식 분야의 연구는 아직 걸음마 단계이다.
人工臓器移植分野の研究はまだ"걸음마 단계"だ。

005
고개를 돌리다

ある人、こと、状況などに背を向ける。

[例文] 이번 여름 극장가에 많은 공포 영화들이 개봉되었지만 지루한 스토리 전개와 미숙한 연기는 관객들의 고개를 돌리게 했다.
今年の夏は映画館でホラー映画がたくさん公開されたが、退屈なストーリー展開と未熟な演技が観客達の"고개를 돌리게 했다"。

006
기를 죽이다

他人の気力を失わせる。

[例文] 링 위에 오른 두 선수는 서로 상대방의 기를 죽이려고 눈싸움을 하고 있다.
リング上にあがった2人の選手は､お互い相手の"기를 죽이려고"睨み合いをしている。

007
등을 돌리다

志を同じくしていた人や団体と関係を切ること。

[例文] 그 배우의 경솔한 행동이 보도되자 그의 팬들마저 등을 돌렸다.
その俳優の軽率な行動が報道されるなり､彼のファン達さえも"등을 돌렸다"。

008
무릎을 꿇다

降伏したり､屈服する。

[例文] 세계 최고를 자랑하는 축구팀이 상대편의 철통같은 수비 앞에 무릎을 꿇고 0대 1로 지고 말았다.
世界最高を誇るサッカーチームが相手の鉄壁のような守備の前に"무릎을 꿇고"､1対0で負けてしまった。

009
발목이/을 잡히다
발목을 잡다

1. あることに掴まれて､抜け出せない。

[例文] 요즘은 아버님께서 시키신 일에 발목을 잡혀서 다른 일은 전혀 못하고 있다.
最近は父の頼みごとに"발목을 잡혀서"他のことがほとんどできない。

2. 他人に弱点をつかまれる。

[例文] 사장은 전과 사실을 빌미로 그의 발목을 잡고 협박을 했다.
社長は彼の前科につけこんで､彼の"발목을 잡고"脅迫した。

0010
발을 맞추다

歩調を合わせる。

[例文] 경제 발전에 발을 맞추어 정치도 발전을 해야 한다.
経済発展に"발을 맞추어"政治も発展しなければならない。

16-3 연습문제 (관용어 3)

[1-10] 다음을 읽고 알맞은 관용어를 넣어 문장을 완성하십시오.
次を読み、空欄に当てはまる慣用語を入れて、文章を完成させなさい。

1. 시대의 변화에 ______________ 어/아/여 낡은 제도를 개선해야 한다.

2. 남편이 들어왔는데도 아내는______________고 앉아서 말도 하지 않았다.
   성공할 수 있도록 도와주고 뒷받침해 준 사람에게 ______________다니!

3. 이번 인사 조치는 불필요한 인원을______________기 위한 조치이다.
   생각이 자꾸 ______________ 다 보니 지금 생각할 필요가 없는 것까지 신경 쓰게 되어 머리가 복잡했다.

4. 친환경 자동차와 바이오 에너지 개발은 아직______________ 이다/다.
   중국어를 배우기는 하지만 아직 ______________ 이어서/여서 겨우 인사 정도밖에 할 수 없다.

5. 물건을 고른 뒤______________으려고/려고 계산대에 갔다.
   사회적 도덕적으로 물의를 일으킨 사람은 반드시 ______________어야/아야/여야 한다.

6. 우리나라 대표팀은 결승전에서 혈전을 벌였지만 결국 상대팀에 ______________ 고 말았다.
   대통령은 들끓는 국민의 반대 여론에______________ 어야/아야/여야 했다.

7. 현재 벌어지고 있는 참혹한 현실에 ______________ 고 싶었다.
   요즘 외국 드라마에 빠진 20대가 국내 드라마에______________자 중년층을 겨냥한 드라마들이 계속 방송되고 있다.

8. 지나친 규제가 지방 자치 발전의____________________ 고 있다.
   꾸준히 성장해 오던 우리 회사의 수출이 최근에 벌어진 노사 갈등으로 인해____________________ 었다/았다/였다.

9. 자라는 아이의 ____________________ 지 않도록 잘못을 타이르는 것이 바람직한 교육방법이라고 생각한다.
   이번 합창대회에서 일등을 노리던 우리 반은 다른 반의 월등한 합창 실력에 ____________________고 말았다.

10. 체력 부족으로 패배한 지난 번 경기의 실패를 ____________________어/아/여 그 선수는 체력 보강 훈련에 돌입했다.
    아이들은 부모를 ____________________어서/아서/여서 행동하기 때문에 부모의 말씨나 행동은 매우 중요하다.

16-4 관용어 4

001
빛을 보다

業績や甲斐などがあらわになる。

[例文] 그의 작품은 오랫동안 세상에 알려지지 않았으나 이번에 빛을 보게 되었어요.
彼の作品は長い間、世に知られていなかったが、今回"빛을 보게"(ように)なりました。

002
배가 부르다

満足だ。

[例文] 부모님께서는 아이들이 잘 먹는 모습을 지켜보시면서 보기만 해도 배가 부르다고 하셨다.
両親は息子がよく食べる姿を見守りながら、見ているだけで"배가 부르다"と言った。

003
뿌리를 뽑다

あることを生み育てる根元をなくす。

[例文] 무엇보다도 먼저 우리 사회에 깊이 자리하고 있는 부정부패를 뿌리 뽑아야 한다.
何よりもまず、社会に深く根ざしている不正腐敗を、"뿌리 뽑다"しなければならない。

004
손이 가다

あることをする時、手がかかる。

[例文] 한지를 만드는 일은 손이 많이 가는 일이지만 완성되면 그만큼 곱고 아름다워요.
韓紙を作るのは"손이 많이 가는"ことですが、完成すればそれだけ美しくてきれいです。

005
손발이 맞다

一緒に仕事をする時、気持ちや意見、行動パターンなどがお互いに合う。

[例文] 같이 일하는 사람들끼리 손발이 맞으면 일의 능률이 오를뿐더러 즐거운 마음으로 일할 수 있다.
一緒に働く者同士、"손발이 맞으면"仕事の能率が上がるだけでなく、楽しい気持ちで働くことができる。

006
시치미를 떼다

自分がしたくせに、していないふりをしたり、知っているのに知らないふりをする。

[例文] 그 사람은 모든 사실을 알고 있으면서도 모른다고 시치미를 뗐다.
その人はすべての事実を知っていながら、知らないと言って"시치미를 뗐다"。

007
얼굴 깎이다

体面が傷つく。

[例文] 밖에 나가서 부모 얼굴 깎이는 짓은 하지 마라.
外に出て両親の"얼굴 깎이는"ことはするな。

008
입을 모으다

みんな一緒のことを言う。同じ意見を言う。

[例文] 그 사람이 이번 프로젝트의 팀장을 맡아야 한다고 모두 입을 모았다.
その人が今回のプロジェクトのチーム長を受け持つべきだと、みんな"입을 모았다"。

009
마침표를 찍다

終わらせる。

[例文] 아버지께서는 내일 퇴임식을 끝으로 35년에 걸친 직장생활에 마침표를 찍으신다.
父は明日の退任式をもって、35年間にわたった職場生活に"마침표를 찍으신다"。

010
찬물을 끼얹다

うまくいっていることに割り込んで雰囲気を壊したり、やたらとケチをつけて妨害する。

[例文] 사장이 갑자기 회식 자리에 나타나서 직원들끼리의 즐거운 분위기에 찬물을 끼얹었다.
社長が突然飲み会の席に現れて、社員同士の楽しい雰囲気に"찬물을 끼얹었다"。

16-4 연습문제 (관용어 4)

[1-10] 다음을 읽고 알맞은 관용어를 넣어 문장을 완성하십시오.

次を読み、空欄に当てはまる慣用語を入れて、文章を完成させなさい。

1. 구절판은 만들 때 ______________ 는/은/ㄴ 음식이다.
   유기농산물은 일반 농산물을 재배할 때보다 ______________ 는다/ㄴ다/다.

2. 절대로 부모님______________는/은/ㄴ 일을 해서는 안 된다.
   상대방이 잘못했다하더라도 네가 그렇게 심한 욕을 하면 네 ______________ 는/은/ㄴ거야.

3. 그 아나운서와 해설자는 미리 입을 맞추지 않아도 ______________ 어요/아요/여요.
   그 사람하고는 ______________ 지 않아 같은 팀에서 일하기가 힘들어요.

4. 살아있을 때는 인정을 받지 못하다가 사후에 ______________ 는/은/ㄴ 예술가도 있다.
   방송이 금지되었던 가요 837곡도 이 조치 이후 다시 ______________ 을/ㄹ 수 있게 되었다.

5. 뇌물 수수는 워낙 은밀하게 이루어지는 것이라 완전히______________ 는/은/ㄴ 것은 쉽지 않은 일이다.
   부정 선거를______________기 위해 정부와 시민 단체 그리고 온 국민이 나섰다.

6. ______________으면/면 누가 모를 줄 알아? 틀림없이 네가 한 짓이지?
   증거를 들이대자 계속 ______________ 고 있던 그 피의자는 사실을 인정했다.

7. 그에 대한 이야기를 꺼내자 모든 사람들이______________어/아/여 칭찬을 했다.
   축구장의 관중들이______________어/아/여 '박지성'을 연호했다.

8. 대형 비리 사건에 연루된 그 국회의원은 정치인으로서의 생활에 ______________ 게 되었다.
새로운 증거가 발견됨에 따라 검사와 변호사의 치열한 논전에 ____________________________
게 되었다.

9. 반찬 투정을 하자 엄마가 ________________________는/은/ㄴ 소리를 한다고 꾸중을 하셨다.
의젓하게 자란 아이를 보노라면 먹지 않아도 ____________________________어요/아요/여요.

10. 실업률 상승이 경기 회복에 ____ 었다/았다/였다.
국경선 근처에서 발생한 분쟁 소식은 올림픽으로 들떠 있던 축제 분위기에 ______________
________________________었다/았다/였다.

16-5 관용어 5

001
발 벗고 나서다

積極的に仕事をする。

[例文] 김 부장은 남을 돕는 일에는 항상 발 벗고 나선다.
キム部長は他人を助けることには、いつも"발 벗고 나선다"。

002
뒤끝이 없다

良くない感情を残さない。

[例文] 우리 사장님은 화가 나면 바로 표현을 하지만 그만큼 뒤끝이 없어서 좋다.
私の社長は腹が立つとすぐにそれを表現するが、それだけ"뒤끝이 없어서"良い。

003
내 코가 석자다

自分のことに精一杯で、他人の面倒をみる余裕がない。

[例文] 도와주고 싶지만 할 일이 쌓여서 내 코가 석자니 네 문제는 네가 해결해라.
助けてあげたいけれど、やることが溜まっていて"내 코가 석자니"、自分の問題は自分で解決しなさい。

004
난다 긴다 하다

才能や能力が他の人より優れている。

[例文] 이번 외국어 경시대회에는 각 학교에서 난다 긴다 하는 아이들이 다 나왔다더라.
今回の外国語大会には、各学校から"난다 긴다 하는"子供たちがみんな出て来たよ。

005
날개 돋친 듯이 팔리다

ものなどが早い速度で売れることを、比喩的に表現した言葉。

[例文] 이번에 내놓은 신상품은 날개 돋친 듯이 팔려 나갔다.
今回出た新製品は"날개 돋친 듯이 팔려 나갔다"。

006
꼬리를 물다

考えや事件などが、引き続き出てくる。

[例文] 잠자리에 누워서도 여러 생각들이 꼬리에 꼬리를 물고 떠올라서 잠을 이루지 못했다.
寝床に横になってもいろいろな考えが"꼬리를 물고"浮かんできて、眠ることができなかった。

007
눈독을 들이다

欲しくて狙っている。

[例文] 고양이가 밥상 위에 놓인 생선에 눈독을 들이고 있다.
猫が食卓の上に置かれた魚に"눈독을 들이고 있다"。

008
트집을 잡다

わずかな欠点を探し出したり、元々ない欠点を作りあげる。

[例文] 내가 별로 잘못한 것도 없는데 부장님은 사사건건 트집을 잡는 걸 보니 뭔가 기분 나쁜 일이 있으신가 보다.
私が別に間違ったことをしてもないのに、部長があれこれ"트집을 잡는"のを見ると、何か気分を害することがあるようだ。

009
발 등에 불이 떨어지다

ものごとがとても切迫している。

[例文] 저는 늘 발등에 불이 떨어져야 일을 시작하는 습관이 있어요.
私はいつも"발등에 불이 떨어져야"、ものごとを始める習慣があります。

010
베일에 가리다

あることが秘密めいて隠されている。

[例文] 그 여배우의 사생활은 철저히 베일에 가려져 있다.
その女優のプライベートは徹底的に"베일에 가려져 있다"。

16-5 연습문제 (관용어 5)

[1-10] 다음을 읽고 알맞은 관용어를 넣어 대화를 완성하십시오.
次を読み、空欄に当てはまる慣用語を入れて、会話を完成させなさい。

1. **가 :** 미선 씨는 내가 마음에 안 드나 봐요.
   나 : 왜요?
   가 : 내가 하는 일마다 ____________________ 어서/아서/여서 잔소리를 하니 정말 힘들어요.

2. **가 :** 요즘 잘 팔리는 책이 뭐예요?
   나 : 재테크에 관한 책이 나왔는데____________________고 있어요.

3. **가 :** 너____________________ 는/은/ㄴ 모양이구나. 밤을 새워서 보고서 쓰는 걸 보니.
   나 : 응, 내일까지 내지 않으면 성적을 받을 수 없거든.

4. **가 :** 경기 북부 지역에 홍수로 피해를 입은 지역이 많아졌다면서요?
   나 : 네, 그래서 저희 학생회에서도 ____________________어서/아서/여서 그분들을 돕기로 했어요.

5. **가 :** 도저히 혼자서는 할 수 없는데 지금 좀 도와 줄 수 있어?
   나 : 미안해. ____________________ 이야/야. 나도 할 일이 산더미야.

6. **가 :** 이번에도 기계 조립 분야에서 김영수 씨가 우승을 하겠지?
   나 : 글쎄요, 결과가 나와 봐야겠지만 그 분야에서 ____________________는/은/ㄴ 사람들이 다 참가해서 쉽지는 않을 거예요.

7. **가 :** 김 선생님은 어떤 분이세요?
   나 : 아주 직선적인 분이지만 ____________________어서/아서/여서 저는 더 좋아해요.

8. **가 :** 이번 유괴 사건의 범인은 찾았나요?
   나 : 아니요, 사건을 파헤치면 파헤칠수록 의문점이________________________고 생기는 바람에 아직까지 오리무중이에요.

9. **가 :** 언니가 새로 산 구두 정말 예쁘다. 내가 찾던 바로 그 디자인이야.
   나 : __________________________________지 마. 절대로 안 빌려 줄 테니까.

10. **가 :** 이번 뇌물수수 사건의 전모가 꼭 밝혀졌으면 좋겠어요.
    나 : 워낙 배후 세력이 ______________________________ 어서/아서/여서 밝혀내기 쉽지 않을 거예요.

16-6 관용어 6

001
사서 고생이다

苦労しなくてもいいのに、自分からわざわざ苦労する。

[例文] 택시를 타면 금방 갈 곳을 걸어서 가느라고 사서 고생이다.
タクシーに乗ればすぐ行けるところを、歩いていくなんて"사서 고생이다"。

002
불똥이 튀다

関係のない人に被害が及ぶ。

[例文] 임원급 이상만 구조조정을 한다더니 말단 직원인 우리에게까지 불똥이 튈 줄은 몰랐다.
役員以上だけをリストラするということだったが、平社員の私たちにまで"불똥이 튈 줄은"考えなかった。

003
얼굴에 먹칠을 하다

体裁や名誉を汚す恥をかく。

[例文] 나 때문에 부모님 얼굴에 먹칠하는 일은 만들고 싶지 않아서 지금까지 늘 성실히 생활해 왔다.
私のせいで両親の"얼굴에 먹칠하는"ことはしたくないので、今までいつも真面目に生活してきた。

004
재미를 보다

あることで成果をあげて、利益を得る。

[例文] 내가 투자한 주식의 값이 배로 올라서 재미를 좀 봤다.
私が投資した株の価格が2倍に上がったので、"재미를 좀 봤다"。

005
죽이 맞다

2人がお互いに気が合う。

[例文] 일할 때도 놀 때처럼 죽이 잘 맞으면 일도 빨리 끝나고 결과도 좋을 텐데.
仕事をする時も遊んでいる時のように、"죽이 잘 맞으면"仕事も早く終わって、よい結果もでるだろうに。

006
싼 게 비지떡이다

価格が安いだけ良くないということを、比喩的に表現した言葉。

[例文] 다른 회사 제품보다 싸서 구입했는데 싼 게 비지떡이라고 금방 고장이 나고 말았어요.
他の会社の製品よりも安いから買ったのに、"싼 게 비지떡"だというように、すぐに故障してしまいました。

007
열을 올리다

何かにとても熱中したり、熱情を見せる。

[例文] 최근 자동차 업체들이 새로운 해외 시장 개척에 열을 올리고 있다.
最近、自動車業界が新しい海外市場の開拓に"열을 올리고 있다"。

008
눈 밖에 나다

信頼を失い、憎まれる。

[例文] 그는 여러 번 약속을 지키지 않아 직장 상사의 눈 밖에 나고 말았다.
彼は何回も約束を守らなかったので、職場の上司の"눈 밖에 나고 말았다"。

009
코가 납작해지다

恥をかかされて、意気消沈する。

[例文] 자신만만해하던 과목에서 낙제를 한 후 영수는 코가 납작해졌다.
自信満々だった科目で落第した後、ヨンスは"코가 납작해졌다"。

010
눈살을 찌푸리다

気に入らなくて、眉間にシワを寄せる。

[例文] 공공장소에서의 지나친 애정 표현은 사람들의 눈살을 찌푸리게 한다.
公共の場所での行き過ぎた愛情表現は、人々の"눈살을 찌푸리게 한다"。

16-6 연습문제 (관용어 6)

[1-10] 다음을 읽고 알맞은 관용어를 넣어 대화를 완성하십시오.
次を読み、空欄に当てはまる慣用語を入れて、会話を完成させなさい。

1. **가 :** 네가 우리 ________________다니. 어떻게 그런 부끄러운 일을 저지를 수 있니?
   나 : 죄송해요. 제가 잠시 돈에 눈이 멀었나 봐요.

2. **가 :** 준비는 잘 돼 갑니까?
   나 : 잘 돼 가기는요. 두 사람이 ________________어야/아야/여야 일을 신나게 하지요. 서로 눈치만 살피느라 진행이 더뎌요.

3. **가 :** 지난 대회의 우승 팀이 이번 대회에서는 본선 진출도 못했다면서?
   나 : 그러게요. 준결승까지는 자신 있다고 큰 소리 치더니 이번 대회 첫 출전팀에게 0대1로 지면서 ________________어졌어/아졌어/여졌어.

4. **가 :** 식당에 손님이 많아요?
   나 : 네, 장사가 잘 돼서 톡톡히 ________________고 있어요.

5. **가 :** 공금을 유용한 사건으로 온 회사가 시끄럽다면서요?
   나 : 네, 이번 사건으로 누구에게 ________________을지/ㄹ지 몰라서 모두들 쉬쉬하고 있어요.

6. **가 :** 너희 집은 여유 있는 것 같은데 왜 날마다 아르바이트 하느라고 ________________?
   나 : 그게 뭐 내 돈이니? 우리 아버지 돈이지.

7. **가 :** 미선 씨가 좌담회에서 상대팀에게 반말로 이야기한 건 좀 심했던 것 같아.
   나 : 그래요. 좌담회를 본 사람은 모두 너무 무례한 행동이라면서 ________________었어요/았어요/였어요.

8. **가 :** 첫 출근이라 많이 떨리네요.
   나 : 무엇보다도 신입 사원 때에는 선배들 ________________지 않도록 행동을 잘 해야 해.

9. **가 :** 지난번에 백화점에 갔다가 하도 싸서 가방을 하나 샀더니 벌써 고장이 났지 뭐야.
   나 : ______________________이라고/라고 하나를 사더라도 제값을 주고 사는 게 나아.

10. **가 :** 요즘 미선 씨가 노래방에서 산다며?
    나 : 응, 이번 대회에서는 꼭 수상을 하겠다며 연습에 ______________________ 고 있어.

한자성어

17

四字熟語

17-1 한자성어 1

001
감언이설 [가먼니설]

他人の機嫌を取ったり、有利な条件を餌にして誘い込むこと。

[例文] 떼돈을 벌게 해주겠다는 감언이설에 속아 장사 밑천을 떼이고 말았어요.
大金を稼がせてやるという"감언이설"に騙されて、商売の資本金を踏み倒されてしまいました。

002
견물생심 [견물생심]

実物を見ると、欲しい気持ちが起こること。

[例文] 견물생심이라고 그 여자가 무심코 서랍을 열었는데 안에 있는 돈을 보고 자기도 모르게 손이 갔대.
"견물생심"というが、その女が何気なく引き出しを開けたら中にお金があったので自分でも気付かずに、手をつけてしまったらしい。

003
과대망상 [과대망상]

事実を誇張して、根拠のない考えをする症状。

[例文] 어렸을 때 아무래도 내가 천재인 것 같다는 과대망상에 빠지곤 했다.
小さい頃は、やはり自分が天才だという"과대망상"に陥ったりした。

004
구태의연 [구태의연]

少しも変わったり発展したところがなく、昔の姿そのままである。

[例文] '두발규제'가 학생들로 하여금 공부에 집중할 수 있게 해준다는 학교 측의 주장은 구태의연한 발상입니다.
頭髪規制が学生を勉強に集中させるという学校側の主張は"구태의연"な発想です。

005
금시초문 [금시초문]

今まさに初めて聞くこと。

[例文] 이 지역에 신도시가 조성된다고요? 저는 금시초문입니다.
この地域にニュータウンが造られるんですって？私は"금시초문"です。

006
당연지사 [당연지사]

ことの前後の事情から判断する際、当然そうなるべきだとされること。

[例文] 비록 적은 액수라고는 하나 뇌물을 받은 경찰관이 해직되는 건 당연지사야.
たとえ少額であるとは言えど、賄賂を受け取った警察官がクビになるのは"당연지사"だよ。

007
동고동락 [동고동낙]

苦しみも楽しさも一緒に味わうこと。

[例文] 삼십 년 동안 동고동락해 온 부인과 사별한 후 아직도 마음을 잡지 못하고 있어요.
10年間"동고동락"して来た奥さん死別して、まだ心を入れ替えることができません。

008
동분서주 [동분서주]

東西あちこちへ、とても忙しく奔走することを表す。

[例文] 요즘 결혼과 유학을 앞두고 결혼식장 알아보랴 서류 보내랴 동분서주하고 있어요.
最近結婚と留学を目の前に控えて、結婚式場を探したり、書類を送ったり、"동분서주"しています。

009
마이동풍 [마이동풍]

馬の耳に東風が吹いても気に留めることもないという意味で、他人の言葉を耳に留めず、聞き流してしまうことを指す言葉。

[例文] 자금을 한 곳에 집중투자하지 말라고 수차 권고했는데도 마이동풍이니 걱정이네요.
資金を一箇所に集中投資するなと、何度も勧告したのに"마이동풍"なので心配ですね。

010
무궁무진 [무궁무진]

終わりが見えないくらい、多いという言葉。

[例文] 대통령은 양국 간 협력 가능성은 무궁무진하다며 에너지, 정보통신, 첨단 기술 분야 등에서의 협력 증진을 거듭 강조했습니다.
大統領は両国間の協力の可能性は"무궁무진"だとし、エネルギー、情報通信、先端技術の分野などでの協力増進を重ねて強調した。

17-1 연습문제 (한자성어 1)

[1-10] 다음을 읽고 알맞은 한자성어를 넣어 대화를 완성하십시오.

次を読み、空欄に当てはまる四字熟語を入れて、会話を完成させなさい。

1. **박대리 :** 김 대리가 입사동기들 중에 자기만한 실력을 가진 사람도 없고, 윗분들에게 신임을 얻었으니 다음 번 승진 1순위는 자기라고 하더라.

   이대리 : 나 참, 완전히 ________________에 빠져 있구나. 정신 차리라고 그래라.

2. **언니 :** 오늘 심심한데 백화점에나 갈까?

   동생 : 지난달에 돈을 많이 써서 아무것도 못 사.

   언니 : 그럼, 가서 안 사고 구경만 하면 되지. 구경도 즐겁잖아.

   동생 : ________________이라고/라고 일단 보면 사고 싶어져서 안 돼. 아예 보지도 않는 편이 나아.

3. **동생 :** 바쁘다 바빠. 오늘은 거래처에도 가야 하고, 사장님한테 결재도 받아야 하고, 내일까지 보고서도 내야 하고... 몸이 10개라도 모자라겠다.

   언니 : 그렇게 ________________ 하는 네가 오히려 부럽다. 어디 괜찮은 자리 있으면 하나 소개해줘.

4. **박과장 :** 김 과장, 얘기 들었어? 내년에 해외영업부를 철수하기로 했대.

   김과장 : 그게 무슨 말이야? 어디에서 들었어? 나는 ________________이야/야. 헛소문 아니야? 아무 공고도 없이 갑자기 그런 일이 있겠어?

5. **가 :** 어! 너, 김 일병 아냐? 김 일병 맞지?

   나 : 누구신지……. 혹시, 이 병장님? 진짜 이 병장님이십니까? 아이고, 정말 반갑습니다.

   가 : 우리 오뚜기 부대에서 ________________ 하던 때가 엊그제 같은데 이게 몇 년 만이야?

   나 : 함께 울고 웃던 그때가 벌써 10년 전이군요!

6. **가 :** 이제는 그 드라마를 안 볼래요.

   나 : 왜요? 아줌마들에게 인기가 많던데요. 꽃미남들도 여럿 나오고요.

   가 : 소재와 이야기 전개가 ________________ 해서 식상해요. 예전이나 지금이나 크게 달라진 게 없어요. 사회는 하루가 다르게 변해 가는데 드라마 소재는 너무 뻔해요.

7. **가** : 여보, 웬 옷들을 이렇게 많이 샀어? 오늘 무슨 날이야?

나 : 아휴, 내가 미쳤지. 백화점에 바지 한 벌 사러 갔다가 '아가씨 같다', '학생인 줄 알았다'는 ________________에 속아서 입을 일도 없는 정장에다가 코트까지 사고 말았지 뭐예요.

8. **가** : 요즘 정치인들이 하는 꼴들 좀 봐. 우리 서민들의 생활에 관심이나 있는지 원.

나 : 그 사람들이 우리말을 귀담아 듣겠어요? 그동안 수없이 정치권을 향해 싸우지 말고 민생을 챙기라고 주문했건만 늘 ________________이었잖아요/였잖아요.

9. **가** : 줄리아 씨가 유학생활에 적응하지 못해 우울증에 시달리더니 요즘엔 감기다, 소화불량이다, 하루가 멀다 하고 병원을 찾네요.

나 : 마음이 아프니 몸이 아픈 건 ________________지. 마음이 병이 들었는데 몸인들 온전하겠어?

10. **가** : 박사님, 요즘 집중적으로 연구하시는 분야는 무엇입니까?

나 : 우리 연구소는 요즘 대체 에너지 개발 작업이 한창인데 그 중에서도 가장 많은 공을 들이고 있는 분야가 바로 2차 전지입니다.

가 : 2차 전지란 새로운 형태의 건전지인가요?

나 : 음, 2차 전지는 쉽게 말해 한 번 쓰고 버리는 건전지와 달리 재충전해서 쓸 수 있는 건전지를 말합니다. 그 활용 분야도 ________________하고 경제성도 높기 때문에 세계 여러 나라들이 이 연구에 큰 관심을 보이고 있습니다.

17-2 한자성어 2

001
무용지물 [무용지물]

使いようのない物や人。

[例文] 무인주차관리기가 잦은 고장과 이용률 저하로 무용지물이 되고 있다.
無人のパーキングシステムが、頻繁な故障と利用率の低下によって"무용지물"になっている。

002
무위도식 [무위도식]

何もすることがなく、無意味に遊んでただ飯を食べること。

[例文] 옆집 아저씨는 아내가 벌어다 주는 돈으로 무위도식하고 있다.
隣の家のおじさんは、妻が稼ぐお金で"무위도식"している。

003
반신반의 [반신바니]

いくらかは信じながらも、一方では疑うこと。

[例文] 미선이는 그 영업사원의 말을 반신반의 하면서도 결국 물건을 사고 말았다.
ミソンはその営業マンの言葉を"반신반의"しながらも、結局はものを買ってしまった。

004
비일비재 [비일비재]

同じ現象や事柄が1度や2度ではなく、多いことを指す言葉。

[例文] 실제로 국내 수입업체들 가운데는 외국기업에 선수금을 지불해 놓고 국제법을 잘 알지 못해서 돈을 떼이는 경우가 비일비재하다.
実際に国内の輸入業者たちの中には、国際法をよく知らないがために、外国企業に手付金を払い、その金を踏み倒される場合が"비일비재"だ。

005
산전수전 [산전수전]

山でも戦い、水の中でも戦ったという意味で、世界のあらゆる苦労とすべて経験したことを指す言葉。

[例文] 강력계 형사 생활 십오 년, 김 형사는 이 방면에서 산전수전 다 겪은 몸이었다.
凶悪事件課で刑事生活15年、キム刑事はこの方面に"산전수전"、すべて経験した身だ。

006
새옹지마 [새옹지마]

人生の運の波は変化が激しく、予想することが難しいということ。

[例文] 투자를 할 때 호재와 악재에 관심을 가지는 것은 좋지만 부화뇌동할 필요 없습니다. 인생사 새옹지마라고 당장의 호재가 미래의 악재일지, 아니면 지금의 악재가 미래의 호재일지 모르기 때문입니다.

投資をする際、優良株と不良株に興味を持つのもいいが、周りに流される必要はありません。人生は"새옹지마"というように、現在の優良株が未来の不良株なのか、でなければ今の不良株が未来の優良株なのかわからないからです。

007
속수무책 [속쑤무책]

手を結ばれているかのように、どうすることもできずに、身動きひとつできない。

[例文] 가방을 빼앗아 오토바이를 타고 도망가는 남자를 속수무책으로 쳐다볼 수밖에 없었다.

バックを引ったくって、オートバイに乗って逃げ去る男を"속수무책"で見つめるしかなかった。

008
시기상조 [시기상조]

まだその状態になるには早いという言葉。

[例文] 우리나라의 형편 상 전면적인 농산물 시장 개방은 아직 시기상조다.

我が国の現状では、全面的な農作物市場開放はまだ"시기상조"だ。

009
심사숙고 [심사숙꼬]

深くよく考えること。

[例文] 중요한 문제이니만큼 며칠만 여유를 주시면 심사숙고해서 결정을 내리겠습니다.

重要な問題であるだけに、何日か余裕をいただければ、"심사숙고"して決定しを下します。

010
애지중지 [애지중지]

とても愛していて、貴重に扱う。

[例文] 동생은 새로 산 옷을 애지중지하며 만지지도 못하게 하였다.

弟は新しく買った服を"애지중지"して、触らせてもくれなかった。

17-2 연습문제 (한자성어 2)

[1-10] 다음을 읽고 알맞은 한자성어를 넣어 대화를 완성하십시오.
次を読み、空欄に当てはまる四字熟語を入れて、会話を完成させなさい。

1. **지연 :** 이번 독감이 꽤 무서운가 봐. 사망자도 있다던데.
희정 : 빨리 예방주사를 맞아야 할 텐데. 예전에 전 세계를 휩쓸었다는 독감 얘기 알지? 그런 일이 또 일어나지는 않겠지?
지연 : 그때는 발병의 원인이 정확히 파악이 안 된 상태여서 ____________________이었지만/였지만 이번엔 다르잖아. 백신도 있고 치료제도 있다잖아.

2. **은희 :** 다른 나라에서는 요즘 동성애를 법적으로 인정하려는 움직임이 일고 있대요.
명숙 : 우리나라도 곧 그렇게 되지 않을까요?
은희 : 그렇지만 우리의 현실로는 아직 ____________________인 것 같은데.

3. **진수 :** 전 벌써 대학 졸업 후 3년 째 집에서 놀고 있어요.
민호 : 그래요? 저하고 비슷하군요.
진수 : 그럼, 그쪽도 ____________________ 한 지 3년째라는 얘긴가요?
민호 : 아니오, 전 아직 2년밖에 안 됐어요. 제가 좀 낫죠?

4. **희정 :** 요즘은 사전 사용하는 사람이 별로 없는 것 같아.
지영 : 그래, 집에 있는 사전도 자리만 차지하고 ____________________이/가 된 지 오래야.
희정 : 하긴. 전자 사전도 있고 인터넷으로 찾아도 되고.

5. **아버지 :** 와, 정말 경치가 좋구나.
네 말을 처음 들었을 때는 ____________________ 했는데, 와 보니까 설악산 봄 경치도 아름답네. 가을만 아름다운 줄 알았는데.
아 들 : 그것 보세요. 여기 안 오셨으면 섭섭하실 뻔했죠?

6. **김과장 :** 이 과장이 아침에 사직서를 냈대. 벌써 영국의 MBA 과정 합격 허가를 받은 상태라고 하데. 부럽긴 한데 이제 공부를 시작하기엔 좀 늦은 거 아닌가?

박과장 : 공부는 벌써 몇 년 전부터 뜻이 있었다더군. 이번에 밀어붙이지 않으면 앞으로 공부할 기회가 없을 것 같아서 ____________________ 끝에 결정을 한 모양이야.

김과장 : 송별회 겸 한잔 하면서 얘기를 들어봐야겠네.

7. **손　　녀 :** 할아버지, 옆집 할아버지께서 많이 편찮으신가 봐요.

할아버지 : ____________________ 하던 도자기를 ____________________하는 손자가 깼으니 어떻게 하겠니? 혼자 끙끙 앓을 수밖에.

8. **가 :** 부모 욕심으로 조기 유학을 보낸 아이들이 객지에서 몸 고생, 마음 고생만 하다가 귀국하는 경우가 많다면서?

나 : 그렇다네요. 유학생 중 10%만이 명문대에 진학할 뿐이고 낙제 후에 학업을 포기하고 귀국하는 경우도 ____________________ 하대요.

9. **가 :** 큰 수술 앞두고 많이 걱정되시지요?

나 : 걱정은 무슨… 살아가면서 볼 것, 안 볼 것 다 보고 ____________________다 겪은 사람이 뭘 두려워하겠나?

10. **가 :** 연기력 부족으로 평론가들에게 혹평을 받던 배우 박명신이 최근에 감독으로 큰 성공을 거두었다면서요?

나 : 인생이란 ____________________ 이라더니/라더니 배우로 주목받지 못했던 것이 진로를 바꾸는 계기가 되어 오히려 큰 성공을 거두게 되었군요.

17-3 한자성어 3

001
약방감초 [약빵감초]

韓方薬に甘草を入れることが多いため韓方薬には甘草が必ず入っている、ということろからきた言葉。どんなことにでも必ず首を突っ込む人、または必ずなくてはならない物を指す言葉。

[例文] 자네는 어느 일에나 끼어들어 약방감초처럼 행동하는데 이번에는 조용히 있는 것이 더 나을 거야.
君はどんな事にも首を突っ込んで"약방감초"のように行動するが、今回はおとなしくしていた方がいいだろう。

002
양자택일 [양자태길]

2つの中から1つを選ぶこと。

[例文] 내각이 불신임결의를 받으면 스스로 총사퇴하거나 국회를 해산하거나 양자택일해야 한다.
内閣が不信任決議を受けた場合は、自ら総辞職するか、国会を解散させるかの"양자택일"をしなければならない。

003
어부지리 [어부지리]

2人が利害関係で争う最中に、まったく関係のない人が享受する利益を指す言葉。

[例文] 여당 후보와 야당 후보의 다툼 속에서 무소속 후보가 어부지리로 당선되었다.
与党候補と野党候補の争いの中で、無所属候補が"어부지리"で当選した。

004
오리무중 [오리무중]

五里にも及ぶ深い霧の中にいるという意味で、何かに対しての方向や行方を決められないことを表す言葉。

[例文] 무장단체에 의해 납치된 것으로 추정되는 한국인 여성 등 외국인 9명의 소재가 여전히 오리무중이라고 합니다.
武装集団によって拉致されたと推定される韓国人女性など外国人9人の所在が未だに"오리무중"だそうです。

005
오십보백보 [오십뽀백뽀]

少しの優劣の差はあるものの、本質的に差がないことを指す言葉。

[例文] 45등이나 50등이나 오십보백보다.
45位だろうが50位だろうが"오십보백보"だ。

006
왈가왈부 [왈가왈부]

ある事に対して、正しいか正しくないかを言い合うこと。

[例文] 이번 구조조정 결정에 대해서는 이미 결정된 사안이니 더 이상 왈가왈부하지 맙시다.
今回のリストラの決定に対しては、すでに決まった事なので、これ以上"왈가왈부"するのはやめましょう。

007
의기양양 [의기양양]

[例文] 난생 처음 잠자리 한 마리를 잡은 꼬마는 의기양양하게 뛰어왔다.
生まれて初めてトンボ一匹をつかまえた子供が"의기양양"と走ってきた。

008
이구동성 [이구동성]

何人かの言葉がすべて同じであること。

[例文] 한국말을 배우려면 어디가 제일 좋냐고 물어봤더니 모두들 이구동성으로 연세대 한국어학당이 최고라고 하던데요.
韓国語を学ぶには、どこの学校が1番良いかと聞いたら、みんな"이구동성"で延世大学の韓国語学堂が最高だといいますね。

009
일구이언 [일구이언]

1つの口で2つのことを言うという意味で、1つのことに対して、あれこれ適当なことを言うという意味。

[例文] 그는 일구이언을 밥 먹듯 해서 아무도 그를 믿지 않게 되었다.
彼は"일구이언"が日常茶飯事なので、誰も彼を信じなくなりました。

010
일사천리 [일싸철리]

川の水の流れが早く、千里を行くという意味で、ある物事がスムーズに早く進行することを指す言葉。

[例文] 그 법안은 국회에서 일사천리로 통과되었다.
その法案は国会で"일사천리"で通過した。

17-3 연습문제 (한자성어 3)

[1-10] 다음을 읽고 알맞은 한자성어를 넣어 대화를 완성하십시오.
次を読み、空欄に当てはまる四字熟語を入れて、会話を完成させなさい。

1. **지영 :** 그래서 그 집 사기로 했어? 안 사기로 했어? 부동산 가격이 이렇게 자꾸 떨어지면 지금 사는 거 손해 아니야?
   은희 : 응, 그런데 어제 집주인한테 전화해 봤는데, 벌써 계약금을 건넸으니까 계약조건대로 사든지, 아니면 계약금 날리고 계약 취소하든지 ________________ 하래.

2. **학　생 :** 설문 조사를 했는데요, 이상하게도 모두 같은 대답이었습니다. 한국어학당에서는 5급이 제일 재미있다는군요.
   선생님 : 모두 ________________ 으로/로 그렇게 얘기하는 걸 보니 사실인가 본데요.

3. **동생 :** 형, 정말 다음 달 월급 타면 내 돈 갚을 거지?
   형 : 물론이지. 내가 언제 약속 안 지키는 거 봤어?
   동생 : 그래도 다음 달에 딴 소리 할까 봐...
   형 : 뭐? 넌 내가 그렇게 ________________ 하는 사람으로 보이냐? 날 믿어.

4. **김과장 :** 박 대리, 이번 달 판매 실적이 이게 뭐야? 한 달 동안 한 대가 뭐냐고?
   이대리 : 맞아, 박 대리, 다음 달엔 더 뛰어다녀야겠어.
   김과장 : 두 사람 ________________ 이야/야. 이 대리도 두 대는 계약만 한 거고, 확실하게 판건 한 대밖에 없잖아.

5. **아버지 :** 뭘 그렇게 웃고 있니?
   딸 : ________________ 으로/로 아까 도서상품권이 생겼어요. 언니하고 오빠가 서로 갖겠다고 싸우는 바람에 엄마가 저한테 주셨거든요.

6. **남편 :** 어? 당신 일찍 왔네. 오늘 저녁에 회의가 있어서 좀 늦을 거라더니.
   아내 : 부장님이 바쁜 일이 있으신지 회의를 ________________ 으로/로 진행하시더라고. 적어도 두 시간은 걸릴 줄 알았는데, 30분도 안 돼서 끝났어.

7. **앵커 :** 인천공항에 나가있는 박명수 기자를 연결하겠습니다. 박명수 기자.

기자 : 네, 여기는 인천공항입니다. 지금 올림픽 메달을 목에 건 우리 국가대표 선수들이 ____________________ 한 모습으로 입국장을 빠져나오고 있습니다.

8. **가 :** 뺑소니사건 용의자가 경찰이 한 눈을 파는 사이에 도망갔대.
   나 : 그래, 어디로 도망갔대?
   가 : 아직은 ____________________ 인가 봐.

9. **가 :** 깻잎은 느끼한 맛을 없애줘서 삼겹살과 같은 고기를 먹을 때는 절대 빠질 수 없는 ____________________ 같은 존재야.
   나 : 비타민C와 철분도 풍부해 훌륭한 건강식품이기도 하지.

10. **가 :** 우리가 보기에는 분명히 상대팀이 먼저 반칙을 했는데 다시 한 번 항의해 봅시다.
    나 : 이미 심판의 결정이 난 이상____________________ 해 봐야 소용없잖아요.

17-4 한자성어 4

001
일편단심 [일편단심]

心の底から湧き出る、変わることのない心。

[例文] 처음 만난 순간부터 지금까지 일편단심 당신만을 사랑해 왔어요.
初めて会った瞬間から今まで、"일편단심"あなただけを愛して来ました。

002
자급자족 [자급짜족]

必要な物資を自ら生産して補う。

[例文] 농경 사회는 필요한 대부분의 것을 자급자족하는 사회였다.
農業社会はだいたいの必要なものを、"자급자족"する社会だった。

003
자화자찬 [자화자찬]

自分が描いた絵を自分で褒めるという意味で、自分がしたことを自ら自慢することを指す言葉。

[例文] 자화자찬으로 들리겠지만 이 작품은 내가 심혈을 기울인 것으로 비평가들도 한국 현대 미술을 대표할 만한 작품이라고 극찬을 한 바 있다.
"자화자찬"に聞こえるかもしれないが、この作品は私が全身全霊をかけたものとして、批評家たちも韓国現代美術を代表するだけの価値ある作品であると絶賛したことがある。

004
전무후무 [전무후무]

以前にもなかったし、これからもないこと。

[例文] 장수란 선수는 역도에서 올림픽 5연패라는 전무후무의 대기록을 세웠다.
ジャンスという選手は重量上げでオリンピック5連覇という"전무후무"の大記録を立てた。

005
전전긍긍 [전전긍긍]

とても怖くてブルブル振るえながら用心すること。

[例文] 세계 금융 업계는 미국의 유명 투자 회사의 파산으로 겪을 후폭풍에 전전긍긍하고 있다.
世界の金融業界はアメリカの有名な投資会社の破産によって起きた大混乱に"전전긍긍"している。

006
주객전도 [주객쩐도]

主人と客の位置がお互い入れ替わるという意味で、物事の前後や関係がお互いに入れ替わってしまうことを指す言葉。

[例文] 공교육과 사교육의 주객전도 현상이 일어나서 학생들이 학교 공부는 소홀히 하고 밤늦게까지 학원을 전전하는 일이 벌어지고 있다.

公教育と私教育の"주객전도"現象が起き、学生たちが学校の勉強をおろそかにして、夜遅くまで塾を転々とするという事態が起こっている。

007
죽마고우 [중마고우]

竹で作った馬に乗って遊んだ友達という意味で、幼い頃から一緒に遊んで育った仲。

[例文] 오늘 처음 만난 두 사람은 술이 들어가자 마치 죽마고우처럼 흉금을 터놓고 이야기하기 시작했다.

今日初めて会った2人が、お酒が入るなり、まるで"죽마고우"のようにざっくばらんに話し始めた。

008
차일피일 [차일피일]

後で後でと言って、ずっと期限を延ばす様子。

[例文] 영수는 돈을 빌려간 지 벌써 2년이나 지났는데도 빚을 갚겠다고 얘기만 하고 차일피일 돈 갚기를 미루고 있다.

ヨンスはお金を借りてもう2年も経つのに、借りは返すと言うだけで"차일피일"返済を先伸ばしにしている。

009
포복절도 [포복쩔또]

お腹を抱えて倒れてしまいそうな程、笑うこと。

[例文] 웃음 다이어트의 기본은 '미소'가 아닌 '포복절도'. 무조건 소리 내어 배꼽이 빠지도록 웃는다.

"笑ってダイエット"の基本は'微笑み'ではなく"포복절도"、とにかく声を出してあごが外れるくらい笑うことだ。

010
학수고대 [학쑤고대]

鶴の首のように、首を長く伸ばして辛抱強く待つこと。

[例文] 어머니는 전쟁터에서 실종된 아들이 무사히 돌아오기를 학수고대하고 있다.

母は戦場で失踪した息子が無事に帰ってくることを"학수고대"している。

17-4 연습문제 (한자성어 4)

[1-10] 다음을 읽고 알맞은 한자성어를 넣어 대화를 완성하십시오.
次を読み、空欄に当てはまる四字熟語を入れて、会話を完成させなさい。

1. **아내 :** 당신 요즘 좀 이상해. 변한 거 같아. 결혼 전엔 나만을 사랑한다더니.
   남편 : 어허, 그런 말은 생각하지도 마. 아직도 당신을 향한 ________________ 은/는 변함없다오.

2. **희정 :** 요즘 계속 기분이 가라앉는데, 어디________________ 할 만한 영화 없을까?
   명숙 : 나는 '가문의 영광' 하고 '두사부일체' 보고 배꼽이 빠지는 줄 알았어.

3. **가 :** 오늘도 정희는 하루 종일 휴대전화만 바라보고 있니?
   나 : 응, 일주일 전에 만난 남자가 자기 이상형이라나?
   그래서 전화가 오기만 ________________ 하고 있어.

4. **가 :** 왜 그 사람과 동업을 하세요? 좀 더 경험도 많고 능력 있는 사람도 많을 텐데요.
   나 : 그 친구는 어린 시절부터 한 동네에서 친형제처럼 지내온 ________________이어서/여서 믿을 수 있거든.

5. **가 :** 요즘 뉴스에서 보험회사 직원들의 비리 사건들이 연일 크게 보도되고 있던데 보셨어요?
   나 : 네, 보험회사의 얼굴인 보험설계사들의 비리가 속속 드러나면서 보험사들은 회사의 이미지가 실추될까 봐 ________________ 하고 있대요.

6. **가 :** 와, 정말 맛있다! 이거 도대체 누가 만든 거야?
   둘이 먹다가 하나가 죽어도 모르겠네. 누구 솜씨인지 대단하다!
   나 : 너, ________________ 이/가 너무 심한 거 아니야? 칭찬이란 원래 다른 사람이 해줘야 빛나는 거야.

7. **가 :** 요즘 전기요금, 가스요금이 너무 올라서 부담이 돼요.
   나 : 그래요? 우리 집은 에너지 절약형 아파트여서 생활비가 훨씬 적게 들어요.
   태양광 발전 시설이 갖추어져 있어 전기를 자체 생산할 수 있기 때문에 난방과 샤워용 온수에 쓰이는 거의 100% ________________ 이/가 가능해요.

8. **가 :** 영수야, 개학이 얼마 남지 않았는데 숙제는 언제 하려고 그렇게 놀러만 다니니? 너 그렇게 숙제를____________________ 미루다가는 나중에 크게 후회한다.

나 : 내일부터 할 거예요. 내일부터.

9. **가 :** 포도주의 인기가 식을 줄 모른다지요?

나 : 네, 아마 도수가 높지 않고 향도 좋고 또 건강을 중요하게 생각하는 요즘의 분위기와 잘 맞아서 그런가 봐요.

가 : 포도주 같은 술은 어디까지나 음식에 곁들여 마시는 것이기 때문에 음식이 더 중요해요. 그런데 지금은____________________ 되어서 음식을 포도주에 맞추려는 사람들까지 있어요.

10. **가 :** 드디어 일일 연속극 '한국어학당'이 평균 시청률 1위를 기록했어요.

나 : 그래요? 저도 즐겨보는 드라마인데 소재가 참신하고 이야기가 흥미진진해요.

가 : 외국인 배우들의 열연에 힘입어 방송 사상____________________ 한 시청률 59%를 기록했답니다.

정답 · 색인

解答·索引

01 정답

01 · 동사 I

1. ❶
2. ❶
3. ❹
4. ❶
5. ❷
6. ❸
7. ❸
8. ❹
9. ❷
10. ❸
11. ❶
12. ❷
13. ❶
14. ❸
15. ❷
16. ❹
17. ❸
18. ❹
19. ❹
20. ❶
21. ❷
22. 갚다
23. 개다
24. 가라앉다
25. 기하다
26. 거스르다
27. 거두다
28. 감다
29. 꼬이다
30. 꿰다

02 · 동사 II

1. ❷
2. ❶
3. ❷
4. ❸
5. ❶
6. ❷
7. ❹
8. ❷
9. ❷
10. ❹
11. ❹
12. ❸
13. ❹
14. ❸
15. ❶
16. ❶
17. ❶
18. ❸
19. ❶
20. ❶
21. ❹
22. ❹
23. ❷
24. 날리다
25. 대다
26. 다지다
27. 다듬다
28. 돌리다
29. 배다
30. 달다

03 · 동사 III

1. ❷
2. ❶
3. ❸
4. ❶
5. ❶
6. ❹
7. ❶
8. ❹
9. ❸
10. ❸
11. ❶
12. ❸
13. ❷
14. ❹
15. ❹
16. ❹
17. ❸
18. ❸
19. ❷
20. ❶
21. ❷
22. ❷
23. ❸
24. ❹
25. 엿보다
26. 새기다
27. 시달리다
28. 헤아리다
29. 지다
30. 잠기다

04 · 명사 I

1. ❹
2. ❷
3. ❷
4. ❸
5. ❹
6. ❶
7. ❷
8. ❷
9. ❶
10. ❹
11. ❶
12. ❷
13. ❷
14. ❸
15. ❷
16. ❶
17. ❸
18. ❶
19. ❶
20. ❸
21. ❸
22. ❹
23. ❷
24. ❸
25. ❷
26. ❹
27. ❶
28. ❹
29. ❸
30. 바이러스
31. 구조
32. 매장
33. 난리
34. 마찰
35. ❹
36. ❶

05 · 명사 II

1. ❷
2. ❶
3. ❷
4. ❹
5. ❸
6. ❸
7. ❶
8. ❷
9. ❷
10. ❹
11. ❹
12. ❶
13. ❹
14. ❸
15. ❶
16. ❹

17. ❷
18. ❹
19. ❹
20. ❶
21. ❸
22. ❸
23. ❸
24. ❷
25. ❹
26. ❶
27. 운명
28. 안정
29. 빈곤
30. 보람
31. 사례
32. 수명

06 · 명사III

1. ❶
2. ❷
3. ❹
4. ❷
5. ❸
6. ❷
7. ❷
8. ❸
9. ❶
10. ❶
11. ❷
12. ❸
13. ❸
14. ❷
15. ❶
16. ❷
17. ❶
18. ❹
19. ❸
20. ❶
21. ❸
22. ❹
23. ❷
24. ❷
25. ❹
26. ❶
27. ❹
28. ❸
29. ❹
30. ❶
31. ❹
32. 전망
33. 지원
34. 현상
35. 지지
36. 틈
37. ❸
38. ❷
39. ❷

07 · 형용사 I

1. ❹
2. ❸
3. ❷
4. ❸
5. ❶
6. ❸
7. ❷
8. ❹
9. ❶
10. ❸
11. ❸
12. ❷
13. ❸
14. ❷
15. ❶
16. ❷
17. ❶
18. ❹
19. ❹
20. ❶
21. ❸
22. ❶
23. ❸
24. ❹
25. ❶
26. ❷
27. ❹
28. ❹
29. ❷
30. 고소하다
31. 기막히다
32. 든든하다
33. 귀하다
34. 굳다
35. 딱딱하다

08 · 형용사II

1. ❸
2. ❶
3. ❸
4. ❸
5. ❹
6. ❷
7. ❷
8. ❶
9. ❹
10. ❸
11. ❷
12. ❹
13. ❸
14. ❶
15. ❶
16. ❹
17. ❸
18. ❶
19. ❹
20. ❹
21. ❷
22. ❹
23. ❶
24. ❹
25. ❶
26. ❷
27. ❶
28. ❸
29. ❷
30. ❸
31. ❶
32. ❷
33. ❹
34. 씁쓸하다
35. 어설프다
36. 빡빡하다

09 · 형용사III

1. ❸
2. ❷
3. ❹
4. ❹
5. ❶
6. ❹
7. ❷
8. ❹
9. ❸
10. ❷
11. ❸
12. ❶
13. ❹
14. ❶
15. ❸
16. ❶
17. ❸
18. ❹
19. ❶
20. ❷
21. ❹
22. ❶
23. ❸
24. ❹
25. ❷
26. ❶
27. ❷
28. ❸
29. ❶
30. ❸

31. ❷
32. 짜다
33. 캄캄하다
34. ❷
35. ❶

10 · 부사 I

1. ❹
2. ❶
3. ❷
4. ❹
5. ❶
6. ❷
7. ❶
8. ❹
9. ❸
10. ❶
11. ❸
12. ❷
13. ❶
14. ❹
15. ❶
16. ❹
17. ❷
18. ❸
19. ❶
20. ❸
21. ❸
22. ❷
23. ❹
24. ❷
25. ❹
26. ❷
27. ❸
28. ❸
29. ❹
30. ❸

11 · 부사 II

1. ❹
2. ❸
3. ❶
4. ❷
5. ❶
6. ❹
7. ❷
8. ❹
9. ❸
10. ❶
11. ❶
12. ❷
13. ❶
14. ❷
15. ❸
16. ❹
17. ❷
18. ❸
19. ❸
20. ❷
21. ❶
22. ❸
23. ❸
24. ❸
25. ❹
26. ❶
27. ❹
28. ❹
29. ❷
30. ❸

12 · 부사 III

1. ❷
2. ❸
3. ❷
4. ❶
5. ❹
6. ❹
7. ❸
8. ❸
9. ❶
10. ❷
11. ❸
12. ❶
13. ❷
14. ❶
15. ❹
16. ❹
17. ❸
18. ❷
19. ❹
20. ❸
21. ❷
22. ❹
23. ❶
24. ❶
25. ❶
26. ❷
27. ❶
28. ❸
29. ❷
30. ❶

13 의성어 · 의태어

의성어

1. 껄껄
2. 둥둥
3. 찰칵
4. 찰싹찰싹
5. 통탕통탕
6. ❹
7. ❹
8. ❸
9. ❷
10. 꽝

의성의태어

1. 앙앙
2. 짝짝
3. 뚜벅뚜벅
4. ❹
5. ❶
6. 똑똑

의태어

1. 사뿐사뿐
2. 듬성듬성
3. 뒤죽박죽
4. 알록달록
5. 와들와들
6. 갈팡질팡
7. 모락모락
8. 꼬깃꼬깃
9. ❸
10. ❹
11. ❷
12. ❷
13. ❹
14. ❶
15. ❶
16. ❸
17. ❶
18. 띄엄띄엄
19. 들썩들썩
20. 들쭉날쭉

14 접두사 · 접미사

접두사

1. 헛소문이에요
2. 덧나서
3. 한복판
4. 되돌아가서
5. 맨손으로
6. 군살이

7. 풋사랑과
8. 휘날리며
9. 외톨이가
10. 날고기를

접미사

1. 학생답
2. 거짓말투성이야
3. 울렁거려서
4. 자유롭
5. 자랑스러워요
6. 구경꾼이
7. 욕심꾸러기
8. 게으름뱅이가
9. 별난
10. 고집쟁이

15 · 속담

속담 1

1. 개구리 올챙이 적 생각 못 하
2. 매도 먼저 맞는 게 낫다고
3. 개똥(쇠똥)도 약에 쓰려면 없다고
4. 남의 떡이 커
5. 떡 본 김에 제사 지낸다고
6. 과부 사정 홀아비가 안다고
7. 똥 묻은 개가 겨 묻은 개 나무란다고
8. 같은 값이면 다홍치마라고
9. 등잔 밑이 어둡다고
10. 벼는 익을수록 고개는 숙인다는

속담 2

1. 사공이 많으면 배가 산으로 간다
2. 십 년이면 강산도 변하는데
3. 우물을 파도 한 우물을 파라고
4. 열 길 물속은 알아도 한 길 사람 속은 모른다고
5. 쥐구멍에도 볕들 날 있다고
6. 짚신도 짝이 있다는데
7. 웃는 낯에 침 뱉을
8. 오르지 못할 나무는 쳐다보지도 말라고
9. 수박 겉핥기로
10. 선무당이 사람 잡는다고

속담 3

1. 친구 따라 강남 간다
2. 달면 삼키고 쓰면 뱉는
3. 개천에서 용 났다고
4. 비 온 뒤에 땅이 굳어진다
5. 공든 탑이 무너지
6. 가지 많은 나무 바람 잘 날 없다
7. 백지장도 맞들면 낫다
8. 서당 개 삼 년에 풍월을 한다(읊는다)
9. 송충이는 솔잎을 먹어야 산다
10. 소문난 잔치에 먹을 것 없다

속담 4

1. 옥에 티였어요
2. 종로에서 뺨 맞고 한강에서 화풀이 한다
3. 입이 열 개라도 할 말이 없습니다
4. 열 번 찍어 안 넘어가는 나무 없다
5. 새 술은 새 부대에 라는
6. 한 번 엎지른 물은 다시 주워 담지 못 한다
7. 중이 제 머리 못 깎는다
8. 잘 자랄 나무는 떡잎부터 알아본다
9. 첫 술에 배부르
10. 안 되면 조상 탓 잘 되면 제 탓이라고

16 · 관용어

관용어 1

1. 간에 기별도 안 간다. (안 가겠다)
2. 겉 다르고 속 다른
3. 간이 콩알만 해지
4. 개미 새끼 한 마리 얼씬하지 않는 군요.
5. 그 사람이 그 사람이
6. 꿀 먹은 벙어리
7. 가려운 곳을 긁어 줬어
8. 굶기를 밥 먹듯 하
9. 검은 머리가 파뿌리가 되도록 살
10. 다람쥐 쳇바퀴 돌 듯

관용어 2

1. 마음은 굴뚝같
2. 모기 소리만 하
3. 도마 위에 오른
4. 두 다리 쭉 뻗고 잤어.
5. 물 쓰듯 하면
6. 물거품이 됐군요.
7. 바닥이 나서
8. 양다리를 걸치
9. 손때가 묻은
10. 둘이 먹다가 하나가 죽어도 모르

관용어 3

1. 발을 맞춰
2. 등을 돌리
3. 가지를 치
4. 걸음마 단계/ 걸음마 단계여서
5. 값을 치르려고/ 값을 치러야
6. 무릎을 꿇/ 무릎을 꿇어야
7. 고개를 돌리
8. 발목이 잡/ 발목을 잡혔다
9. 기를 죽이/ 기가 죽
10. 거울삼아/ 거울 삼아서

관용어 4

1. 손이 많이 가는, 손이 많이 간다.
2. 얼굴 깍이는
3. 손발이 맞아요, 손발이 맞
4. 빛을 보는, 빛을 볼
5. 뿌리 뽑는, 뿌리 뽑
6. 시치미를 떼면, 시치미를 떼
7. 입을 모아
8. 마침표를 찍
9. 배가 부른, 배가 불러요
10. 찬물을 끼얹었다.

관용어 5

1. 트집을 잡아서
2. 날개 돋친 듯이 팔리
3. 발등에 불이 떨어진
4. 발 벗고 나서서
5. 내 코가 석자야
6. 난다 긴다 하는
7. 뒤 끝이 없어서
8. 꼬리에 꼬리를 물
9. 눈독을 들이
10. 베일에 가려져서

관용어 6

1. 얼굴에 먹칠을 하
2. 죽이 맞아야
3. 코가 납작해졌어
4. 재미를 보
5. 불똥이 튈지
6. 사서 고생하니

7. 눈살을 찌푸렸어요
8. 눈 밖에 나
9. 싼 게 비지떡이라고
10. 열을 올리

17 · 한자성어

한자성어 1

1. 과대망상
2. 견물생심이라고
3. 동분서주
4. 금시초문이야
5. 동고동락
6. 구태의연
7. 감언이설
8. 마이동풍이었잖아요
9. 당연지사
10. 무궁무진

한자성어 2

1. 속수무책이었지만
2. 시기상조
3. 무위도식
4. 무용지물이
5. 반신반의
6. 심사숙고
7. 애지중지, 애지중지
8. 비일비재
9. 산전수전
10. 새옹지마라더니

한자성어 3

1. 양자택일
2. 이구동성으로
3. 일구이언
4. 오십보백보야
5. 어부지리로
6. 일사천리로
7. 의기양양
8. 오리무중
9. 약방감초
10. 왈가왈부

한자성어 4

1. 일편단심은
2. 포복절도
3. 학수고대
4. 죽마고우여서
5. 전전긍긍
6. 자화자찬이
7. 자급자족이
8. 차일피일
9. 주객전도
10. 전무후무

02 색인

표: 표제어(表題語), 유: 유의어(類義語), 반: 반의어(反意語), 관: 관련어(關連語)

외국인을 위한 **한국어 어휘 연습 (고급)**

일본어판

편저자 연세대학교 한국어학당 교재편찬위원회
집필진 전나영 · 임지숙 · 전지인 · 강은정
펴낸곳 연세대학교 대학출판문화원

주소 서울시 서대문구 연세로 50
전화 02) 2123-3380~2
팩스 02) 2123-8673
ysup@yonsei.ac.kr
http://www.yonsei.ac.kr/press
등록 1955년 10월 13일 제9–60호
인쇄 (주)태화북스

2012년 11월 12일 1판 1쇄
ISBN 978-89-97578-56-6 (03710)

정가 25,000원